与幸福同行

一位“蜗牛校长”的教育手记

江文龙◎著

·北京·

图书在版编目（CIP）数据

与幸福同行：一位蜗牛校长的教育手记/江文龙著
.--北京：中国经济出版社，2020.10（2023.8 重印）
ISBN 978-7-5136-5640-5

Ⅰ.①与… Ⅱ.①江… Ⅲ.①小学-校长-学校管理
-文集 Ⅳ.①G627.1-53

中国版本图书馆 CIP 数据核字（2020）第 192890 号

策划编辑 崔姜薇
责任编辑 黄傲寒
责任印制 马小宾
封面设计 任燕飞工作室

出版发行 中国经济出版社
印 刷 者 三河市同力彩印有限公司
经 销 者 各地新华书店
开　　本 710mm×1000mm 1/16
印　　张 18.25
字　　数 178 千字
版　　次 2020 年 10 月第 1 版
印　　次 2023 年 8 月第 4 次
定　　价 68.00 元
广告经营许可证 京西工商广字第 8179 号

中国经济出版社 **网址** www.economyph.com **社址** 北京市东城区安定门外大街 58 号 **邮编** 100011
本版图书如存在印装质量问题，请与本社销售中心联系调换（联系电话：010-57512564）

PREFACE 序

朱卫国

德国教育家雅斯贝尔斯在《什么是教育》里说过："教育是一棵树摇动另一棵树，一朵云推动另一朵云，一个灵魂唤醒另一个灵魂。"展读江文龙校长送来的新著《与幸福同行——一位蜗牛校长的教育手记》，被书中 32 个学校管理新举措和致家长的 37 封信感动，发现文龙校长正是以实际行动践行了神圣的责任与使命，于是我欣然答应作序，以弘其德，以扬其绩。

江苏沭阳，是革命老区，是全国经济百强县，是广袤的苏北平原上的一颗明珠，是名副其实的人口大县和教育大县，这里的人民群众有旺盛的教育需求。百年老校沭阳县东关实验小学始建于 1912 年，原名"正心小学"。百年薪火相传，百年正道沧桑，接力棒交到文龙校长的手中，他带领团队追本溯源，探寻办学初衷，提炼出"正文化"的核心办学理念，其基本内涵是：办学行为端正，师生品行纯正，干部廉洁清正，办事客观公正；人人讲正，事事重正，时时求正，处处显正。习近平总书记勉励广大教师做有理想信念、有道德情操、有扎实学识、有仁爱之心的"四有"好老师。从教育和教学层面理解，沭阳县东关实验小学"求正"的过程正是"四有"好老师和"四有好团队"的构建过程，整本书的字里行间都体现着这种理念和追求。

苏联教育家苏霍姆林斯基说："有什么样的校长，就有什么样的学校。校长对学校，首先是教育思想上的领导，其次才是行政上的领导。我竭力做到居于我这个校长工作首位的，不是事务性工作，而是教育问题……校长应当善于把教育思想体现在千百件各种各样的事情中。”所以我认为校长的办学思想往往是一所学校的灵魂。文龙校长在冗杂的事务中能静心思考教育教学，并诉诸文字，坚持写作，能坚持在家校沟通一年的时间里写了数十封公开信，这就是爱教育、爱孩子，是“有理想信念”的最好证明。

文龙校长重视把道德情操教育通过一定的仪式感予以实现。仪式感，简而言之，就是使某一天与其他日子不同，使某一时刻与其他时刻不同。师生成长，需要关键事件，通过借力仪式感的教育，使有意义的事情能够通过一种伟大的时刻获得庄严和尊重。比如，在《我为学生点朱砂》中，我们感受到师生互礼、朱砂启智的神圣；在《开好第一次职工会》中，我们看到了建章立制、团队发展的严谨；在《家长会如何开》中，我们发现了与时俱进、家校共育的精彩；在《线上升旗》中，我们收获了全民抗疫、爱党爱国的感动……《学记》说：“亲其师，信其道；尊其师，奉其教；敬其师，效其行。”师者有道德，有眼光，有情怀，正德正己，神圣引领，家长、学生更愿意亲之、敬之、信之。

文龙校长重视解答教育热点问题，从小处入手思考教育的重大问题。他是江苏省特级教师，他思考的热点多元化，涵盖教育教学的方方面面，主要集中在学校文化建设、教育教学改革、家庭教育、校园安全等层面，思考有深度、广度和厚度，更有温度，形式上虽然各自独立，但恰似一棵葳蕤的大树，根干挺立、枝杈分明。“青蓝工程怎么抓”“抓课题是务虚吗”“教师读书会讲什么”，他的这些心灵的自我叩问，产生了灵动的思想火花，诞生了若干创新举措；“文化更要物化”“要创《东关实小报》”“提升学校，首先提升校园精神”，他把学校的文化碎片聚合积淀成为学校特有的文化底蕴；“敬老更是爱校”“英语节”“毕业季”，他请退休老教师回家看看，他和孩子们一起参加社团，谋划毕业季的系列难忘活动，都是“师者仁心”最好的诠释。这些故事以小见大，让学校充满了温暖和阳光。

文龙校长自称是蜗牛校长，其实，蜗行人生，更加出彩，做一只爬行的蜗牛，坚守、践行自己的理想，不断向前，是生命存在的意义。台湾大学张文亮博士在诗歌《牵着一只蜗牛去散步》结尾写道：

咦
我闻到花香
原来这边有个花园
我感到微风
原来夜里的风这么温柔
慢着
我听到鸟叫
我听到虫鸣
我看到满天的星斗多亮丽
咦
我以前怎么没有这般细腻的体会
我忽然想起来了
莫非我错了
是上帝叫一只蜗牛牵我去散步

祝愿沭阳县东关实验小学文龙校长带领全校师生在学校建设、品质提升的道路上越走越远，带给我们更多的成果与惊喜。

（作者系江苏教育学会会长、江苏省教育厅原副厅长、江苏省教育厅巡视员、国家督学）

CONTENTS 目录

第一章 文化构建

1 我为学生点朱砂

2019 年 8 月 31 日下午，秋风徐吹，热烈了一个暑假的阳光依旧明朗地洒在东关实验小学的校园内，我来到这里开始学做校长。

恰逢学生开学，校门口不少家长和稚气的孩子进进出出。有几个孩子的脸上甚至还带着一丝朦胧的睡意和羞涩的好奇，小手紧紧牵着妈妈的衣角，一看就知道是一年级的新生。

对一年级新生而言，开启读书识字历程的第一步便是入学。他们告别了温室般的幼儿园，用稚嫩的双肩背起了书包；他们张开了稚嫩的小翅膀，终于要开始学习飞翔；他们难忘的小学生活就要从东关实验小学开始，崭新的一页即将从这里展开；家长们紧紧牵着的那一双双小手，终归要慢慢放开了。孩子们逐渐消失在小路转弯的地方，一些年轻的父母流连伫立在学校门口，久久不愿离开，他们目送着孩子们的背影，渐行渐远……

家长们慢慢放手了。然后呢？然后就是我们，我们就得把孩子稳稳接住，任重道远，逆流而上，行行重行行，道阻且长！

如何帮助他们勇敢迈出第一步，如何帮助他们迅速融入学习生活，如何让这些在家时备受宠爱的小王子、小公主们迅速转变成合格的小学生呢？我想到了法国安托万·德·圣·埃克苏佩里的那部名著——《小王子》。小王子魂牵梦绕着他的玫瑰，玫瑰使小王子的某一天与其他日子不同，使某一时刻与其他时刻不同。这玫瑰花就是小王子的仪式感。仪式感让无数平凡的日子发光，让人们有勇气对抗庸常的生活。仪式感普遍存在于我们的生活中，中国人向来注重仪式感，接受别人的帮助，要恭敬地说“谢谢”，就是最普通的仪式感。

生活需要仪式感，教育更需要仪式感！我们需要唤起孩子内心对自我的尊重，让他们认真地去过生命的每一天，让他们对自己的学习和成长产生敬畏之心！对于一年级的小学生来说，最具有非凡意义的，首选入学礼！它能洗涤孩子们的心灵，让孩子们更懂得爱！

9 月 2 日上午，由校长室牵头，我校隆重举行了 2019 年秋季开学典礼暨“开蒙·启智”活动。

当天上午 9 时，学生们在老师的组织下，有序来到了学校操场上。1000 余名一年级新生在浓浓的“仪式感”中，开启新生入学的“第一课”。伴随着国歌奏响，全体师生高唱国歌，行注目礼，东关实小人的心中再一次涌起了爱国豪情，感受到新时代所肩负的神圣使命。随后一年级新生在老师的带领下进行了入学礼的第一项仪式“正衣冠”，学生们整一整衣领、拉一拉衣角、提一提裤子，意味着他们从此要学做一个干净整洁、奋发向上的人。

中华古礼，师道传承，新生入学，必先拜师。入学礼的第二项仪式是拜师。全体教师转身面对学生，接受孩子们深深的一躬。老师有启蒙之恩，学生向老师行礼，是对老师的尊敬和感恩，也是对中华传统美德的传承。教师们回躬身礼，代表着教书育人的荣誉感和责任感，更代表着对教师职业的敬畏之心。

拜师礼毕，进行入学礼的第三项仪式“朱砂启智”。

朱砂在中国有着很悠久的传说。朱砂又被称作丹砂、辰砂，“朱”即“红色”，此红色可以经久不褪。皇帝用朱砂批文，看中的是朱砂色红鲜艳，写在奏本上，一目了然。人们还很聪明地“涂朱甲骨”，把朱砂磨成红色粉末，涂嵌在甲骨文的刻痕中以醒目。

许多古代女子喜欢直接以“朱砂”作为自己的闺名，那一点令人心动的鲜红像是凝结了中华上下五千年的悠悠情怀，粗朴却美丽异常。但估计很少有人知道，辰砂用来磨墨，是可以磨出彩墨的，像女孩子的内心，蕴藏着一份外刚内柔的情怀。

“朱砂贱如土，不解烧为丹。玄鬓化为雪，未闻休得官。”白居易在他的《自咏》一诗里这么写道。1972 年，长沙马王堆汉墓出土的大批彩绘印花丝织品中，有不少花纹就是用朱砂绘制成的，这些朱砂颗粒被研磨得又细又匀，埋葬时间虽长达两千多年，但织物的色泽依然鲜艳无比。

“朱砂，为硫化物类矿物辰砂族辰砂，主含硫化汞。砂甘，寒，有镇心安神，清热解毒的功效。”唐代一个道士在《醉歌》里写道：“琴弹碧玉调，药炼白朱砂。解酝顷刻酒，能开非时花。”

道教徒用朱砂炼丹，医学家用朱砂治病，而统治阶级则用朱砂批文，名曰“朱批”。我们后人饱蘸朱砂来点孩子的额头。“入学礼”和“成年礼”“婚礼”“葬礼”，合称为人生四大礼。最迟在春秋战国时期，“入学礼”就已具雏形了。其中的一个环节、一道程序就是“朱砂点额头”即“朱砂点痣”。具体做法是先生手持蘸着朱砂的毛笔，在学生眉心处点上一个像“痣”一样的红点。因为“痣”与“智”谐音，所以也称“朱砂开智”或者“朱砂启智”，寓意开启学童智慧，推开这扇知识的大门，学生从此心明眼亮，好好读书，端正品行，健康成长。

今日青瓦之上，红鼓沉立，鼓槌静待；青铜案上，青白瓷盘，朱砂沉静，朱笔静候。孩子们排好整齐的队伍站在国旗下，我和老师们一起手握朱笔，神色认真，轻轻地在学生们的额头上，点上一颗颗鲜红的朱砂痣。充满憧憬的眼眸间，朱砂点落，它是智慧的影子，是志气的象征。也许是因为朱砂为红色，象征喜庆，也许是因为朱砂是皇帝用来批文的原材料，有神圣感，这么一个简单而神圣的举动，让学生们一下子变得安静下来，就在那么一个瞬间，他们开启了认识人生的新篇章。听着孩子们用稚嫩的童声说“谢谢”，看着孩子们脸上洋溢的迷人笑容，我的内心就像平静的湖面被春日的风慢慢拂过，一下子就激荡起来，那难以遏制的激动与欣慰激起一圈又一圈的涟漪……

一年级时的我没有享受过老师或校长给我“朱砂开智”的待遇，但按照我们家乡的风俗，每逢重要的考试，母亲都给我包饺子，寓意“弯弯顺”。饺子当然并不能真的保佑我一切顺利，但是母亲的期待给了我力量。“朱砂点智”不仅是一种美好的祝愿，更是一份厚重的期待吧？

梅贻琦先生曾说过：“学校犹水也，师生犹鱼也”，想着自己是从中专来到这个既熟悉又陌生的学校来当校长，我深感身上的责任重大。百年大计，教育为本，教育的本位从知识、能力向“价值体系”转变，只有把价值渗透到平时的教育教学工作中，让学生在不知不觉中去接受，去完成，才是真正的教育，才是好的教育。一个好校长，就是一所好学校。让每个学生享受平等的精神和心灵的培育，办有温度的教育，真正做一个学生爱戴、教师满意、社会认可的好校长，是我矢志不移的追求和努力的目标！

入学礼的最后一个环节是全体东关学子立誓：“东关学子，启智明礼，善思好学，扬帆远航。”孩子们的铮铮誓言时常在我的耳畔萦绕，犹如天籁，志向高远。

“学道须当猛烈，始终确守初心。纤毫物欲不相侵，得神凝气定。”全校师生热烈的誓言实现的前提就是这几句诗所说的：不忘初心，方得始终。宋代晏几道在《风入松》中说“若是初心未改，多应此事须同。”我的“初心”也许就是教育的原点。教育的原点到底是什么？我认为很简单，就是一个字——“人”，极致地关注人。人实际上有三种角色。第一，人是生物学意义上的生命个体，因此我们要关注人的身心健康。第二，人是群居动物，具有社会属性，需要合作、融合、沟通、交流，需要遵守这个社会制定的各种规则。因此，我们要教会学生与人合作、沟通，引导学生遵守规则。第三，人是生产力。人类要推动社会的发展，需要某种技术或能力。因此，学校要教学生知识与能力，也包括创造性。

因此，在入学礼举行的前一天，我为学生们准备了一份精神礼物，借此机会送给全体东关学子们的“四个一”：

树立一个信心——我能我行。自信是成功的基石。读书学习，需要有信心、有决心、有行动。孩子们，相信自己，我能成功！鼓励自己，天天成功！超越自己，一定成功！

坚持一种学风——认真刻苦。古人云，勤能补拙。新学期开始，孩子们要继续坚持优良的学习风气。凡事从“认真”开始，认认真真地读书，认认真真地上课，认认真真地做作业。学业成功离不开勤奋和刻苦。

培养一个习惯——自觉自愿。学有所成，贵在自觉；人生成功，贵在自觉。孩子们要在老师、家长的指引下，自觉自愿遵守小学生守则和学校的规章制度，自觉养成良好的学习习惯和生活习惯。

创设一个环境——文明有序。每个班级都是学校的缩影，每个学生都代表学校的形象，每寸校园都代表学校面貌。孩子们要做到语言文明，行为文明，在校园内不乱丢杂物，不进行校园欺凌，在校外遵守交通规则，尊敬父母，懂得感恩，进入社会后做一个遵纪守法、诚实守信、文明礼貌的优秀小公民。

整个开学礼活动结束了，井然有序又让人心潮起伏，全校师生的心贴近了许多。阳光依然朗照，秋风依然徐徐地吹，天空似乎明净如春天的碧霄却又高远辽阔起来。背灯和月就花阴，不知几年踪迹几年心，今日的小学生们，正襟危坐，衣冠净楚，拜读圣贤，额点朱砂，学写“人”字，明日他们就将启程，九层之台，即将起于累土。我又陷入了沉思：草木零落，忽其不淹；秋冬将至，春光必归。春归的那一日，一切美丽、优雅、有趣的事物，都会错综起来，一定会汇成漫天的云锦——借用鲁迅先生的话说——“而且万颗奔星似的飞动着，同时又展开去，以至于无穷……”

2 开好第一次职工会

转眼间，一个星期过去了，我听见教职工窃窃私语："看他那样就是个不成熟的大男孩。""职教过来的，也不知怎么样？""什么时候开教职工会呢？你说他会跟我们讲什么呢？"私下的议论越多，我的内心越忐忑。以什么样的方式与职工见面，见面说什么？这成了我的当务之急。学校的发展，离不开老师们的付出和奉献。年轻教师用自己的热情和朝气不断为学校的发展注入新的活力。中年教师用自己的睿智和经验，不断丰富学校的内涵和特色。老教师则用自己的厚重和积淀，不断提升学校的发展底蕴。所以我决定在第35个教师节来临之际，表达我对老师们诚挚的问候和对他们工作的肯定，同时，借此机会与学校教职工见面，开好第一次职工会。

"一个人，遇到好老师，是人生的幸运；一个学校，拥有好老师，是无上的光荣。"在我心目中，教师队伍永远是学校的"第一资源"。学校管理的一切工作就是为师生发展服务，让教师教好书育好人，让学生学习好、成长好。学校将一如既往地实施人才强校战略，关爱教师成长，让每一位老师都能舒心从教、安心从教、热心从教，让每一位东关实小人都拥有更加强烈的获得感、归属感和幸福感。所以我提出的口号就是"让敬业者受尊重、绩优者获褒奖、积极者有舞台、默默者被关注、老实人不吃亏、奉献者不流泪"。

回顾上一学年，广大教职工迎着困难、顶住压力、直面竞争，稳健推进学校各项事业快速发展，让学校在这个桂香熏透、稻黍丰登的季节交出了一份份亮点纷呈的成绩单。新的学期已经开始，在这次会议上，我送了老师们五句话，并与大家共勉。

第一句话：爱岗敬业、勇于担当。

"不要问祖国能为我们做些什么，而要问我们能为祖国做些什么。"老师们也可以对自己发此一问，"不要问学校能带给我什么，而要问我能为学校做些什么。”没有激情做不成大事，永葆热情才能真正享受教育。教师、学生和学校的发展需要我们付出一腔真诚和一片真情。我想，很多时候，人是凭着责任心和使命感在做事，这是我们成就事业和应对艰难的法宝。

说到这里，我就想起几个关键词：一是人本。杜威说，教育，人是目的。学校中的一切都是为了人，为了学生和教师。“人本”的另一含义就是要有人文关怀，教育就是一种人生的关怀，这就是为什么我们的管理行为和教育活动中要始终充满“爱”，饱含“情”。这一点我们今后要特别注重。二是秩序。一所学校，要做到大而不乱、按部就班、张弛有度、收放自如，就必须讲秩序。秩序就是纪律，秩序就是规范，就是有令必行、令行禁止，我们要把自己的言行关在秩序的笼子里。三是责任。各人忙好各人的事，努力做最好的自己。人人恪尽职守，各司其职，各负其责。我们要把“学校发展，人人有责”细化为“学校发展，我的责任；学生发展，我的责任；自我发展，我的责任”。人人尽好分内之责，就会产生巨大的聚集效应和推动力。当然，有时候，学校工作是有分有合的，所谓“分工不分家”。因此，责任感还体现在合作与共享中。四是品位。品位就是追求卓越。追求卓越才是我们永远的目标。在我们学校，今后要多一些德艺双馨的名师，多一些脱离匠气的学术型教师，多一些校本化的研究课题，多一些高雅的特色活动……品位造就品质，品质最终才能铸就品牌，重树百年东关的雄风。五是实绩。学校要形成这种风气和文化——“父母给我姓名，自己打造品牌”；要凭本事吃饭，靠实绩取胜。在教师培养和干部任用上，要坚持“赛马不相马，有为才有位”，德才兼备，德配其位，才配其位。六是境界。我们的老师要做到三个“超越”。要超越自我，不断提升，做“有奋斗意识的教师”；要超越小我，以事业为重，学校为重，团队为重，做“有团队意识的教师”；要超越旧我，树立目标意识、成长意识，日积月累，终成大器，做“有反思意识的教师”。

第二句话：凝心聚力、同心同德。

古语说：“兄弟同心，其利断金”。1+1 是大于 2 的。所以，任何时候我们都要团结一致，同心同德，就像学校里的“阳光伙伴”一样，形成拧成一股绳的合力。在我们这个浩大的团队里，即使有不同的意见，那也是优美的和声，而不应该是刺耳的杂音。

第三句话：制度第一、校长第二。

在我们学校，任何人都不能凌驾于制度之上。我们要把自己的言行关在秩序和制度的笼子里。制度是我们学校文化的根本和前提，孔子说，君子务本，本立而道生。制度的执行和坚守也是人治与法治的一道分水岭。制度关键在执行，所以，在学校的管理中，我们要特别强调执行力。

第四句话：追求细节、做好小事。

细节决定成败。细节就是品位，细节就是水平，细节就是管理，细节就是形象。追求细节，就是追求一种精致化的管理。我们的学校需要精致化。有人说教育学生是小事，我认为小事就是大事。我特别欣赏古人的一句话——立大志，做小事。做教育，需要这样一种从大处着眼、小处着手的意识，需要宏阔高远的视野，更需要精耕细作的勤恳。

第五句话：成就教师、发展学生。

这是我们教育的出发点和归宿。对于学校来说，发展教师是校长的第一要务，但教师的发展需要内因与外因的共同作用，所以，更多的时候，我们将搭建舞台，提供环境，创造条件，适时鞭策，不断激励学生。我们要造就适合学生的教育，而非造就适合教育的学生，所以，我们要不断更新教育观念和教育行为，要建构和丰富我们的课程体系，要千方百计为学生的多元发展和和谐成长搭桥铺路……为培养有独特人格和卓越才能的学生而不懈努力。

我想，教师节不仅仅是我们的节日，还是前瞻谋划的时节。大家要立足当今，谋划未来，必须“做今天的事，谋明天的事，想后天的事。”学校更要总结现在，前瞻未来。必须清醒地认识到，当前城区小学竞争十分激烈，社会对我校的评价不一，前有南湖小学、第一实小在做标杆引领、红旗高飘，后有人民路小学、深圳路小学在立足特色、争创一流，旁边还有东兴小学、学府路小学在摩拳擦掌、奋起直追，面对紧张的城区小学竞争态势，我们东关实小发展面临着严峻的考验和挑战，特别是在办学硬件、师资队伍、教学改革、学生培养、特色校园、文化建设、敬业精神等方面仍然存在明显的短板，亟须我们拉长补齐。未来几年学校的发展道路绝不会一马平川，依然需要继续爬坡越坎、滚石上山。

在与大家共同分析了我校面临的种种问题后，我向所有老师介绍了本学年学校具体的工作措施，那就是：

一、精准精细精策，确保学校优质发展

让奋斗成为每一个人的底色，在发展中注入拼搏的精气神，坚定其脚步、强健其精神，这是教育立德树人的重要环节，也是培养社会主义建设者和接班人的题中应有之义。奋斗本身就是一种幸福。奋斗是艰辛的，艰难困苦、玉汝于成，没有艰辛就不是真正的奋斗，我们要勇于在艰苦奋斗中净化灵魂、磨砺意志、坚定信念。幸福都是奋斗出来的，奋斗者是精神最为富足的人，也是最懂得幸福、最享受幸福、最受幸福眷顾的人。

新学期我们的奋斗就是立足学校生源现状、教师业务能力、学生能力层次和全县基础教育发展的严峻形势，深入调研，得出切实可行的途径、行之有效的措施、方法，实施精细化管理，从而突破发展瓶颈，占领教育高地，引领教育标杆，带动全县教育的新局面。

一以贯之地实施精细化管理，重点是细化过程管理，实行目标激励，以实现制度化、流程化、定量化为标志，以制度检查、考核为切入点，推进精细化管理。精细化管理目标：精——做精，求精，追求最佳、最优。准——准确、准时。细——细致、做细，具体是把工作做细，管理做细，流程管细。实——落实，主要体现在对管理要求、制度、责任的落实上。

1. 精准施策，精细管理

无规矩不成方圆，学校事务只有在制度的约束、监控下，才能正常运行。学校定下来的制度，一定要严格执行，做到一万个不放松。不管情理有多少、不管事情有多大、不管后台有多硬，在有理的前提下，大胆地去管。

2. 完善机制，严格考核

以《新时代中小学教师职业行为十项准则》为规范总要求，以《东关实验小学各种制度汇编》为具体实施要求，新学年全体同志必须严格执行学校规范制度，并形成自觉行动。学校继续落实岗位责任制，强化岗位考核制，严格上班脸谱识别制、行政查岗督查制，要求全体教职工切实执行

上下班制度，学校继续实施出勤考核。严格执行学校各项考核制度，完善期中考试和学期考核制度。强化级部之间竞争、评比的管理模式，落实级部质量考核制，实行统考成绩、调研成绩按级部计发的考核办法。

3. 持之以恒，细抓常规

通过坚持不懈地实践、总结，学校不断提高、完善常规工作，基本形成了本校的常规管理体系，从而形成了自己的常规管理文化。本学期在实施以往常规管理的基础上，坚持“四制”管理不动摇，注重实施“精细化”和“流程化”管理模式，以认真负责的态度把学校的每项工作做精致、做到位。面对问题和困难要主动地寻求对策，去克服困难、更好地解决问题，以高度的事业心和责任感对待每项工作。充分发挥教师参与学校管理的积极性，落实人人都是管理者的理念，做好每周的常规考核，使常规管理成为全体师生和员工的自觉行为，使学校各项工作规范化、制度化、有序化、科学化。强化优良学风、教风和校风的培育，为学生、教师、学校的发展创造良好的环境，形成本校特有的常规管理文化。

二、倾心倾力倾注，力争质量高位走强

1. 咬定考核目标，鼎力续创辉煌

根据县小毕考方案和我校实际情况，确定 2020 年我校小毕考目标。确保合格率、优秀率、均分率等各项指标均在全县前列。

六年级组将 2020 年考核目标分解到各班、各人，明确岗位责任制，实施严格考核，针对学校实际、学生实际，统筹安排各项工作，突出重点工作，真抓实干，力争超额完成任务。其他年级段也要落实目标责任制，每学期的全县视导、过关测试、集体备课、特色活动、课改交流等，要将目标分解至各级部各班级，并实行考核和评价。

2. 增强忧患意识，聚焦课堂教学

由于学生生源的变化，我们全体老师应同心协力，通过教学改革和教学方法的改进、高效课堂的推进，改变学生的学习方法，突出主动性学习、个性化学习。

一是优化教学方式。立足“以终为始”目标预设，积极推广应用优秀教学成果，课堂教学必须注重启发式、互动式、探究式教学，要有学生立场；注重因材施教，精准分析学生学习情况，进行差异化教学和个别化指导。

二是强化教学管理。开齐开足开好国家规定课程，认真制定教学计划和教案，坚持集体备课和零起点教学，加强课程实施日常监督。

三是完善作业考试。统筹不同年级不同学科作业数量和时间，创新作业形式，杜绝给家长布置作业；对学习有困难的学生要有帮扶制度，对学有余力的学生要拓展学习空间。

四是促进信息融合。加快信息化技术与课堂教学融合应用，建立学科数字教育资源体系，加快数字校园建设，积极探索基于“互联网+”的教学方式的变革。

3. 严格细化教学，强化过程控制

一是坚持教学“六认真”检查制度化、实在化、实效化。我校教学“六认真”有较为全面的制度和要求，但在实施过程中存在着“六认真”检查“走过场，应付式，做形式”的现象，缺少动真碰硬地去管、去抓、去曝光；在阶段练习的设计、高效作业的布置、错题集的落实等方面，都存在问题。教学处和年级部一开始就必须着手思考教学“六认真”管理的系统性、科学性，严格操作要求。具体为：

一是继续坚持和切实落实领导班子随堂听课、推门听课，引领教学。校级领导每学期不少于 40 节，中层干部不少于 25 节，所有教师 20 节以上。

二是强化校长室、教务处对教学的常规检查。校长室主要精力用于抓教学。教务处全身心深入教学第一线，把握教学的主动权。建立健全教学督导制度。坚持值日领导和级部巡堂制，检查教学常规执行情况，检查必须动真碰硬，坚决杜绝检查形式化、走过场，通过抓典型、树形象，以点带面推进教学常规工作的规范化运行，以抓教学过程的规范化，促进教学质量提升。

三是信息技术与教学的深度融合。最大程度、最大范围地化解信息技术与日常教育教学实践“两张皮”的现象，用技术来促进教学范式改变、教学对话便捷、教育思想提升、教育质量优化。

4. 重抓师生阅读，厚实生命底色

建立制度，强化落实，课外阅读常态化。学校双语阅读一定要有硬性任务，并列入平时的考试之中。做到有布置、有检查、有考核、有成效。课外阅读篇目绝不能停留在规定的几部名著上，对市县教育局所列出的书籍，一定要组织学生认真读，一定要保证学生课外阅读时间每天不少于20分钟。要开展“晨读暮省”活动和每周展示活动，教师要认真上好阅读指导课，教师认真读书，每日必读，师生共读，腹有诗书气自华。教科室要持之以恒抓好课外阅读指导课的教研、评比、考核工作，提高学生的阅读水平和人文素养。举行“书香校园”“书香班级”评比活动。开展形式多样、丰富多彩的阅读活动，通过“阅读进课堂”、评选“阅读之星”“书香班级”等途径和策略建设“书香班级”“书香校园”。阅读改变人生，提炼人的精神气质与文化品位。营造“书香校园”，倡导的实际上是一种“文化阅读”，进而打造学校的“阅读文化”。

三、厚生厚学厚研，造就卓越教师团队

1. 重温师德规范，严守师德底线

教师的行为思想将直接影响学生的健康成长。新学期，必须组织教师重温和严格遵守《中小学教师职业道德规范》的要求，严守师德底线。我们在全体教师中倡导三种精神，锤炼四种能力，强化五种意识。三种精神，即热爱学生、潜心教育的奉献精神；敢于吃苦、迎难而上的拼搏精神；与时俱进、锐意改革的创新精神。四种能力，即校本研修能力，课程开发能力，心理疏导能力，学法指导能力。五种意识，即责任意识，忧患意识，协作意识，全局意识，进取意识。严禁体罚或变相体罚学生，严禁从事有偿家教，严禁参与有损教师形象的活动。面对严格的反腐倡廉要求和形势，我们要正确对待物质奖励和精神奖励。必须淡化物质追求，必须坚持奉献精神，全面塑造教师的良好形象。

2. 强化奋斗意识，坚持精神引领

对于一个人来说，没有奋斗精神就不会有前途；对于一个民族来说，没有奋斗精神就没有希望，“幸福是奋斗出来的”“奋斗本身就是一种幸福”“新时代是奋斗者的时代”“世界上没有坐享其成的好事，要幸福就要奋斗”。这种“奋斗幸福观”是对全体中华儿女的殷切希望，是对广大人民群众参与民族复兴大业、实现中国梦最有力的动员。为人师表的教师在教育学生的过程中，更要带头，发扬奋斗精神，共同担当教书育人的大任。

3. 强化班主任队伍建设，激活班级竞争力

强化班主任队伍建设，积极引导教师主动担任班主任。每一位老师晋升中、高级职称，必须在申报职称的前两年有担任班主任或管理的经历，申报市县学科带头人和骨干教师，也必须至少在我校有两年的班主任经历。加强班主任培训工作，努力提高班主任管理意识和能力。建立树立优秀教师典型机制，激励引导教师确立高尚的人生价值观，增强奉献意识，追求事业的不断成功，为打造高素质的教师团队搭建展示教师才能的平台。

4. 抓好校本培训，提升教师能力

我们要以成立名师工作室和青蓝工程为抓手，切实落实教师培训、校本培训。学校培训主要以提高教师现场学习力为推动，讲究培训实效；必须认真珍惜每天的教学现场、同行教师的教学现场、学校教研组和备课组的日常教研活动现场、各种培训和讲座现场。学校必须设法多给教师提供现场学习的机会，并注重各活动环节使教师有内容可学，活动后要有深刻的反思，提高现场学习的效率。切实抓实名师工作室和青蓝工程的考核评比机制和过程管理，真正达到名师工作室、青蓝工程促进教师的专业发展和学校发展的目的。

5. 立足教学课题，放大教研效应

增强危机意识，创新工作机制，发挥科研定向和教研引领作用，加强学校教科研队伍建设，提升业务水平，增强服务能力。教科室要紧扣“提

高课堂质量”这个中心，要围绕校园文化建设与教学质量提升、深化课改与打造典型、校本课程建设与智慧课堂示范、教科研平台建设、精品课题培育及其成果推广应用等，下沉教学一线，聚焦课堂改革，进一步推进教科研创新，引导教师大兴科研之风，以研促教，教研相长，提升教科研工作对学校发展的贡献率。

6. 学习外校经验，助推学校发展

本学期本校将积极组织教师对外交流，采取“走出去”与“请进来”的方法，迅速与市内外及省内外名校结盟，开展网上教学资源共享交流。与县内外学校交流和互学共进，利用教研工作平台，进一步加大对外开放的力度，全面全方位全学科开放，在教学开放中锤炼自己、改造自己、发展自己、提升自己，不断提高课堂教学的品位。

7. 强化信息宣传，展示学校风采

加强学校微信公众号、网站建设，各处室、各级部积极投稿、组稿，联系校办及时报道工作取得的经验、成果和开展重大活动的情况，及时、实在地利用微信公众号、美篇等方式宣传学校的工作动态和工作成果，加大我校对外的影响力。本学期，学校必须继续加大这项工作的考核力度，要求各科室和全体老师积极及时宣传学校的办学动态和办学成果，以提高学校知名度和教师发展影响力。筹办学校校报，充分利用网络平台等不同媒体大力宣传学校新闻及办学业绩，为招生宣传造势，不断扩大学校知名度和美誉度。

8. 优化班子建设，塑造楷模形象

学校所有中层以上干部，必须率先垂范，做师生的楷模，注重自己的品德修养，增强自律意识，为人正直，言行一致，严于律己，不谋私利。在工作中必须以身作则，吃苦在前，秉公办事，要求教师做到的自己必须先做到。坚持学习，钻研业务，在教学上做学术带头人，平时多听课，认真指导教师的业务，密切联系群众，深入教师中间了解情况，听取教职工的意见和建议，树立为教职工服务的意识，真正做到：一、树立新作风，践行“三实”，大力优化政风行风，树立新风正气，提高行政效能，提升服务质量。二、开启新生活，做到“三勤”，努力提升综合素养。勤学习，提升理论素养；勤思考，提高业务水平；勤钻研，锤炼工作能力。三、围绕中心，强化引领，创造学校发展新业绩，着力破解新时代的难题，继续彰显学校高质量优势。四、确立新思维，突破重难点，合力打造学校发展特色。合力攻关，实施德育创新工程。优化统筹，加强学校体育艺术教育。强化指导，提升学校办学品位。本学期学校将根据县局要求对中层教干进行测评考核，并且进一步加大考核力度。

四、明德明理明智，提升礼仪校园内涵

1. 凸显立德树人，提升道德水平

学校在上学期开展活动的基础上，制定本学期立德树人的计划，分步实施，科学确定教育内容，用社会主义核心价值理念和优秀传统文化，规范学生，要求学生，濡染学生，提升学生。进一步做好科学教育和社团活动，促进学生全面发展，让社会主义核心价值观融入师生学习生活和精神世界，努力使社会主义核心价值观内化为学校师生的精神追求，并外化为自觉行动，造就富有理想、品格高尚、充满活力和创造力的一代新人。

2. 激发学习兴趣，培养创新精神

结合学生实际，利用社团活动和艺术课，改进教育方法，注重激发学生的学习兴趣、科学兴趣和创新意识，加强科学方法的训练，逐步培养学生的逻辑思维与辩证思维能力。加强对学生科学素质、信息素养和创新能力的培养。

3. 丰富业余活动，拓展社团活动

本学期将以庆祝中华人民共和国成立70周年为重点，集中谋划，认真组织。切实开展社团活动，推进实践育人。以落实“体育节”“艺术节”为主体，努力形成“班班有社团、周周有活动、社社有特色”的良好局面。同时强化社团活动校本研究，总结固化活动成果，完善活动课程，形成社团活动教材。学校将每学期组织评选优秀学生社团，召开现场推进会，交流经验，展现风采，推动共建。要在提高品位上下功夫，在提升学生能力上动脑筋，在参加上级比赛多获大奖上下功夫。

4. 关注留守儿童，加强心理指导

社会竞争机制的加大，外出打工和单亲家庭比例的扩大，在学生中的留守儿童、单亲家庭子女和具有一定心理障碍学生人数的增加，给学校和老师的管理带来了许多不确定因素和安全隐患，全体教师必须高度重视对这部分学生的教育和引导，加强学校对学生的心理指导，定期开展心理健康教育讲座，提高学生心理健康意识和心理保健能力。充分利用心理咨询室，保证心理健康教育活动的正常化、规范化。德育处组织心理咨询室老师建立留守儿童、单亲家庭和有心理障碍学生的档案，针对实际及时进行指导，消除心理障碍，做好转化工作，促进学生心理健康发展。

5. 增强生态素养，引领绿色风尚

强化生态文明教育，将生态文明理念融入教育全过程。广泛开展可持续发展教育，深化节水、节电、节粮和爱护公物等教育，引导学生厉行节约、反对浪费，树立尊重自然、顺应自然和保护自然的生态文明意识，践行勤俭节约、绿色低碳、文明健康的生活方式，引领社会绿色风尚。

五、抓细抓实抓严，成就高效服务水平

要强化学校的安全管理，增强“安全责任重于泰山”的意识，落实安全责任制，绷紧安全这根弦，保证师生生命财产安全。所有后勤教辅人员要坚持“管理育人、服务育人”理念，齐心协力管好学生生活、教师生活，办好学生食堂。搞好勤工俭学，严格落实财务管理机制，开源节流，增收节支，为全校师生谋福祉。

1. 恪尽职守强责任

全体总务后勤人员，必须明确各自的岗位职责，执行岗位制度，人人尽职尽责，不得敷衍塞责，更不得有任何失职行为。特别是食堂人员必须把食品安全放在工作的第一位，竭尽全力搞好后勤。水电、油印、服务、保管、图书阅览等，要尽职尽责，坚决实行日常工作履行记载制度，并以此作为考核依据，保证学校事务规范有序运转，不出任何差错。强化保安人员的管理，严格监控不按规矩上班的人员，实施严格的惩罚制度。

2. 安全第一警钟鸣

始终牢固树立“安全无小事，事事见安全”的意识，我校安全工作继续突出“严”和“实”。

要强调一个“严”字。首先是严密制度。以制度建设为载体，通过建章立制，使工作有章可循、有据可依，促使管理工作走上制度化、规范化的轨道。其次是严密组织机构。学校专门成立安全工作领导小组，形成上下联动、左右互动的安全工作网络体系，实现安全工作“事事有人管，事事有人抓”的管理目标，为学校安全工作提供了强有力的组织保障。再次是严格管理。学校层层落实安全工作目标责任制。学期初与各处、室、班级签订安全责任状，明确各自的职责。学校还必须与学生家长签订安全责任书，明确家长应做的工作和应负的责任。将安全教育工作作为对教职员工考核的重要内容，实行一票否决制度。

还要注重一个“实”字。做好以下工作：①把好门卫安全第一关，加强门卫的管理工作，严格实行来客登记制度，与各部门联系的外来人员，必须经由电话告知，方可入校。②每天安排好值勤工作，在校门口及校园主要位置设有师生值班，有领导带班，教师到班；节假日安排领导班子值班。③加强值班制度，加强夜间巡逻，保障校产的安全。对学校重点部位落实物防、技防措施，安装防盗门窗、报警器、摄像头等。④重视消防工作，安排好教学楼消防通道，在各专用教室和学校过道都配置灭火器，学校的消防栓和灭火器数量要达到要求。⑤功能室、器材室有专人管理，使用有登记、签领。⑥认真开展安全预防演练，特别是逃生演练。⑦完善《校园突发公共事件应急处置预案》。与所有家长签订安全责任书，保证学校一切工作安全高效。⑧对各种常见病及传染病主要以防治为主，开展教育活动，让学生学会防治的方法与措施。⑨加强食堂监督管理，改善伙食，确保食品卫生安全。认真贯彻落实《中小学食堂卫生管理办法》，切实加强学校食堂与学生集体用餐卫生管理，确保食品卫生安全落到实处。实行行政人员提前尝餐制，并实行尝餐人员签字制，所签内容的材料一律存入学校档案。对食堂的炊具、餐具认真清洗，禁止购买变味变质和未经卫生部门允许出售的食品，对食堂库存的各种原料认真检查清点，凡过期变质的必须坚决销毁。

3. 服务育人铸习惯

上学年，总务后勤人员在立足服务育人方面取得了出色的成绩，本学期继续推行食堂管理的“三净三无”。新生到校，重点培训，必须从第一顿饭开始，所有班主任、行政人员全员出动，确保“三静三无”管理在上学期的基础上有所提升。新学期要求后勤人员百尺竿头更进一步，仍必须本着“严制度、高质量、低成本、服务优、开源节流，管好用好资产”的要求，不断加强职工的队伍建设，为学校实现办学目标，再创佳绩。要进一步确立“一切为了师生生活”的思想，关心师生的吃，关心师生的饮，讲质讲量，讲究花色品种的变化，不断提高服务质量，力争更上一层楼。

4. 财务管理严规范

财会人员必须严肃财经制度，精打细算，将有限的经费用在刀口上，坚持购物申报制度，打印、复印申报制度，建立材料保管制度，坚持实施一支笔审批制度和财务公开制度。坚决认真实行伙食和采购招标制度，按照有关规定采购，验收实行行政执勤制、双人验收制、采购验收保管分开制。对各教师所需教学用品一律实行申报领单制，教学处要严格把关、严格控制，做好消耗记载，以便统计到人、实行考核。

今天，第一次教职工会虽然开得时间不短，但所有老师都全神贯注地认真听会。那肯定的目光、赞许的眼神给了我更多的动力。我想，比认识更重要的是决心，比决心更重要的是行动。回顾东关实小百年发展历程，每当学校处于发展的关键时刻，每当遇到艰难险阻的时刻，全体师生员工都会迸发出“朝受命、夕饮冰”的事业心和“昼无为、夜难寐”的责任感，使东关实小跃上了一个又一个台阶。因为每位东关实小人都清楚，面对挑战，唯有砥砺前行，遭遇风浪，唯有风雨同舟。如今我们全体东关实小人定会做到守望相助、捏指成拳，以时不我待、只争朝夕的精神肩负新使命，以一以贯之开拓进取的姿态激发新作为，实现个人发展与学校发展的协同前行！

第一次教职工会后，我对东关实小的未来更加充满信心！

3 提升学校，首先提升校园精神

要提升一所学校，首先要提升这所学校的校园精神；要提升一个教师，首先要提升他的价值追求；要提升一个学生，首先要提升他的人生期望。是啊，提升校园精神的关键在于文化兴校。

文化兴校，文化育人，是当下基础教育的核心。校园文化是一所学校精神风貌的集中反映，是学校办学特色和发展个性的体现，它对启迪学生的智慧、开阔学生的视野、优化学生的个性人格等都具有重大而深远的意义。在维持和改变校园文化的过程中，校长起着至关重要的作用。学校好建，学校文化不好建，这是所有校长的共识。

“做最好的自己。”这是南湖小学的精神，在这种精神引领下，学校全力打造“墨雅”文化。“仁者乐山，智者乐水。”人民路小学倾力打造“乐”文化。“琴、棋、书、画、戏、舞、诵”，这是我们的特色，并且精心凝练出“荷韵”文化——第一实小殷峰校长铿锵有力地介绍。几位名校长独特的文化视角给我留下了深刻的印象，精彩的讲解仍在我耳边回响。是啊，一所学校一定要有校园精神。这是学校文化的核心和集中体现，是学校的精髓和支柱。百年来，东关实小历经沧桑，薪火相传，我们的校园精髓是什么？我一直在思考这个问题。

一个学校要形成自己与众不同的特色文化，就要有自己学校独特的教育价值观，也就是要形成学校的核心价值观。“学校文化的核心就是价值观，就是要形成一种气势，一种氛围，一种相对稳定的群体心理，产生文化的自觉价值行为。文化的自觉价值行为不是仅靠制度约束来的，它是在一种共同愿景下创生的一种和谐结果，是一种认同，一种归属，这需要全体师生的共同创造。”那么，学校的教育价值观从哪来？我认为，首先，它应该是对学校多年办学历史传统文化的反思。存在的既有合理的，也有不合理的。一种学校文化现象形成必然是由于其隐性价值得到广大师生的广泛认同，而且外化为广大师生的共同行为。那么，作为学校，就要深刻分析这些文化现象形成的原因，不断提炼学校的办学思想，形成相应的行为理念，进而积淀学校文化。其次，学校的教育价值观来自对当前学校师生现状的分析。一个学校没有核心价值观就不会走得远。学校的核心价值观形成了——即发展愿景清晰了，学校内涵发展的灵魂也就有了，发展的方向和路径也就清晰了。

负责校史室的何秀亭主任无意间的一句话令我反思："江校长，食堂上面的五楼是学校的校史室，我带你去看看啊！"是的，进入学校快两个月了，还不知道有校史室，这是我的失职，于是我欣然前往。来到校史室，我对这所百年老校又有了全新的认识。学校发轫于1912年胡冠甫、程玉生二位先生在沭城东关办的私塾班，1915年，蒋仲权校长变私塾授课制为班级授课制，开创了沭阳现代初等教育的先河，并将学校命名为"正心小学"。正，正派做人，正确做事，引领教师求真、求正；引领学生学做真人、正人。这不就是我们传承和发扬的校园精神吗？

随后，我决定召集学校领导班子开会。经过领导班子认真酝酿、反复讨论，并广泛调研听取教师意见，最终，我们将"正文化"确定为学校文化建设的灵魂，决定努力构建具有鲜明特色的学校文化体系，用"正"的力量去支撑学校的发展。我们吸收百年老校的文化精髓，弘扬"正文化"理念，就是传承中华优秀传统文化，为学生终身幸福和发展奠基。近年来，习近平总书记多次告诫广大党员干部要积累"正能量"，传播"正能量"。我们提出的"正"文化契合总书记的要求，我们要用"正文化"去凝聚人心，让"正"能量充盈每一位东关实小人的精神家园。

我们学校的文化，一个字——"正"；两个字——"学正"。好学近乎知，君子学以致其道。学习，既是学生的基本任务，也是教师自身专业发展的内在要求。强调"学"，对教师而言，就是要求广泛涉猎，汲取一切有关人的知识，发展一切能够促进学生学习的技能；对学生而言，则是要求乐于徜徉知识的海洋，善于发现生活的学问，奠定终身学习、持续发展的博厚基础。每一位学生、每一位教师应该是身心和谐的统一体。健康的心灵寓于健康的身体之中。"正"要求师生以"正"立命，追求师生体格健全、心灵健康，臻于德性完美境界，做堂堂正正、修己利他的中国公民。对教师而言，"正"不仅是做人的基础，也是为师的根本。东关实验小学的教师还应该以“正”立教，正己正人，率先垂范，以正派的作风、正直的品格、正当的教育教学行为影响学生的发展。

所谓学习存大志，正体作完人。“学”，是“对孩子进行启蒙教育使之觉悟”，即表示“进行教导”，引申而指“互相讨论”“效法，模仿”“注释，笺疏”“讲述，说”“知识”等；“正”即“是也”，易经中有正位、止于险、行中道、止于至善的意思，我校立足于此，努力培养有正德、正体、正雅、正美、正融的“五正”核心素养的东关学子。

“正文化”的传播与实践，需要有效的抓手。“正文化”系列校本教材的推出，无疑为“正文化”的落地生根提供了有效的载体。“正文化”系列校本教材由校长室牵头，各职能处室与广大教师共同参与。编辑过程中，所有参编人员均呈现出高度负责的态度、求真务实的作风、攻坚克难的精神和开拓创新的智慧。通过“正文化”理念下校本课程的建构，让学生在学习中华优秀传统文化的同时，传承热爱祖国、勤奋节俭、尊师重教、团结友爱、尊老爱幼、礼貌待人、诚实守信、见义勇为、严己宽人、先人后己、勤学不倦等优良传统美德和社会主义核心价值观，形成具有新时代中国特色的价值观、道德观和行为准则，达到全面育人的目的。

学校是培养人的地方。如何培养人？或许可以从学校文化“正”字中找到答案。“正心诚意”是儒家倡导的一种道德修养境界。《礼记·大学》中提出“格物、致知、诚意、正心、修身、齐家、治国、平天下”的思想，还说“欲修其身者，先正其心；欲正其心者，先诚其意；欲诚其意者，先致其知；致知在格物。”正心，指心要端正而不存邪念；诚意，指意必真诚而不自欺。只要意真诚、心纯正，自我道德完善，就能实现家齐、国治、天下平的道德理想。当然，“正”的内涵，远不止这些。对“正”字的解读，让我不禁进一步思考，该如何培养师生的浩然正气呢？

在“正文化”的高位引领下，学校持续开展文明礼仪、尊师孝亲等活动，让学生仪态儒雅；通过开展“小手拉大手，文明一起走”“班级文明标兵评选”等活动，让学生积极投入文明校园创建中，让学生行为儒雅；通过开展“学正东关校园英语节”“读书节”“演讲比赛”等活动，让学生语言儒雅。东关校园的学生正在把努力带给老师，把成功带给自己，把孝敬带给家长，把谦让带给社会。我们要以“正文化”为引领，通过文化育人，让每一个接受过东关实小教育的孩子都能真正成为一名儒雅少年！

学校把“中华优秀传统文化进校园”主题教育活动作为常态工作来抓，建立健全“正文化”进校园主题教育活动机制，吸引更多的学生参与进来，在寓教于乐的过程中传承保护中华优秀文化。我们以实践活动为载体，通过开展“正文化”系列活动，如专题知识类、艺术类、习俗仪式类等活动，让“正文化”凝聚人心，让东关学子在“正文化”的引领下，学做真人、正人，达到全面育人目的。学校通过创作校歌“正之歌”、设计校徽、校园网站、广播、东关实小报、“正文化”大讲坛、“正文化”课题研究等让“正文化”的种子在每一位师生心中扎根，让“正文化”的主旋律永远回荡在校园上空，让“正文化”的花朵永远在校园怒放。

我们的校园文化就是“正文化”，在“正文化”引领下，我们以“正”为基本理念，努力实现办学行为端正、师生品行纯正、干部廉洁清正、办事客观公正的价值取向。我们教育学生要崇尚科学，要通过自己的努力成为祖国未来发展的栋梁之材！我们希望家长在教育孩子方面讲究科学方法，悉心呵护孩子身心健康成长。

我们将“正文化”作为校园文化的精髓，其核心理念贯穿整个校园，实现教育本真的回归。学校是教书育人的文化圣地，学生每天都生活在校园中，学校文化就像空气一样无处不在，是“活生生的自然”，影响着每一个主体的生命存在。要想营造学校的育人文化，培养师生的浩然正气，就必须形成一个和谐统一的育人文化圈。我心目中的文化圈应包含三个方面：核心层面的精神文化、外显物质设施的视觉文化、中间层次的学校管理制度和行为文化。精神文化表现为学校的人际关系、风气，师生审美情趣、道德操守、价值观和思维方式等，这是学校文化的灵魂。学校物质文化是学校文化的外壳，是学校文化存在和发展的基础，同时它又是精神文化的载体。校园物质文化能使人在潜移默化中受到陶冶和教育，我们努力打造校园文化，让每一面墙都会说话，一草一木皆育人。学校的管理制度和行为文化，包括学校历史及发展过程中形成并传承的思想观念、特征、管理制度和规范、教师的教育教学行为、学生的行为规范等。我想，只有文化圈中的这三个方面相辅相成、和谐统一，才能发挥校园文化最佳的育人效果。

毛毛虫蜕变为蝴蝶——这个故事简单而美丽，却揭示出成长的执着与优雅。东关实小追梦人在仰望星空的同时，也一直脚踏实地地努力着。我们的愿景是：每一位师生在“正文化”的熏陶和引领下，成为一个品德高尚的人，一个思想正派的人，一个有正义感的人，一个有品位的人，一个对社会有用的人……这是我们共同的期盼和追求！

4 家长会如何开

年年岁岁花相似，岁岁年年心相通。家长会是一座桥梁，一座架设于老师与家长之间、家长与学校之间、学生与老师之间、家长与孩子之间的了解之桥、交流之桥、希望之桥。家长会是增进家校沟通、凝聚家校合力、促进学校发展和学生成长的纽带。各位家长把自己的孩子交给我们，将子女的未来和希望托付给我们，他们在学校学习得怎样、生活得如何，学校有哪些工作值得肯定，还存在哪些不足，所有的这些都需要各位家长到校来了解。“满足家长对孩子的美好期望就是我们办学的奋斗目标”，家长的意见和建议就是推动我们进步的强大动力。这是一件大事，更是一件好事。

每到期中或期末考试后，开家长会已经成为一件例行的公事了，老师们紧锣密鼓地安排，然而，家长的心情各不相同，有人期待，有人害怕。学生们就更是几家欢乐几家愁了！

如今家长会的现状令人担忧：时下的父母们，都对家长会持有一种特殊的情怀，盼着开家长会，好了解孩子在学校的表现和学校的教育内容；害怕开家长会，唯恐自己的孩子哪些地方落后于人，而那些平素“有问题”的学生的家长就更加把家长会当成心理负担了。应该说，这是极为普遍的“家长会心态”。开完家长会，有的家长装了一肚子孩子的不是，一见到孩子便是一阵暴风骤雨般的数落、训斥甚至打骂。就算学习好表现好的孩子，也难免要听爸妈唠叨几句：“人家某某这次考了 100 分，你怎么才得 98 分？老师说你最近有点松懈，该加把劲儿了！”“某某都当了班干部，你也得努力了！”家长会常常在家长与孩子之间造成“交火”，教师永远是家长会的主角，学生被排斥在家长会之外……“家长会也该改改了！”很多家长都有这样的愿望。在我们的孩子被全面、全力、全神贯注的今天，家长会也成了一个问题，成了一件被大众广泛议论的事情，成了一个需要被研究的课题。

期中考试很快结束了，每个学校都即将召开家长会，这是我到东关小学做校长以来要召开的第一次家长会。原来我接触最多的都是中专学生，我很想了解一下小学生对家长会的看法，听听孩子们的心声。于是，在期中考试前的一周，我对学校500名来自不同年级的学生做了一次问卷调查，结果显示：37.2%的学生听说开家长会就心情紧张，感觉压力大；21.2%的学生不愿家长参加家长会。而且，答卷告诉我们，家长会开过后16.8%的学生与老师关系紧张，35.1%的学生与家长关系紧张，27.5%的学生在家长会后会受到严肃批评并被限制活动。有的学生甚至表示希望“尽量少开”“最好永远不开家长会”，仅有20%左右的学生对家长会很是期盼。难怪常常有学生把老师发的家长会开会通知“丢了”，或者“忘了”交给家长，要么就是编出“爸爸出差，妈妈请不下假来”之类的谎言，甚至有学生花钱请人冒充家长来开家长会……

面对家长们的困惑和大部分学生的不情愿，家长会是不是就要被取消？我想，家长会还是要开的，关键问题是怎么开。对于摆在我们面前的现实问题，教师需要转变一下观念，换一种思路，用一些巧妙的办法来应对，前面就是一片新天地。

针对小学不同阶段的学生，我们的家长会邀请函也不同。

“尊敬的家长：您好！您的孩子升入东关小学半个学期了，有什么变化吗？他们适应小学的生活了吗？欢迎您本周六上午或者下午来学校坐坐，看看孩子们的表现，与老师和其他家长谈谈您的困惑、您的教育体会和您的经验……”这是给刚入学的一年级孩子家长的邀请函。

“家长朋友们：期中考试刚刚结束，您一定非常关注孩子的成绩和孩子在学校学习和生活的情况吧？孩子长大了，在家肯定会有与以往不同的表现，您可能也会有些问题想跟我们交流。请您本周六上午或下午在百忙中抽时间光临学校，参加我为您和孩子组织的座谈会。希望您带来宝贵的教子经验，与人家分享。”这是给中高年级家长的邀请函。

“尊敬的家长：您好！感谢您一直以来对学校工作的支持、理解和帮助。您的孩子已进入小学毕业阶段，这是孩子人生成长中的关键时期。我们都非常关注孩子的成长，希望能够加强彼此间的相互沟通，共同探讨孩子的未来。我们诚挚邀请您在百忙之中抽空光临学校，届时我们将真诚沟通，共同搭建家校联系的平台，共同反馈贵子女教育的方方面面……”这是给六年级毕业班孩子家长的邀请函。

教师要在会前把这些全新、带着几分温暖的家长会邀请函通过微信或者孩子带给家长，让他们有备而来，而且在时间上还可以有弹性。

为了开好这次家长会，也为了体现学校对这次家长会的重视，有着家长和校长的双重身份的我，既站在家长又站在学校的角度，为家长们录制了 8 分钟的讲话。短短的 8 分钟，让家长更清晰地了解学校近期的发展变化和师生取得的成绩。有了家长们的支持与配合，有我们这支爱岗敬业、乐于奉献、充满活力的教师队伍，孩子一定会健康快乐成长！

“一切为了孩子”，这是我们家长会召开的共同出发点。尊重、平等、交流与合作，体现在家长会的全过程中。家长会前，老师已经就会议内容征求过家长和学生的意见。精心设计的邀请函说明了会议的主题。会中，老师有意识地把时间和空间让给家长或学生，让他们成为家长会的主角，这样家长们可以有机会了解孩子的全面情况，转变对孩子关注的角度，有机会倾听其他家长的教子经验与困惑，还可以有机会与孩子面对面地交流，参与对学生的教育，评价班级的教育工作。每个班的老师都认真制作了 PPT 向家长们展览孩子的作业、作品、获奖证书等，还有的班级让学生现场表演，教师、家长、学生聚在一起，共同营造和谐的气氛，增进感情，让家长在班级背景中了解自己的孩子……

家长会“变了脸”，不再是冷面教师的文明语言“骂人会”、家长的“受训会”，代之以软化了的批评、善意的提醒，让家长和学生多了几分对老师的感激与敬意，也让这样一个三角关系上的各边相互间多了几分尊重、了解和沟通。家长会的最后一个环节是孩子们写出自己心里话，孩子们可以写想对爸爸妈妈或者老师说的话，也可以写对这次家长会的意见等。

四年级的冉冉同学写道：“以前开家长会，每次在教室看到爸爸，我心里就像揣了只小兔子，蹦跳不止，而且老是想偷看那个‘神秘的会议’，想象着爸爸会带着什么脸色走出教室。这次家长会大不同了，听到的大多是对我们进步的肯定，还有老师和家长关于如何让我们学得好、玩得好的交流……”

六年级的一帆同学写道：“这次家长会上，我看到最多的是家长对我们会心的微笑。开完家长会，父母对我的关心增多了。比如以前我们同学之间打电话时间长一点，妈妈就会说半天，现在她只是轻轻地提醒我一下，我自己也就自觉了。在教育我的方面也好多了，不再急了就非打即骂，而是很亲切地询问与善意批评，这让我感到很放松，生活得比以前快乐了。”

家长会上的对话，使几十个小家庭融成了一个大家庭。家长们欣喜地感觉到这种变化和由此带来的收获。一位家长说：“开过好多次孩子的家长会，但这种老师、家长、学生面对面地直接交流，还是第一次。真的帮我更全面地了解了孩子，也帮我建立了新的教子观念。”还有家长给老师发来自己的感想：“以前总以为自己知道孩子的一切，便忽略了对孩子更进一步、更深入的了解。没有了解，谈何理解？所以我们理解不了孩子的一些怪异行为，孩子理解不了家长的良苦用心。今天听了孩子写给父母的话，我感到很震惊，也感到很高兴。震惊的是孩子心里藏着这么大的委屈、抱怨，而最关心疼爱孩子的我们却不知道；高兴的是孩子把想说的话说出来了。孩子一天天长大了，关心孩子的最好办法就是和孩子交朋友，为他们创造宽松和谐的空间。”

家长会是学校社会家庭三结合教育的一个重要组成部分，是家校联系的一个好的形式。我想，召开家长会的目的，是要促使家长与教师互相理解和支持，使学校与家庭“向儿童提出同样的要求，始终从同样的原则出发”。我们要把家长会建成一座桥，一座架设于老师与家长之间、家长与学校之间、学生与老师之间、家长与孩子之间心灵沟通的桥！

情怀指明人生成功的方向，情商奠定人生成功的基础，情趣增添人生成功的砝码。家长会的召开，就是学校三情教育的结果，在家长会召开的同时，更希望家长朋友理解、配合、支持学校的工作，能给学校工作提出宝贵的意见和建议。千淘万漉虽辛苦，吹尽狂沙始到金。经过多年的发展积淀，学校正处于从“做大、做强”向“做精”转型的阶段，在这样一个“船到中流浪更急，人到半山路更陡”的关键节点，我相信，有了家长们对学校的关心与厚爱、鼓励与鞭策，有全体东关人的携手同心、群策群力，学校定能向着“尊重每个孩子的个性，引导孩子自觉思考并规划未来的人生，为不同潜能的孩子的发展创造条件，促进孩子们自主、全面而有个性的发展”的目标不断迈进，真正办好人民满意的教育！

5 让校报成为学校名片

你们有自己的刊物吗？自己动手写自己，自己出力唱自己，洗尽铅华只有浓浓墨香的那种？我们东关小学已经有了这样的报刊！

都说校园文化是学校发展的灵魂，校报则是孕育灵魂的深厚土壤。校园文化每一所学校都有，只是程度不同而已，但并不是每一所学校都有校刊。校刊是学校整体实力与校园文化建设发展到一定阶段的产物，更是一件精美的艺术品，给人以美的享受、美的熏陶。正如中国教育科学研究院研究员、全国校长发展学校常务副校长毕诚所言：“打造校园文化品牌，提升校园文化品质，离不开校报校刊。”好的校刊是建立在学校本身深厚的文化底蕴基础之上的，高质量的校刊本身就是学校深厚文化的弘扬，不仅丰富了学校的内涵，而且促进了学校的发展。它有利于促进学校、教师、家长、学生的日常交流与沟通，更能让外界充分了解学校形象和校长、教师、学生的风采，学校的各种办学思想、政策、活动也能最广泛地得到宣传。为此，在全体师生的努力下，2019 年 10 月，第一期以“宣传学校、促进教学、发展特长”为宗旨的《东关实小报》孕育而生了。

校报的名字就费了大家不少心思：《月牙》——即不满，是向上的车轮，是虚怀若谷；《成长》（脚印/足迹）——成长，一切事物向成熟的阶段发展。我们的东关实小也如嗷嗷待哺的婴儿，如破土而出的幼苗。成长的过程是用一只只脚印记录下来的，或深或浅，这些都是必然；“萌芽、丝路”（古丝绸古道，今寓意学校的成长脚步）；《子墨》出自《汉书·杨雄传下》，“雄从至射熊馆，还，上《长杨赋》，聊因笔墨之成文，子墨为客卿以风”……好名字很多很多，到底用什么才最能代表我们学校呢？“校长，就叫东关实小报，既朗朗上口，便于传诵，又凸显校名，弘扬学校。您看怎样？”校办郁胜柏主任的几句话惊醒梦中人，对，我们是小学，就要贴近学生实际，让学生在校报校刊的文化中拔节生长。太好了，就这样定了！

《东关实小报》把我校成长的珍贵发展历程串起来，是学校发展的历史，必定要被载入东关实小的史册。我们的校报特色是融思想性、可读性、人文性、知识性于一体。我们办报的目的是积淀校园“正”文化理念，深化学校办学特色，培养师生的爱国爱校情怀，增进思想沟通，促进学生正确地认识自我、认识世界，让学生身心健康成长。我们办报的理念是面向全校师生，本着成长积淀于每一处细节、自信彰显于每一次参与、健康扎根于每一次活动的理念，让校报成为师生成长的“土壤”。校报不仅能培养孩子们的爱好，还能让孩子的能力得到提升，让孩子在参与中学会交往、学会做人。作为学校名片，校报既传播着校园消息，也记载着师生们的欢笑与忧愁，又记录了代代学子成长的足迹。校报这方沃土，是土生土长的，很有生命力，给师生提供了很多实践和展示才华的机会，也实现了他们孜孜以求的梦想。

校报的栏目设置：

（一）固定栏目

（1）“卷首寄语”由学校领导或指导教师撰写，或登载学生作品或推荐优美的散文、诗歌等。

（2）“本刊特稿”刊发领导的言论、获奖作品。

（3）“烛光点点”发表教师作文，给学生以示范。

（4）“星光灿烂”根据不同题材和体裁，将学生习作分为若干小栏目。散文归于“芳草萋萋”，诗歌作品归于“青春小诗”，生活中感受到的思想火花归于“感悟生活”，反映家庭生活的文章归于“温馨港湾”，反映自己成长经历的文章归于“成长滋味”，“世相素描”刊登学生的小说作品，这些栏目意在给学生施展才华的空间，满足广大学生的创作欲，激励他们自觉创作。

（5）“学研前沿”专登教师的研究性教育教学论文，目的在于展示教师的教学教研成果。

（6）“名著悦读”向学生推介古今中外的文学名著，旨在引导学生广泛阅读名著、汲取养分，提高文学素质。

（7）“走近名人”让学生更多更全面地了解名人的成长经历，给学生以人生的启迪，帮助他们正确选择人生道路。

（8）“社团园地”展示丰富多彩的社团活动，记录学生走出校园的精彩片段。

（9）“家校共育”刊登家长发表的见解和主张，作为家、校联系纽带。

（10）“七彩德育”展示本校在德育方面的工作成绩。

（二）两个可调栏目

（1）“东关骄子”向学生介绍从本校毕业的学子，以他们的成就为学生树立求学奋斗的标高，为学生指明前进的方向，激励他们奋发向上、积极进取、争做成功者。

（2）“东关印象（足迹）”讲述学校发展历程。

校报的第一版为校园动态和要闻、领导视察和重要讲话、学校建设与管理中的大事要事。包括导读栏、开语篇、校长寄语、要闻简讯等，关注学生成长，见证学校发展，报道学校特色，为教育导航。《东关实小报》除了聚焦学校热点、跟踪报道学校发展外，还是我校教师和学生发表作品、展示才华的阵地。第二、四版尽可能贴近学生的学习和生活，展示学生优秀作文、美术作品，增强互动性，成为学生喜闻乐见的部分。第三版为教师发表文章和教学思想交流的主阵地。

每一期校报都会刊登孩子们大量的原创作品，有习作、绘画、书法、手工等。孩子们说：“校报，就像我们的老师一样，让我开阔了眼界，使我受益匪浅。”

在疫情期间，我们收到了大量的师生抗疫作品。孩子们亲自制作了以“抗病毒战疫情”为主题的明信片，有的图文并茂地向人们宣传预防新冠感染的基本知识；有的表达了自己对最美逆行者的崇高敬意；有的展现出幼小的心田里那颗爱国的种子正不断萌芽。孩子们呼吁全世界的人们团结一致，共同抗疫……在2020年第一期校报上展出的一张张明信片，无不表达了孩子们共同抗疫的心声。教师则用温暖笔触抒发对抗疫英雄的讴歌，以及自己在线上教学期间的点滴体验与感受。

至今校报依然活跃在东关老师和同学们的视线里，上面记录着他们学习和生活的点滴，是他们的一份最珍贵的收藏。

我至今还记得第一期的发刊词如是说：

校报是学校的一面旗帜，是师生展示风采的平台，是弘扬校园文化的阵地，是学校发展的一面镜子，是书香校园建设最直接的校本资源。当你们捧着浸满墨香的报纸，涵泳着记录了心灵温度的文字时，《东关实小报》满载着全体师生的期盼，与大家见面了。她像春的和风，吹拂着我们的面庞；像夏的荷塘，氤氲着醉人的馨香；像秋的田野，充满着收获的畅想；像冬的暖阳，带来火一样的热情与奔放。

东关实小，注定是一块不平凡的土地。1912 年创办，107 年的悠久历史铸就了她优良的办学传统和深厚的文化底蕴。百年来东关实小栉风沐雨、薪火相传；百年来东关实小春风化雨、润物无声；百年来东关实小桃李芬芳、英才辈出。今天，她继续承载着教育的重任，她和 7000 余名师生的命运连在一起，同时也和一方百姓的希冀福祉连在一起，这里的每一块砖、每一堵墙、每一片瓦都承载着无限的重量。

作为一名东关实小人是一种莫大的荣耀，更是一种沉甸甸的责任。一直以来我们都秉持“以京剧特色为抓手，全面提升学生核心素养”的理念辛勤地耕耘、默默地奉献，把为学生终身幸福和发展奠基当作不懈的追求。无论何时，都不能降低梦想飞翔的高度，以文化引领学校的发展，是我们笃定的信念。

《东关实小报》的发行旨在承载校园的文化，彰显教师的风采，展示学生的风貌。她将成为东关实小师生前进的明灯、欢歌的舞台、创新的天地、交流的平台。她将记录生命成长的足迹，记录心灵花开的声音，记录探索求知的欢乐，记录我们感动的时刻。她将成为一条纽带，把学校、家庭、社会紧紧相连，描绘学校发展的蓝图和学生美好的明天。办校报是一个艰辛探索的过程，《东关实小报》目前还很稚嫩、单薄，但我们相信，有全体师生的积极参与，我们一定会“长风破浪会有时，直挂云帆济沧海”。

著名教育家叶澜教授指出：“当今学校文化建设十分现实和重要的任务，不是回避或以精神否定财富的方式来形成学生积极的人生态度，而是要从财富与精神、幸福人生关系的意义上，帮助学生形成健康、积极的人生观和生活方式。在这里，学校不仅仅是薪火相继的地方，更是师生在好教育中成全生命个体的幸福田园。”

是的，《东关实小报》还像一个孩子，它生长着，我们会对内容进行拓展延伸，让它充实校园文化内涵，提升师生精神生活品位，促进校园文化的纵横发展。我在工作之余，每周都会给家长写一封信，至今已经写了三十七封信。其目的就是让家长了解学生在校的学习、生活情况，使家长懂得如何去关心孩子的身心发展，从而更好地促进孩子的成长。学校家庭两方面教育密切配合，重要的一点是要及时沟通信息。教师要了解学生在家庭中的表现及对待父母的态度等，以便有针对性地进行学生的思想工作。家长也想要了解孩子在学校中的表现，并且还想知道学校是怎样开展工作的。因此，我们的校报还会拓展“家长信箱栏”，以家长给学校回信的形式，让家长对学校各项工作提出自己的宝贵意见，一起探讨孩子的教育话题，共同构建家校良性互动、和谐教育共同体。

我们的校报不像其他报刊那样精美华丽，她只有浓浓的墨香，可是我们欣喜地看到，我们的校报汇集了东关师生教育教学成果，立足校内，辐射校外，弘扬校园正文化，展示教育成果，展现师生风采，构建了蓬勃向上的校园生态文化。我们会一如既往地努力，在校报的版式和内容上下功夫，让校报发挥桥梁作用，真正成为我校对外宣传、树立品牌形象的窗口。

一路走来，一路花开，偶有雨点溅落，不怕，我们拥有青春情怀。校报一路走来，其间不能忘怀的人很多，不能忘记的事不少，一路走来，我们在校报的墨香中徜徉，我们在校报师生的星光里灿烂。我们的校报也许不够饱满，也许略显青涩，但谁又能说，在下一个秋天，它不会枝繁叶茂、果实累累地把整个世界装扮?

就像一位老师对《东关实小报》的投稿中所写的那样：

踏着河畔的片片白霜，伴着蒹葭梢头的缕缕清风，春华了，秋实了，悠悠岁月，放飞的是一种追寻！长长征途，花开花落，执着的是一份坚韧！东关实小人躬耕教坛、薪火传衍、教泽绵绵。我们又迎来了第 5 期校报，她犹如亭亭玉立之少女，她带来了诗意和遐想，带来了憧憬和希望，她展示并将继续见证学校的进步与辉煌。

她是开放的，坦诚而包含着睿智。她将成为理论探讨的弄潮人，以东海之滨纳百川的气势，宣传学正文化治校新理念，传播时代发展新信息。

她是多彩的，平实而富有生活奋斗的激情。她将成为文化建设的排头兵，以直挂云帆抒壮志的豪情，展示校园新风貌，宣传东关新气象。

她是和谐的，她将成为全校师生的好朋友，成为展示师生才能的舞台，成为凝聚全校师生智慧和力量的中心园地，成为展示我校办学成果的重要窗口。

在这里，犹如春孕育了夏的朝气蓬勃，夏孕育了秋的硕果累累，秋孕育了冬的洁白无瑕，冬孕育了春的生命无价，最后编织成无数闪亮晶莹的阳光之梦。

愿她如同和煦的春风，带来知识和智慧的雨露滋润每一个人的心田；更愿她像一支接力传递的火炬，引领我们跑向阳光灿烂的未来。

让我们乘着梦想的阳光启航！愿我们的校报永远行走在美丽的收获里！

祝愿我们全体师生，在东关实小的幸福田园里快乐地生活、学习，祝愿《东关实小报》越办越好，祝愿东关实小的明天更加辉煌！

6 教师读书会讲什么

“江校长，今天中午我们在阶梯教室举行青年教师读书心得交流会，欢迎你参加啊，到时候跟我们讲两句。”刚走出食堂，教科室邵平平主任就迫不及待地邀请我。“要我讲两句?”看我一脸茫然，这位美女主任连忙笑着说：“没事，给我们提提要求，鼓励一下就可以了。”“那好吧!”我爽快地答应了下来。

在读书会上，老师们自制了 PPT，准备得非常充分，他们谈了好多自己的读书心得。“苏霍姆林斯基说，兴趣是最好的老师……”“苏霍姆林斯基告诉我们……”“苏霍姆林斯基在《给教师的建议》中，写道……”读书分享时间不长，老师们都提到了苏霍姆林斯基。我想，读书是与作者的对话，这正如要想读懂《红楼梦》，先要读懂曹雪芹一样。可她们真的了解苏霍姆林斯基吗？我不由陷入了沉思……

在中国的近代史上，有这么一则有趣的故事。有一位英国女记者读了文学大师钱钟书的作品，对他非常仰慕，于是千方百计地想要见到钱钟书先生。在电话中，钱钟书先生意味深长地对她说了这么一句话：“你吃了一颗鸡蛋感觉不错，何必要认识那只下蛋的母鸡呢?”那么同理，我们今天去看苏霍姆林斯基的书，只要关心这本书本身的内容是什么就好了，何必关心它的作者苏霍姆林斯基呢？但是读过他的书的人都不同意这一观点，他们一致认为，苏霍姆林斯基和他的教育著作的关系其实是相辅相成的，这两样东西少了其中一样，就如同鸟儿失去了翅膀、孙悟空失去了金箍棒一样让人感到不完美。

苏霍姆林斯基是怎样一个人？有的老师可能会说：“不就是一个教育家吗?”嗯，不错，是教育家，但可能不是你想象的那么一个教育家。

我先简单谈一谈他的生平。苏霍姆林斯基 1918 年 9 月 28 日生，1970 年 9 月 2 日去世，享年 52 岁。我用四个短语来评价他：“忠诚的共产党员，英勇的卫国战士，智慧的人民教师，卓越的教育大家。”

首先，“忠诚的共产党员”，这个很重要。他的女儿苏霍姆林斯卡娅说：“没有十月革命就没有苏霍姆林斯基。”他家境十分贫寒，是十月革命让他、让所有和他一样的人们翻了身。他的一生都献给了“培养共产主义建设者”的教育事业。

其次，“英勇的卫国战士”，我这里补充一点大家也许不知道的史实。苏霍姆林斯基17岁中师毕业，留在母校教书，没过几年德国进攻苏联，卫国战争爆发，23岁的苏霍姆林斯基毅然投笔从戎，以政治指导员的身份奔赴反法西斯战场，作战非常英勇。半年后他身负重伤，一个弹片击中他上半身，一直压迫心脏，没有取出来，这是导致他最后去世的原因之一。1942年2月，冰天雪地，他身上压满了战友的尸体，人们认为他已经牺牲了，一个小护士发现他还有气息，扒开他身上的尸体，把他连拖带背地送进了最近的医院。苏霍姆林斯基在养伤期间，右臂需要截肢，他苦苦哀求医生说，不要给我截肢，赶走了德国法西斯，我还要当老师啊，还要教书的。后来右胳膊保住了，但永远短了六厘米。他在前方作战的时候，他的新婚妻子薇拉，由于在后方参加了抵抗运动，被德国人抓住。薇拉当时已经怀着苏霍姆林斯基的孩子了，在监狱里边生了下来。下面这个细节，我非常不忍心讲……德军把刚出生的孩子砸在石墙上，脑浆崩裂，当场毙命；苏霍姆林斯基的妻子薇拉宁死不屈，被剜去双眼绞死了。后来，苏霍姆林斯基伤好以后，他的身体不允许他重返战场，他就留在当地教书。1944年战争快结束的时候，他回到了他的家乡，当了4年教育局一把手局长，再后来坚决要求去学校，便辞去局长一职，来到帕夫雷什中学做校长，那是1948年。他在这所农村学校一干就是22年，直到1970年9月2日，他生命的最后一刻。他1968年起任苏联教育科学院通讯院士，1969年获乌克兰社会主义加盟共和国功勋教师称号，并获两枚列宁勋章、1枚“红星勋章”、多枚乌申斯基和马卡连柯奖章等。

苏霍姆林斯基本人的经历传奇不传奇？当然传奇。苏霍姆林斯基的一生短暂，但他却持之以恒地探索和孜孜不倦地写作，奇迹般地写出了40部专著、600多篇论文、约1200篇儿童小故事。苏霍姆林斯基的全部著作都是面向教师、父母和孩子们的。他把自己的思索、建议和见解全部倾注在了他的著作当中，即怎样培养“真正的人”。教师和父母应当历经十分艰难之路，才能使孩子成长为好学上进、聪颖、心地善良而高尚的人和好公民。他的《给教师的一百条建议》《把整个心灵献给孩子》《巴甫雷什中学》《公民的诞生》《失去的一天》和《学生的精神世界》《致女儿的信》《妈妈，我不是最弱小的》等教育专著被收在《苏霍姆林斯基选集》（五卷本）中，其中《给教师的一百条建议》为师范学生入学必读。他是当之无愧的“智慧的人民教师，卓越的教育大家”。

大家在感叹苏霍姆林斯基传奇的一生时，有想过这个问题吗？苏霍姆林斯基为什么要选择教师这个职业，并如此热爱，还写出如此多的教育巨作呢？这与他小时候所受的教育有关。

首先，他的父亲曾经是当地农村学校教劳技课的教师，是一个能工巧匠；祖母和母亲文化水平不高，但会唱民歌，会讲民间故事，这都对苏霍姆林斯基有影响，所以苏霍姆林斯基很早就受到良好的家庭启蒙教育。

其次，苏霍姆林斯基的小学、中学时期，一直是在自己村里的学校中度过的。这是一座7年制的学校，虽然学校设施条件极为普通，但这里却有一批较好的师资力量。这对从小受到家庭良好熏陶的苏霍姆林斯基来说，是一个极好的环境。他的善良天性在这里得到了充分的发展，知识能力得到了迅速的拓宽。他在家经常主动帮助父母邻居做事，在学校里是位品学兼优的学生，得到了当时的校长伊万·萨维奇和教务主任布师科夫斯基的重视和关怀。然而对他影响最大的要数启蒙女教师安娜·萨莫伊洛英娜。这位女教师在教育工作中，不仅是孩子们的老师，也是孩子们亲密的伙伴。苏霍姆林斯基觉得这位女教师像一个女魔法师，她知道一切美的秘密。她讲课时学生们都有浓厚的兴趣，所教的知识常被学生铭刻在记忆之中。她常带孩子们到大自然中去，引导学生思考许多问题，让学生们学习了不少东西、明白了许多道理……在山花烂漫、万物生机盎然的季节，有一天下午，安娜·萨莫伊洛英娜带学生们来到了森林，这对苏霍姆林斯基来说是再熟悉不过的地方了，他平时就到这里来玩。但女教师的解说，让他接触了许多过去没有注意到的新事物和很多使他感到惊奇的东西：看这棵盛开的椴树在帮助蜜蜂酿蜜；瞧那个蚁穴——过去苏霍姆林斯基出于恶作剧曾用棍子去捅它，而老师说这个蚁穴有回廊和广场，有幼儿园和粮仓……原来是一个童话般的城市。他感到不和老师一起来，就不会发现世界上这么多美好的东西。当孩子们领略了这大自然美好的风光，急匆匆准备回家的时候，她还有一新招：“孩子们，为爷爷、奶奶、爸爸、妈妈采集些鲜花吧。当孩子们关心长辈的时候，长辈会感到高兴，而鲜花——这是关怀和敬爱的标志……”苏霍姆林斯基接受的就是这样的教育。这使幼小的苏霍姆林斯基不仅爱上了书本，爱上了同伴，还爱上了大自然，同时他更尊敬这位老师。他向往着自己的知识能同老师一样渊博，向往能像老师一样智慧。从这时起，苏霍姆林斯基逐步树立了从事教师这一神圣职业的志向。因此在 7 年制学校毕业时，他毅然决定报考师范院校，后来一步一个脚印，从一个普通的教师成长为一名伟大的教育家！

苏霍姆林斯基传奇的一生也是幸运的一生，充满着爱、尊重、理想的种子，应该说他的学习生涯得到了非常全面、和谐的整体教化，所有的教育资源配置达到了最优化。正是这些完美的配置、和谐的爱成就了苏霍姆林斯基。这一切不正是他后来成功的秘诀——方法论上的整体观之雏形吗？苏霍姆林斯基的各种观点，无论是德育观、阅读观、劳动教育观，还是后进生教育观、学生观、生活观，都至死不渝地坚持在整体观的指导下进行。他把全面发展的个性的培养过程，看作一个由外部教育环境、校内教育结构、师生集体人际关系构成的统一整体，他们之间是三维相互联系、相互制约的系统工程。他的教育蓝图中，存在一个由学校与社会、与自然、与家庭构成的外部教育环境；庞大的教育系统中，基础部分自然是层次众多、错综复杂的包含着和谐教育的校内教育结构，学校的一切都在丰富多彩的“精神生活”背景下进行；这一切的核心部分一定是师生间、集体中的人际关系，这种人际关系就如同人的中枢神经，决定制约着教师的指导作用和学生的主体地位，同时它还能指导和调节外部教育环境的影响和校内教育结构的作用。

《孟子·万章下》里提道：“颂其诗，读其书，不知其人，可乎？是以论其世也。”说的是读作品要上溯历史与远古未曾谋面的作者交朋友，然后才能读懂他的作品；韦勒克沃伦在《文学理论》中说一部文学作品最明显的起因，就是他的创作者即作者。我们也一样，读懂苏霍姆林斯基之后，再去读他的教育著作，你会有不一样体会和收获！所以我建议大家读书时，先从了解作者开始，这对我们读懂他的书是非常有用的。大家一定读过语文特级教师李镇西老师的作品吧？他为什么被誉为“中国式的苏霍姆林斯基”呢？这是我这次读书会留给大家思考的一个问题。期待下次读书会上你与我们共同交流探讨。

7 提升价值追求
——我要搞中层教干述职

责任是什么?《续资治通鉴·宋英宗治平三年》:“陛下能责任将帅,令疆场无事,即天下幸甚。”责任就是使人担当起某种职务和职责。宋代司马光的《谏西征疏》有言:“所愧者圣恩深厚,责任至重。”责任就是分内应做的事。

责任存在于我们的日常工作之中,责任就是把作为一名教师的初心和使命落实在上好每一堂课、教好每一名学生、做好学校布置的每一项工作中……作为一名教干,除了需要承担一名教师应尽的责任外,还担负着多种管理职能,需要在教师群体中起到带头引领的作用。我想,要提升教干的价值追求,首先要提升教干的责任意识。一个教干只有具有强烈的责任意识,才会喜欢自己的岗位,才会努力工作,才会把工作做得更好!如果一个教干没有责任心,对工作就不会有激情和动力,在教师群体中不仅不会带来益处,反而会带来巨大的负面影响,因一个人的消极怠工而影响到一大群人的工作状态,这种现象要坚决制止。

我们学校是典型的老学校,出了名的干部多、不干事,人员复杂。在我来这之前,已经有好多人在我耳边说过。“校长,不是我推脱,你布置的这些事我也完成不了。”我正在办公室用电脑办公,这时溜进来一位教干。“不要急,慢慢来。”我故作轻松,漫不经心地回答后又了解了事情的来龙去脉。中层干部作为学校的管理核心,教干的思想观念、价值取向、工作作风等,直接影响着校风、教风、学风,决定着学校的办学理念、发展状态。加强学校领导干部建设,提高干部的整体素质,对于促进学校健康、和谐、快速发展至关重要,刻不容缓。

如果我们把学校比作一棵大树,那么学校的中层干部就是学校得以发展的根。树根理论则是这样讲的,只有根深才能叶茂,一棵大树枝繁叶茂是因为大树扎根于深深的沃土。尽管一些大树具有郁郁葱葱、果实累累的美好外表，如果大树的根已经烂掉或者即将烂掉，那么眼前的这些繁荣很快就会烟消云散，所以深深地扎根对一棵树来说是最重要的。

“树根理论”告诉我们，评价一个学校在本质上是否具有竞争力，不是看这个学校取得了多少称号举办了多少活动，而是要看这个学校有多强的底蕴。一个学校短暂的辉煌并不能说明其有足以制胜的竞争力。学校的竞争首先是师生的竞争，师生的竞争其实是教育管理的竞争，教育管理的竞争其实是中层干部的竞争，学校一定要精心培植自己的根，不断提升中层干部的执行力，这样才能让自己的根越来越深厚，越来越有生命力，只有这样才能在以后可能遭遇到的种种风浪中挺立不倒。作为中层干部的“根”需要我们校长来培土、施肥、供养才可稳固。

如何抓住教干这一团体，激发他们的潜能，以点带面，发挥他们的主动性，从而使他们真正成为托起学校发展的中流砥柱？我想，只有强化责任意识，提高校荣我荣、校衰我耻的危机感、紧迫感和竞争意识，才能推动他们努力工作、奋发向上。强化责任意识，搞教干述职是有效的抓手和形式，有利于教干自我提高，是完善教干管理的重要措施。教干通过述职的方式对自己一学期的工作进行回顾，总结经验，吸取教训，强化自我责任意识，这对促进教干自我认识、自我学习、自我提高有着重要的作用，能真正实现在学校里一个人影响和带动一群人发展！于是，在周五的教干会上，我就把我的想法公布出来，要求在学期结束时，各位教干把自己本学期做的事情梳理一下，在全体教师会上进行述职，接受全体教师的监督和评议。

1 月 7 日晚，我校在学校报告厅召开了 2019 年中层干部述职考核会议。学校的 12 位处室负责同志，就本学期的工作实施情况、取得的成绩、工作亮点、存在的不足以及下一步的工作打算作了述职报告。校领导班子全体成员和教职工一起听取了这 12 位教干的述职报告，会后所有人现场为 12 名处室负责同志就德、能、勤、绩、廉五个方面进行了评价打分。因为工作的热情，因为管理的温情，寒冬晚上的报告厅变得暖意融融。

参加述职演讲的每一位教干都精心准备了发言内容，把自己这一学期所做的工作、收获和感悟一一与大家做了分享。有的教干结合自己的分管工作，深刻地剖析了自己的得与失；有的教干从教育教学的角度，深情地表达了自己的喜与乐；有的教干则从管理的角度，分享了自己的所感与所悟。每当讲到精彩处，大家都忍不住发出阵阵爽朗的笑声或给予热烈的掌声。

六年级组的鲍恩梅主任述职的题目是《记住难忘瞬间》。“时光荏苒，岁月无声，转眼已是岁末。静心回眸，认真梳理，细细盘点。在梳理中发现不足，在盘点中找出差距，在反思中寻求创新。其间最想记住的是：江校长查班时如飞的身影，殷校长的关怀，周校长的支持，孟主任的参与；最艰辛的是开学初为了及时分好班级，我和姜主任、杨主任、沈育民、王国庆等几位老师加班到深夜；最感动的是周艳梅老师为了扎实搞好教学，把仅有 6 个月大的二宝忍痛断了奶；最庆幸的是一学期以来我们六年级实现零安全事故；最欣喜的是在市县举行的双语阅读、经典诗文、成语竞赛等活动中，我们代表学校取得历史性突破的好成绩，这也是六年级语英教研组在以唐亮、周敏两位老师为首的带领下以大局为重，不计报酬，全力以赴的结果；最幸福的是我有一群始终默默鼓励我、帮助我、督促我的朋友；最想感谢的是六年级的全体老师（恕我不能一一点出他们的名字，因为我怕 3 分钟不够我说完他们的名字）的任劳任怨、尽职尽责，每天来得最早、走得最迟；最遗憾的是作为一名年级主任，工作方法、工作水平还有待提高；最期待的是我们明年的小毕考能取得好成绩!”

校长办公室的郁胜柏主任说：本学期我分管学校宣传、教职工信息与档案管理、学校微信公众号管理、校报管理、校园网站管理、接待、会议组织与安排等工作，分管档案室，负责办公室工作，协助胡华玲校长做好学校招生、学籍工作。宣传工作是对外交流的窗口，在当前激烈的教育竞争环境下，学校的宣传工作显得尤为重要。本学期学校设立了“学正东关”微信平台，已推出稿件 23 篇，较好促进了学校、家庭、社会的沟通、使更多人了解、关心、支持我校的工作；创办了《东关实小报》，现已出版了 3 期，《东关实小报》将记载学校的发展变迁，描摹学生成长的足迹，记录心灵花开的瞬间，架起学校、家庭沟通的桥梁。本学期，截至现在，办公室编排《导护通报》14 次，《学校工作计划》编至 19 周，本人写作和审阅的文字近 40 万字，图片近 1000 张。“正”文化系列校本教材“正安篇”已经完成初稿。办公室本学期安排学校各项会议43次，我做到提前一天布置查看会场，开会前提前半个小时以上到场，再次查看。办公室还承担学校工作的上传下达，学校文件、方案的制定，真正做到“我是学校一块砖，哪里需要往哪搬”。工作虽然烦琐，但我更多的是感动、感谢！

六年级的鲍恩梅主任、校长办公室的郁胜柏主任还有其他10位教干，给我震撼最深的就是他们身上凝聚的那份对工作的“责任”。我想，无论是教师还是教干，一个有责任心的人，一定会认真地思考，勤奋地工作，细致踏实，实事求是；一个有责任心的人，做每一件事都会坚持到底，按时、按质、按量完成任务；一个有责任心的人，一定能主动处理好分内与分外的相关工作，无论有人监督与无人监督都能主动承担责任而不推卸责任。学校的发展需要每个人肩负责任、砥砺前行！

2019年，我们过得很充实，走得很坚定。2020年，有机遇也有挑战，我们大家还要一起拼搏一起奋斗。“一个人走，可以走得很快，一群人走，可以走得很远。”相信在东关实小这个温馨的团队里，我们一定会越走越远，为共同的愿景一起走在幸福的路上！

8 文化更要物化

校园文化是学校的灵魂，优秀的校园文化给人一种实实在在的内在驱动，让人沉静、大气、向上、奋发，砥砺一代代学子的人格品行，激励一代代学子的求学奋进。作为东关实小教师，当历史的接力棒交到我们手里的时候，我们有责任和义务对学校漫长发展史中散落的文化碎片进行聚合、梳理和提炼，彰显学校特有的文化底蕴。

我校是一所百年老校，发轫于1912年胡冠甫、程玉生二位先生在沭城东关所办的私塾班。1915年，蒋仲权校长变私塾授课制为班级授课制，开创了沭阳现代初等教育的先河，并将学校命名为“正心小学”。“正心诚意”是儒家倡导的一种道德修养境界。《礼记·大学》中提出“格物、致知、诚意、正心、修身、齐家、治国、平天下”的思想，还说“欲修其身者，先正其心；欲正其心者，先诚其意；欲诚其意者，先致其知；致知在格物。”自1912年建校至今，我们以“正”力量厚实学校文化，以文化立意引领改革实践，用“正”文化的力量去引领学校特色发展。学校领导班子经过认真酝酿，反复讨论，广泛调研，科学论证，最终将“正”文化确定为学校文化建设的灵魂，努力构建具有鲜明特色的学校文化体系，用“正”文化的力量去支撑学校的发展。

陶行知先生在《中国教育的觉醒》中说：“教育可分为三部：死的教育；不死不活的教育；活的教育。”姑且不论我们目前的教育处于哪个阶段，我们总可以达成一致的是：要追求“活的教育”。然而有些学校校园管理上提倡“三轻”：轻手轻脚，轻言细语，轻拿轻放。学生并非养老院里的老人，而是本来就应活蹦乱跳的十几岁的孩子，这“三轻”能做到吗？能。因为有一系列考核和评比的“激励机制”，赏罚分明呢！这离“活的教育”多么遥远啊！这样的校园，没有孩子气；这样养成的孩子，没有儿童气。这样的校园还叫“校园”吗？这样的孩子，还叫“孩子”吗？

教育，是天地。在教育之天地，呈美好之姿态。生动、生气、生机、生命、生长，皆在此中藏，如源头活水，生生不息，此即“活的教育”之本真吧？校园实在是需要生机啊，实在需要给孩子们提供玩耍的地方啊。陶行知在谈到校址的选择时，曾把自然环境作为极其重要的因素。他认为“天然环境和人格陶冶，很有密切关系”，他认为校址的选择应满足这样的标准：“一要雄壮，可以令人兴奋；二要美丽，可以令人欣赏；三要阔大，可以使人胸襟开阔，度量宽宏；四要富于历史，使人常能领略数千百年以来之文物，以启发他们光大国粹的心思……”苏霍姆林斯基也特别重视自然质朴的校园环境对孩子的美的感染与熏陶。我曾两次去过他担任校长的帕甫雷什中学，校园里扎根于大地的参天大树、枝繁叶茂的丰盛果园、洒满树叶的泥土小径、野趣盎然的如茵草坪……让人感到这就是孩子们的天地。

京剧长廊和京剧孝园就是这样的一个地方。长廊四周有京剧脸谱和人物介绍，这里成为孩子们玩耍和感受京剧魅力的好地方。

春天长廊里的紫藤花开了，一簇簇像风铃般随风摇曳，浓密的叶子映衬着紫莹莹的花瓣。阳光透过叶子间的缝隙洒到地面，投下斑驳的影子。京剧孝园里有草坪和各种名贵的花草树木，春天鸟语花香、夏天绿树成荫、秋天硕果飘香、冬天银装素裹……

京剧孝园对于孩子们来说，就像是可远观的圣物一样，可望而不可即。为何四面围栏，究其原因是考虑到里面有一个变压器室，学校为了师生安全考虑才围住。我们充分征求广大师生意见，以“正”文化为主题，把京剧孝园改造成正园文化广场，对学生进行文化熏陶的同时，达到以物育人、以物化人的目的。

在保留原有绿植的基础上，我们拆除栅栏，把校园有限的空间还给学生。正园文化广场水池中央树立“正”字雕塑，代表我们全校师生在“正”文化引领下，践行社会主义核心价值观，学做真人、正人。水池由莲花瓣砌成，含义是出淤泥而不染，提醒全体师生做品行高洁之人。水系代表以正人身为教之源，李叔同曾说：“我不识何等为君子，但看美事肯吃亏的便是。我不识何等为小人，但看没事好便宜的便是。”正人先正己，育人先育己，教师要不断丰富自己的内涵，转化为教学的动力之源。环形石凳上刻有汉语拼音“正”，孩子们可以围坐石凳，或安静读书，或畅谈理想……我们打造正园文化广场，让所有师生感知“正”文化，理解“正”文化，感悟“正”文化，实践“正”文化。

荀子说：“蓬生麻中，不扶而直；白沙在涅，与之俱黑。兰槐之根是为芷，其渐之滫，君子不近，庶人不服。其质非不美也，所渐者然也。故君子居必择乡，游必就士，所以防邪僻而中正也。”可见外部环境及周围的人、事对人的影响有多大。校园是每个孩子学习生活的地方，是他们成长的摇篮，也是他们实现理想、放飞梦想的地方！

不是行动的数量，
而是体验的深度，
让生命丰盛而充实。

——萨古鲁

萨古鲁的话我深以为然。生命在于质量，而不在数量，在于深度而不在于长度。一个学校的“正”文化，难道仅仅是一个广场吗？绝不是。

除了做一些必要的绿化外，还要设计校徽、打造“正”文化长廊、彰显“正”文化黑板墙，在教学楼、办公楼悬挂或张贴校训、校风、教风、学风等，充分反映学校的“正”文化办学特色及办学理念。常说“为人师表”，自己都做不好，要求学生，岂非缘木求鱼？最近一位语文老师被曝光有种种有辱师德的劣行，自己一摊烂泥，却要求孩子“传递正能量”。每一个有良知的老师，难道不应该以自己的行为给孩子做表率吗？

我们用“正”文化丰盈师生的精神世界，提升学生正德、正体、正雅、正美、正融“五正”素养，用“正”的旗帜来引领教师教人求真、求正，引领学生学做真人、正人。活在人世，个人是多么渺小，世界又是多么地无边无际、神秘莫测，那些内心没有任何信仰，而轻易就把自我那点微小的经验当作终极的人，其实是对人的简化，也是对人世的无知。每个人的灵魂，都得有可依靠可寄托的东西。

一次升旗仪式，孩子们队列整齐、表情庄严，可老师们却没有队列，东站一个西站一个，有的还在队列后面聊天。我拍下了这一幕的照片，精神抖擞的孩子、随意散漫的老师让我诧异不已，我打算斗胆独裁一次！例行的教工大会上，我将拍的照片打到投影仪上。第一张照片把老师们震撼了：穿着校服的孩子们，齐如刀割、昂首挺胸，望着冉冉升起的国旗。第二张刚一打出来，老师们便哄然大笑——三三两两随意站着聊天的老师们，与第一张照片中孩子们的队列反差实在太大。第三张照片更具有意味——前面的同学们巍然屹立、宛如雕塑，后面的老师却在聊天说笑，仿佛是农贸市场老友重逢。一张张的照片被次第展示出来，慢慢地，老师们不笑了。

我宣布：“从下周升旗仪式开始，除了班主任站在所在班级队列旁边之外，全体单独站成一个队列，站在全校学生的最中间，让‘身正’的我们成为学生的示范！”

果然，从那以后，每次升旗仪式前，老师们都自觉面对升旗台站在操场最中间，两旁是全校学生。每次体育老师整队时，首先对老师们发出口令：“全体老师注意了，稍息，立正！向前看齐！”老师们都认真地听从口令，调整队列。然后，体育老师再对全校学生喊道：“全体同学，立正，稍息，立正！两边的同学，向左向右转——向老师们看齐！”全校学生齐刷刷转过身，面向老师，对比老师队列，调整队形。

姿态正，美好生。正人先正己，立正、身正、心正，就这么威武！我最喜欢庄子，想知道庄周梦为蝴蝶还是蝴蝶梦为庄周。好奇至极，时常想起庄子深情地说：“若夫乘天地之正，而御六气之辩，以游于无穷者，彼且恶乎待哉！”是啊，至人无己，神人无功，圣人无名，唯“正”而已。诗意盎然的散文表达的却是至正的哲学。万物有始有终，人生境界却无穷无尽。如何“以无厚”入有间，恢恢乎其于游刃必有余地矣？所谓“大知闲闲，小知间间”吧，智慧的人走的是大乘，乘的什么？天地的正气，或者是孟子所说的浩然之气！当然，这个“气”字是我们后人加上的，庄子没有讲这个“气”字。

学生成长的路，是缩不短的。被加快的，一定会在别的什么地方走失。所以，不如索性认认真真端端正正做人。都说得大道者，必有大德、大学问、大智慧、大涵养。《道德经》也提到道生一，一生二，二生三，三生万物。“道”真是个神奇的东西，与天地精神往来，而不敖倪于万物。我们学校坚持的“道”就是“正”文化。传承与建构，探索与创新，我们将一如既往地做“正”文章，养“正”精神，追“正”梦想，树“正”品牌，不断丰富“正”文化内涵，让核心素养落地。

岁月不居，行走不息，愿以正气临深溪而观鱼舞，涉险滩而赏鸟鸣，盼永观端正之心，以抵达正气之无穷境。我似乎看到我们的学生走在了季羡林先生描绘过的一个意境里：一条开满桃花的路上，云蒸霞蔚，前途似锦……

第二章 立德树人

9 如何想到导护的

下课了，孩子们你追我赶，在操场上玩得不亦乐乎。这种情景让我想到了孩子们童年的烂漫。但是其中也会出现一些不和谐的音符，有的同学会追逐打闹，还有的会聚集在一起玩自以为乐趣无穷的“危险游戏”……这些都不能不引起我们的警觉！“校长，三（5）班李想同学牙跌掉了，要送去医院。”“校长，四（1）班刘创同学在操场上把头碰破了，需要包扎，家长还要来学校……”放下电话，我顿时感觉压力颇大，刚到这所学校不到一个月的时间，学生受伤的事件就频繁发生。小学生由于年龄较小，活泼好动，还不完全懂事，自理能力、自制能力较差，往往做事不计后果，预见不到危险的存在，容易发生安全事故。虽然安全这件事被天天讲、时时讲，但还是会有学生在学校出现安全事故，班主任的无奈，家长进学校不依不饶的“问责”，拥挤的校园，众多的学生，如何对学生进行有序管理，成为摆在我面前急需解决的大问题。

生命不保，何谈教育？生命是美好的，却又是脆弱的；生活是多姿多彩的，却又是隐藏着危险的。孩子是祖国的未来和希望，让孩子在一个清静、安全、和谐的环境中成长，是全社会共同的责任。

自1996年起，每年3月最后一周的星期一，为全国中小学生“安全教育日”。研究部门公布的调查资料显示：安全事故已成为14岁以下少年儿童的“第一杀手”。中小学生意外伤害事故时有发生，有关专家指出，通过安全教育和预防，提高学生的自我保护能力，有80%以上的意外伤害事故可以被避免。近年来，一些学校安全事故频频发生，意外伤害已成为影响学生健康成长的第一杀手，这不能不引起社会和广大教育工作者的焦虑和关注。

目前，中小学校园存在的不安全因素主要表现在以下几个方面：

一是安全防范意识薄弱。校园安全如同交通安全一样，不应该也不能出问题，一旦出问题就可能是涉及人身安全的问题。一些学校管理者由于缺乏必要的法律知识和安全防范意识，对师生安全和校园安全关注不够。有些学校管理者甚至认为，学校只要不出大事就可以，对学校的安全保卫工作缺乏有力的监督和保障，致使一些原本可能避免的校园伤害案件不断发生。另外，部分专任教师也缺乏安全防范意识，把主要精力集中在学习成绩上，对学生身心异常、班级隐患等缺乏预警意识，没有保持高度的责任感，增加了校园安全事故发生的机会。

二是安全管理工作不到位。安全管理不能只停留在口头和表面上，应该落实到位。当前，绝大多数学校在安全管理方面还存在很大的疏忽和纰漏，这是校园事故频繁发生的主要诱因。如一些学校教育教学设施存在着明显的安全隐患，教学设备陈旧老化，不符合国家的基本安全标准；学校校舍、门卫管理制度不严；校园食堂卫生不达标，管理混乱；学校校内外交通不畅，危险隐患多等。这些管理工作中的疏漏，对校园安全事故的发生起到了助推作用。

三是安全教育工作滞后。很多学校安全保护意识缺乏，安全制度不健全，安全管理出纰漏的同时，更缺乏对师生及时必要的安全教育。一些学校往往是出了事情才会想到要对师生主体进行安全教育和预防演习，殊不知为时已晚，犹如亡羊补牢，收效甚微。更有些学校打着安全教育的幌子以蒙蔽上级教育主管部门的监督和检查，待检查结束后即不管不问、放任自流，存在侥幸心理，为校园安全事故的发生埋下了较大隐患。

为了孩子们能快乐学习、健康成长，所有的教师都应有一颗高度的责任心，当一个有心人，时时处处做好安全工作。安全教育是学校各项工作的重中之重，是其他各项工作能顺利开展的保障。建立安全意识是对自己、对家庭、对社会负责的一种态度，在科学观念的引导下，面对危险掌握正确的应对方法，这是进行安全教育所要达到的要求，也是现代素质教育的一项具体内容。

我相信，学校的安全工作做到位，学生在日常生活中具备了安全意识，养成了良好的安全行为习惯，掌握了常见的自救自护技能，就能做到防患于未然，杜绝安全事故的发生。加强学生的安全教育工作，提高学生的安全思想意识，老师要准确把握学生的思想动态，结合学生中存在的思想认识、安全行为、安全事故和安全隐患问题，切实提高思想认识，坚决克服松懈麻痹，在安全方面决不能有任何侥幸心理，牢固树立“以人为本、安全第一、责任重于泰山”的观念，确保校园秩序更加优化、育人环境更加和谐、法治环境更加规范、安全工作进一步改善，依法保障教育方针的贯彻落实和素质教育的全面实施，更好地完成教育教学工作，促进教育事业的长效发展。

我们有理由为孩子的身心健康着想，使我们的校园成为最安全的地方，成为所有家长的放心之地。安全教育责任重大，我们时刻不能放松。作为一名校长，我肩负着很大的责任，要时刻绷紧安全教育这根弦，防患于未然。

小学阶段是孩子生理、心理急剧发育和变化的重要时期，是知识、良好道德品质和行为习惯养成教育的最佳时期，“少成若天性，习惯成天然。”在对学校安全工作进行了全面考察和分析之后，我提出了以“七种秩序”导护为切入点，全面强化学生的养成教育。导护即引导保护。学校全面推行七种秩序，即一严教学秩序、两不上课秩序、三讲安全秩序、四好就餐秩序、五无卫生秩序、六带礼仪秩序、七声放学秩序。“七种秩序”导护实行校级领导带班，全体教干参与，做到与学生同学同吃同活动，在班在岗在状态。分分秒秒安全至上，时时刻刻育德为先，抓好养成教育，让孩子受益一生。

美国心理学家威廉·詹姆士说了这样一句话：“播下一个行动，收获一种习惯；播下一种习惯，收获一种性格；播下一种性格，收获一种命运。”我国著名教育家叶圣陶先生也说过：“什么是教育？简单一句话，就是要养成习惯。”只有加强养成教育，培养学生良好的习惯，才能促进学生综合素质的形成，进而使其终身受益。古人曰：“勿以善小而不为，勿以恶小而为之。”为什么不少学生对《守则》《规范》倒背如流，却随地吐痰，随手乱扔纸屑？为什么许多学生在校内学雷锋做好事，回到家里却饭来张口，衣来伸手？养成教育要达到“随风潜入夜，润物细无声”的境界，需要从学生点滴的养成教育抓起。见到垃圾随手捡起来，在校园内轻声慢步地行走，见到老师主动行礼问好，上学衣帽整齐，佩戴好红领巾，放学站好队……这些看似平常的小事，其实“千里之行，始于足下”“百尺高台起于垒土”，良好的道德素质是建立在种种良好的道德习惯之上的。

很多时候，学生发生安全事故，教师是不在场的。很多安全问题，其实都可以被消灭在萌芽状态。我们推行的“七种秩序”导护，校级领导带班，全体教干参与，导护人员必须认真履行值班职责，增强责任感，保持高度警惕性，按时到指定岗位进行值班。值班期间值班人员应根据值班职责要求，维持好学生室内活动和户外活动纪律，及时制止学生的乱跑、打闹现象。为了维持好课间秩序，导护人员要做到让每个学生都在教师的视线范围之内，确保每个学生的安全。在值班期间一旦发生突发事件或不安全事故，当天的值班导护人员必须迅速采取有效措施予以处理。同时要第一时间向校长室和家长报告，并做好详细情况记录。学校还充分利用校园广播电视、校园网、校报、墙报、挂横幅、警示牌、入学通知书、暑假（寒假）致家长的一封信以及班会、团队活动、读书心得、国旗下的讲话等方式大力向广大学生进行安全宣传教育。

除了校内教干导护外，在校外我们还成立了家长导护队。参与导护的家长每天都会按时到学校，穿着红马甲，站上执勤位，疏导交通、护送学生、提醒安全等。每天的导护行动，上下午只有各半个小时，但该时段车流量、人流量都很大，需要家长们不断指挥车辆，来回护送学生。他们认真负责的志愿服务，为孩子们撑起安全的“保护伞”，将这条车流密集的上学路打造成了平安路、幸福路，获得学校、家长和学生们的纷纷点赞。

我想，只有抓好学生的养成教育，持续推行“七种秩序”导护制度，才能让导护彰显成效，学生养成教育成效明显，从而就能有效控制安全事故的发生。东关校园的学生正在把礼貌带进校园，把微笑带给同学，把努力带给老师，把成功带给自己，把孝敬带给家长，把谦让带给社会……校园里充满了诗书声、感恩声、问好声、歌声、掌声、笑声，声声入耳！

10 校门口靓丽的风景线

每天放学，当我们学生的队伍与家长队伍相遇后，马路立刻喧嚣起来。以和我们学校仅一墙之隔的青岛路为例，那可是不少同学上学、回家的必经之地。窄窄的东关口商业繁华，人流、车流争道而行，碰擦事件频发，安全隐患令人担忧。每到放学时，路边摊点也出来凑热闹，导致本来就拥挤的路段，变得更水泄不通。学生上学放学存在严重的安全隐患，校园门口交通拥堵该怎样解决呢？我想，校园里有“七种秩序导护”，校外也要坚决“导护”起来！

学校是学生成长的摇篮，家长是学生的第一任老师。教育是合力作用的结果，它需要家庭与学校紧密配合、互相支持。为进一步做好学校各项工作，实现“办好人民满意的教育”这一目标，也为了增强学校工作的透明度，增加学校与社会之间的相互沟通和了解，确保教育的自律和公正，更好地发挥家长作用，规范、协调家长参与学校管理和监督工作，促进家校沟通、联动，我校决定成立家长委员会，按班级设立“班级家长委员会”，在“班级家长委员会”的基础上设立“校级家长委员会”。

一直以来，我们都把保障校园及周边安全作为重点工作来抓。为了创建安全、和谐的校园育人环境，创造良好的上学、放学秩序，根据《东关实验小学2019—2020学年度家委会工作计划》安排，鼓励更多家长为孩子们的安全服务，最大限度为学校减压，最少时间让家长接送，学校家委会定于9月上旬启动“爱心家长交通导护员活动”。我校家委会发动学校各个班级，成立了家长志愿导护队。活动计划一推出，就得到家长们的大力支持，报名人数远远超出了预计人数。活动启动后，我们根据“家长交通导护员值日表”提前协调并提供各年级担当值日期间的人员名单，并以微信、QQ群、手机短信等方式通知和提醒值日家长交通导护员，建立值日家长登记制度。我们还制作家长交通导护员值日证件（背面附相关职责），提供必要的防护服和基础用具，宣传优秀家长交通导护员事迹。

每天上学和放学时间，在学校周边的路口，他们穿着黄色马甲，挥动鲜艳小旗，耐心引导学生和家长避让车辆，提醒过往车辆注意减速慢行……孩子们在学校家长导护队的声声叮咛和安全护送下，井然有序地走进校园，开启了一天的美好学习生活。在家长导护队的感染下，其他家长也自觉按照学校要求，把接送车辆停靠到学校外围的指定地点。学校门口不再拥堵，变得秩序井然。

导护中有年轻的爸爸妈妈，也有爷爷奶奶，在家委会上他们和大家一起分享了导护心得，有位家长说："早晨 7 点半，我们就来到学校。当我们穿上志愿服时，突然感觉自己担负起一种责任，内心有一点激动，可以为孩子做点事情，为学校做点事情！"

"请骑电动车的那位家长往后挪一挪。""穿黑色大衣的大爷，请您不要挤，二（3）班学生出来了，请各位家长有序排好队接孩子。"——这是每天家长导护组人员有序指挥学生上学放学，进行爱心导护的场景！

还有家长说："每周的星期一，我都记忆尤深，因为这是我们导护的日子。一开始天天把它放在心上，只是觉得自己既然报了名就不能忘记，也不能迟到，仅此而已。后来真正来到导护现场，亲身体会了一把导护的不易。我的工作是导护孩子们安全离校，结束一天学习的孩子们都迈着轻快的步伐排着队从学校走了出来。没有了早晨的紧迫感，孩子们像一匹匹脱了缰绳的小马，开始没有秩序地乱闯起来，这时是考验耐心的时候了。我站在路口眼疾手快地拦截住一匹匹准备横穿马路的小马并严厉地教导他们，以一位母亲的身份关怀着每一个孩子。寒风吹在身上虽然很冷，但我们对孩子们的热心和关怀让我们充满力量与激情。在一遍一遍的阻止和教育的过程中，我真正体会到了什么样的爱才能被称为博爱。"

导护组中年龄最大的组员吴爷爷说："有些家长带着孩子走到这根警戒线前，车子还要再往前走，却被车子上的孩子叫住，'停下，从这里走进去！'这时家长才会停下来。亲爱的家长们，我们是孩子的成长模范，希望我们给孩子作出好的榜样，让孩子从小学会尊重别人、遵守纪律。"

"今天是我们四（1）班执勤的日子，早晨不到 7 点，我就早早来到学校。当我穿上志愿服时，突然感觉自己担负起一种责任，内心有一点激动……可以为孩子做点事情了！7 点开始执勤，因为下雨，天还没有大亮，孩子们已经陆续开始入校了。走路来的孩子们，非常有序地沿着安全通行路线行走，按秩序在导护家长的指挥下安全地过马路、入校。一切工作都井然有序地进行着。就这样十几分钟以后入学高峰时间到了，校门口一会儿就堵得水泄不通了。我们的工作也变得紧张起来，大部分家长都能积极有序地配合我们的工作，按要求在指定的地点送孩子，也有个别家长不遵守规则，乱停车不及时离开，我在上前劝导时偶尔也会被冷眼相待，但想着孩子们的安全，心态摆好，也就觉得自己做的是再自然不过的一件小事了。有开车来送孩子的，我会马上上前领过孩子帮家长们关好车门，为孩子整理好书包，指引他们从安全通道安全通行。看见骑着电动车急匆匆冒雨来送孩子的家长，我会为孩子们撑起伞，扶他们走过水坑。每次看见家长们感激的笑脸，听见孩子们那稚嫩的道谢声，我的内心都会非常满足，感觉再冷的天也变得暖和了。”这是一位四年级学生的家长的心声。

“家长志愿者导护”已成为家校合作的新模式，在学生上学、放学的重要时段和重要路段，设立“家长志愿者导护岗”又成为保障学生安全、构建平安校园的重要辅助力量。在学期结束的表彰大会上，我们表彰了来自全校的50名家长导护，对家长们每天的导护工作进行了充分的肯定和赞扬，感谢家长对学校各项工作安排给予很大的理解和支持。

通过参与这次活动，家长们更深刻地体会到老师们每天工作的辛苦和不易，导护工作看似简单其实不简单，责任非常重大，但是老师们却天天在耐心地做、认真地做，而且风雨无阻。通过参与导护，家长们深深感受到老师们对每一个学生的关怀和关心都胜于已出。家长的心得也道出了作为导护员的自豪感以及对孩子安全的责任感，增加了亲子之情，强化了亲情呵护的认同价值。家长们纷纷表示：“一天的导护工作，虽然紧张辛苦，但我们的内心有温暖、有震撼、有感动。所有的家长和老师都在为孩子们保驾护航，我也是其中一员。这虽然只是一件再平常不过的事情，但还是万分感谢学校和老师对我们的信任，能给我们这样接触孩子学校生活的机会。通过这次学校导护，我对我们的学校、老师和孩子们有了新的认识，也更能体会学校和老师对孩子们的默默付出和用心。感谢学校和老师们的用心和辛苦付出！”

家长爱心导护活动的开展，有效地促进了家校合作。苏联教育家苏霍姆林斯基说：“儿童只有在这样的条件下才能实现和谐的全面发展，就是两个教育者，即学校和家庭，不仅要有一致行动，要向儿童提出同样的要求，而且要志同道合，抱着一致的信念。”为了学生的发展，家庭教育与学校教育必须联合起来，形成一股强大的教育力量，切实为青少年的发展奠定坚实的基础。学校本着教育、教学为生命线的办学理念，严格要求学生。家校合作促使家长将社会上的一些教育建议带到学校或者参与学校的日常管理，同时将学生生活情况反映给学校。学校利用家长这丰富、有力的资源，可以不断优化教育环境，从而为学生提供更好的教育服务。

在爱心家长导护队的感染下，其他家长也自觉按照学校要求，把接送车辆停靠到学校外围的指定地点。学校门口不再拥堵，变得秩序井然。“大手牵小手，文明一起走。”爱心家长交通导护改善了学校周边环境，营造了城市文明氛围，为孩子们的健康出行保驾护航，成为我校一道靓丽的风景线。

11 法治进校园，要形式更要实效

为了认真贯彻落实中共中央、国务院《关于进一步加强和改进未成年人思想道德建设的实施意见》和《未成年人保护法》，提高未成年人思想道德水平和法律素质，让法治走进校园，增强同学们的法治观念，让同学们接受法治教育，自觉遵纪守法，学会利用法律进行自我保护，做一个知法、守法的优秀小学生，我校很荣幸地聘请沭阳县纪委派驻第十五纪检组副组长黄海英主任担任法治副校长。法治进校园，是社会治理的重大举措，需要形式更需要实效。

记得报纸上有这样一则报道：公民法律素质的高低，尤其是未成年人的法治观念的强弱，是一个国家法治建设的民主化、科学化程度的重要标尺。确实如此，小学生法律教育的重要性不言而喻：从小学法，长大懂法，不会犯法。

媒体报道或者发生在我们身边的中小学生违法犯罪的案例比比皆是，我们应当重视。

海口市秀英小区陈先生10岁的儿子受吸毒者控制，由一名在校小学生辍学变成了小偷，并因抢劫偷窃被派出所抓过两次，后来与吸毒者混在一起不再回家了。

南京市的一名10多岁的男孩向另一名年龄更小的小学生强行勒索钱财时，被过往行人抓了个正着。如此小的孩子竟学会了敲诈勒索，让围观群众感叹不已。

小学生是我们国家的未来、民族的希望，他们正处在生理和心理的生长发育阶段，具有极强的可塑性。学校是普法教育的重要阵地，把法治教育深入到小学教育中，是社会的需要、学校的需要、家长的需要，更是学生自己的迫切需要。

一些学校注重知识教育而忽视思想品德、法治教育的倾向依然存在，有的学校挤占道德与法治课的时间而上主课，对该课程的重要地位和作用认识不深刻、定位不够准确。目前各小学虽然都配有一个法治副校长，但多为社区民警挂牌担任，由于公安民警事务繁忙，很少去对口学校宣传法治知识，岗位形同虚设。学校、家庭、社会在法治教育工作中的配合有待加强，学校、社会、家庭多元参与的青少年法治教育网络还没有形成。

我校十分重视学生的法律意识教育和培养，每学期都邀请法治校长做专题讲座，对师生进行法治教育。班主任则通过开好主题班会、办好主题板报，增强师生的法纪安全意识。学校还不定期和有关部门联合开展“珍爱生命，远离毒品”主题教育和“少年法庭”进校园活动，通过这些活动的开展，法治观念已深入人心，依法治校、依法治教氛围逐步形成。为了更好地让小学生学法、知法、守法，提高他们参与活动的积极性，我们还组建了学生普法志愿队伍，深入街道小区，构建社会平台，用自己学到的法律知识进行宣传，让法治深入人心，走进千家万户。

“小小普法宣传员”进社区活动是我们开学就筹划的一项活动。学生对这次活动很是期盼，经常会问老师活动什么时候开始。老师也会私下里交流，问这次活动会以什么样的形式进行。学生们看见我在学校的时候，更是追着问：“江校长，开学你说我们可以进社区做小小普法宣传员，活动什么时候有啊？我们都等不及了……”孩子们这么期盼，那么活动一定要提前策划安排。我们通过班级微信群发布了消息，得到了家长们的一致同意。这个活动也得到了我校法治副校长黄校长的大力支持。为了让这次活动成功举办，我们做好充分准备。在学生的推荐、学生的安全工作、做法治宣传的材料、联系社区、确定时间安排等方面，我们做了详细的布置。学校少先队辅导员庞老师首先让各班孩子自己推荐出品学兼优的学生成为第一批“小小普法宣传员”，并在周一的升旗仪式上公布。成为第一批“小小普法宣传员”的孩子要接受同学们一周的监督，能自觉遵守学校的规章制度、能在班级里起模范带头作用的学生才有资格入选。经过一周的考核，所有入选的孩子都没有被淘汰，他们很珍惜这次机会，其余的学生也私下里暗暗较劲，从各方面严格要求自己，争取在第二批“小小普法宣传员”选拔中入选。经过学校多方面的努力和协调，终于，在 2019 年国庆期间，我校首次“小小普法宣传员”进怀文社区宣传实践活动正式启动。

在国庆假期的第一天早上 8 点，学生们就来到了学校。我们专门派班主任老师陪同，负责保护孩子们的安全。我们选择离我们学校最近的怀文社区，一是考虑到路程近；二是怀文社区地处老城区，学校密集，居住人员比较多且复杂，对居住在这里的居民进行普法宣传很有必要。我们带着学生，先到社区服务中心，负责法治宣传的工作人员将法治知识小册子和法治常识宣传单发放到小小普法宣传员手中，由小小普法宣传员向社区居民发放法律常识手册并在辖区内张贴宣传资料，向居民普及法律常识。孩子们耐心地向社区里的老爷爷和老奶奶介绍宣传单上的内容，遇到的叔叔阿姨也很配合孩子们，都会停下来耐心地听他们讲解……活动大概在中午 11 点结束，孩子们见到爸爸妈妈的时候都迫不及待地讲述进社区宣传的体验经历。经过这次难忘的“小小普法宣传员”活动，每个孩子都收获满满，假期结束回到学校时都写出了自己的感受。

三年级的思琪同学说：“记得小时候，爸爸妈妈总是对我说：别人的东西不能要，自己的东西管管好；上学了，老师曾教导我们说：小时偷针，长大偷金。那时候，懵懂无知的我不太明白其中的意义。假期里参加学校组织的活动，我明白了：我们要养成一个好的习惯，不要羡慕别人有的东西，也要保管好自己东西。如果从小养成小偷小摸的坏习惯，长大后就会走上犯罪的道路。通过学校组织的‘小小普法宣传员’走进社区宣传活动，我决定要在班里继续当小小法治宣传员，在同学之中宣传法律知识。”

四年级的浩然同学说：“虽然我们只是小学生，但知法守法与我们也息息相关。如果我们不懂法，自己做了违法的事情都不知道。通过参加学校组织的‘小小普法宣传员’走进社区宣传活动，身为一名班队干部，我想通过自己的宣传，向社区和同学们传达知法、守法、用法的知识。我们要学习法律，来提高自己的法治意识；要遵纪守法，来提高自己的素质；要与法律交朋友，和违法犯罪行为作斗争，学会用法律来保护自己。”

五年级的一博同学说：“法治这个词语对于很多同学来说很陌生，对我而言却并不如此，因为我的爸爸是一名捍卫法律的人民警察。我从父母平时的言谈、家里那些与法律相关的书籍、电视里播出的法治节目中学到了很多有关法治的知识，受到了深刻的法治教育。在这种浓厚法治气息的熏陶之下，我也逐渐地增强了自己的法治意识。通过参加学校组织的‘小小普法宣传员’活动，我能把父母对我的言传身教和我从学校学到的法律知识告诉更多的人，我很自豪!”

在周一的升旗仪式上，我对学生们说：“我希望，同学们都能踊跃地争做‘小小普法宣传员’，向更多的人宣传法律知识，为社会的和谐稳定、人们生活的幸福安康献上自己这份小小的力量。当选第一批普法宣传员的同学，你们在活动中的表现给社区居民留下了深刻的印象，你们的表现真的很棒！我们的活动还会继续开展下去，希望有更多的同学加入我们的‘小小普法宣传员’活动。你们有信心吗?”孩子们欢呼雀跃，从他们的表现中可以看出争当“小小普法宣传员”的信心和守法的种子已经在他们的心里扎根。他们纷纷表示：我们不仅要学法懂法，还要发挥自己的榜样力量，做小小普法宣传员，帮助身边更多的人增强法治意识。

我想，法治进校园活动，不是为了应付上级检查拍几张照片、补个资料就结束的事，它需要形式更需要实效！学校通过搞这样的活动，极大程度调动了学生和居民学习法治知识的积极性和进行自我法治宣传的自觉性，扩大了法治教育的影响面，受到孩子们的喜爱和家长的认同。同时这样的社会实践活动也给学生们提供了一次学习锻炼的机会，提高了他们的法治意识，对他们以后的健康成长具有深远意义。

12 成立国旗班

伴随着雄壮的出旗曲，身着仪仗礼服的50名“国旗班”的孩子排着整齐的方队，迈着矫健的步伐，从校园迎宾大道走到升旗台前的旗杆下。扬旗手在护旗手的拱卫下，将国旗固定。随后，扬旗手挥动右臂，“唰”的一声，利索漂亮地划出一道弧线。伴随着嘹亮雄壮的国歌声，五星红旗在金色的阳光下冉冉升起！每周一早晨的升旗仪式已成为东关实验小学操场上一道靓丽的风景线！

我校成立校园“国旗班”，源于新中国成立70年华诞盛典上的一个女孩。我们都知道第一个通过天安门广场接受检阅的仪仗方队中有个名叫王心语的女孩，这位沭阳籍小战士被媒体称作天安门广场的“小白鸽”。阅兵仪式结束后，参加阅兵的军人们开始成为大家关注和热议的焦点。长大后能当一名护旗手，能参加国庆阅兵庆典，能成为像王心语姐姐那样的仪仗兵，或许是众多孩子心中的梦想。

小时候戴上红领巾成为一名光荣的少先队员后，我就对国旗有一种特殊的情怀。我知道国旗是大海中的航标，是黑夜里的星星，是华夏高擎的火炬，是国人敬仰的丰碑。国旗在奥运赛场的颁奖台上、在联合国大厦的“万国旗”中动情地飘扬。在茫茫戈壁，在浩浩大漠，在漫漫边关，在滔滔海疆，国旗永不停息地向世界昭示正义与坚贞，诠释和平与友爱。

上学时一直期盼学校能成立“国旗班”，想象着自己也能成为其中的一员……这也许是大多数孩子心中的愿望吧。我要成立校园“国旗班”，不仅是为了圆孩子们的梦想，更是要发挥升旗仪式的育人功能，通过搞这项活动，厚植师生的爱国爱校情怀、增强师生的凝聚力、提高学生团结协作的精神和吃苦耐劳的品质！

“全体立正，出旗！”一个个小不点儿挺直了身板，头、手、脚都纹丝不动，简直太棒啦！大队辅导员庞老师和政教处杨主任对孩子们进行了反复的训练。每当听到出旗曲奏响时，他们就踏着标准的步伐，把国旗高高扛起，整齐划一地迈向升旗台。训练是艰苦的，但小小的他们一直咬牙坚持，我们欣慰地看到这些小不点儿还是能胜任升旗任务的。真是小不点儿有大能耐啊！这时也许他们都忘记了，他们中有一半人因为在“国旗班”终选时落选而哭过鼻子呢。

在“国旗班”组建初期，学校原计划从五年级各班推选出50余名品学兼优的学生，还专门邀请教官亲自进行指导培训。经过一个月的训练，再从50名学生中挑选出25名学生正式进入国旗班，并为他们免费配备仪仗礼服。一天，我接到杨主任的电话，说今天国旗班要定人了，请我去看看。教官从孩子们的步伐、站姿等多方面进行严格考核，最终确定25名学生继续留下训练，剩下的学生则回到教室。入选的孩子们兴高采烈，那种激动的心情和自豪的劲儿无以言表。即将回到教室的学生无缘“国旗班”了，他们当时在操场上就哭了起来，看到孩子们哭了，我们的心里也酸酸的，就连平时看起来一脸严肃、让孩子们又怕又爱的教官眼眶也红了。当时，我就对落选的孩子们说：“孩子们，不要哭啦，你们平时训练吃的苦，留的汗，老师都记在心里。国旗是我们国家的象征与标志，在你们心里能进入国旗班、参加升旗仪式早已是一种荣耀。你们是最优秀的学生，这次我做主，你们都留下，一个都不许回教室。”孩子们听完后，立刻破涕为笑。在后面的训练中，他们更加严格要求自己，也更加努力，最终这50名同学全部成为学校“国旗班”队员。

为了增强国旗班队员对国旗护卫队的热爱，学校定期对队员们进行训练。训练的内容如下：

第一阶段：军姿、踏步、排面整齐训练。

第二阶段：齐步摆臂训练。

第三阶段：齐步步伐与立定训练。

第四阶段：正步摆臂训练。

第五阶段：正步训练（定位与步伐）。

第六阶段：队列训练，如整齐、跨立、转体、敬礼。

第七阶段：齐步、正步交叉训练。

第八阶段：齐步加强训练。

第九阶段：正步加强训练。

第十阶段：齐步与正步交叉训练。

负责学校升旗的大队辅导员庞老师回忆说，“当初选扬旗手考虑了很多因素，需要个头高的男孩儿，而且臂膀要有力气，这些条件徐炜哲同学都很符合。教官对扬旗手的要求特别高，为了动作标准、达到要求，在别的同学练习走方队时，徐同学就在旗杆下练习扬旗，练了没一会儿胳膊就酸了，小小年纪的他一直咬牙坚持，最终成为一名合格的校园扬旗手。”

队员们在升国旗仪式中的良好的精神面貌得到了充分的展示，个个英姿飒爽，以整齐的步伐、响亮的口号、准确的升旗节奏，出色地完成了学校领导交付的重要任务，吸引了全校师生的目光，这也是每周升旗仪式上不可缺的看点。

任何成绩的取得背后都要付出辛勤的汗水。孩子们的坚持和勤奋必将成为他们人生路上的一抹亮光。早晨，迎着清风，沐着朝阳，踏着歌声，念着祖国走进校园；傍晚，带着喜悦，带着丰硕的果实与对五星红旗的赞美和崇敬尽兴而归。

为了让同学们了解国旗和爱护国旗，国旗班的学生每周都会将国旗拿出来进行熨烫，确保升旗时国旗的整洁。经过多次集中学习、严格训练，国旗班的同学们熟练掌握了出旗、升旗的基本动作要领，并能出色地承担学校每周一的升旗仪式及重大活动升旗的光荣使命。

国旗代表着一个国家，爱旗就等于爱国！138 步，是 36 名国旗护卫队战士动作整齐如一，从金水桥走到国旗杆下的步数。112 步，是升降旗方队正步穿过长安街时，每分钟的步速。96 步，是从金水桥走到国旗杆下的步数。2 分 07 秒，是国旗升起的时间，和太阳跃出地平线的时间不差分秒。

一年 365 天，天安门广场上的五星红旗都会与太阳一同升起。每天凌晨 4 点，国旗护卫队的小伙子们开始起床，那是无声的号角，队员们的生物钟都已经定格了。早晨 4 点半，军营的灯亮了，队员们开始整理内务，洗脸刷牙。5 点，护卫队队员们开始进行升旗前的训练。一年四季的升旗时间，像刻在大脑中一样。其实夏至的时候，他们要起得更早一些，因为太阳出得早，他们就得早作准备，但他们一定得准时在天亮之前起床整理。平时的训练加上升旗活动，他们平均每天要走 25000 多步，赶上重大节日，还要加码。每一次转身，每一步正步，皮鞋踏在地上清脆的响声伴随着每一位国旗护卫队队员。

他们的着装，永远都是这么利落，他们的仪态威武中透着坚韧，踢正步磨破了无数双鞋。夏日酷暑，衬衣被汗水反复浸透，但是钢枪扛在肩上，就知道自己的责任。你看那刺刀尖端总是在一条线上，无论站军姿，还是在行进中。

23 岁的吕永利是新城广场升国旗队伍中的擎旗手，他说，往升旗台走的那段路并不长，但却是他人生道路上无比重要的一条路。“训练时，站军姿、摆臂、踢正步等，看上去简单的动作，却要经过无数遍练习，每一个动作要分毫不差。”训练时腿上、手臂上都绑着沙袋，“每一个沙袋大约有 4 斤重，绑着沙袋，可以更好地练习惯性。踢正步、摆臂时，要训练‘定时定点’，腿踢起来半个小时不能动，最后要达到每个战士踢腿、摆臂时，角度是整齐划一的。”他们每天早上 8 点训练到 12 点，下午 2 点半训练到 6 点，晚饭后继续训练，到晚上 11 点，每天训练十几个小时。”

国旗部的高强度训练让队员们的体魄得到有益的改善，他们的生物钟也随着训练发生改变。当一个人心甘情愿做这些的时候，虽苦也甜，因为这是某些人的梦想。

雅斯贝尔斯曾说过：“教育是人的灵魂的教育，而非理性知识的堆积。教育本身就意味着一棵树摇动另一棵树，一朵云推动另一朵云，一个灵魂唤醒另一个灵魂。”真正的教育理应成为负载人类终极关怀的有信仰的教育，它的使命是给予并塑造学生的终极价值，使他们成为有灵魂、有信仰的人，而不只是热爱学习和具有特长的准职业者。

成立了国旗班之后，同学们在国旗班学到了很多东西，褪去了之前的懵懂，认真地对待每一次的训练、每一次升旗。在训练的时候，教官对学生很严格，国旗班的孩子不再像以前那样娇气，而是更加坚强，懂得去承担，做事不轻言放弃。他们成了真正的男子汉，统一的步伐分毫不差，笔挺的身姿像一排排挺拔的白杨，真正做到了站如松、坐如钟、行如风。他们就是标兵，就是标杆，让学校的军训也有了参照物。国旗班的学生还带动其他同学，让越来越多的学生喜欢参与升旗，增强了他们对国旗的认识和敬意。一颗颗爱国的小小种子在孩子们的心中悄然扎根。

庄重的仪式深深地震撼东关师生的心灵。国旗，是崇高的圣物。国旗班，也是践行崇高理想的团队。“你们是全校最优秀的学生！”能够进入国旗班无疑是一种巨大的荣誉，也是一个对责任和担当的艰难挑战。这个小小的集体，正在成为全校的核心价值观“引擎”，驱动着更多学生一起成长。

亿万红领巾，一面中国旗。儿童志高远，梦响辉煌时。清晨，阳光在薄雾中若隐若现，四周的家属区还沉浸在浓浓的睡意中，国旗护卫队当值的同学已经在操场集合完毕，鲜红的国旗迎着初升的朝阳，载着我们的希望，载着我们的憧憬，向着未来永不停歇地升去……

13 举行入队仪式

红领巾！

系上红领巾！

为什么战旗美如画，英雄的鲜血染红了她。

为什么大地春常在，英雄的生命开鲜花……

和平年代的我们没有了烽烟滚滚的悲壮，秋天依然宁静美好，高朗晴空凝视着无边落叶悠悠而下。今天，早晨依然像露珠一样新鲜，秋阳依然散发出清秋特有的橙香气味，使这个秋天既馥郁清新又澄澈缥缈如远山一样诗意而特别。也许是情随事迁吧，本是寻常一日，于我而言却又那么不寻常——

今日，就在今日，1000余名一年级新生加入中国少年先锋队，成为光荣的少先队员！入队仪式今天举行！我和老师、家长亲眼见证！

印沙鸥迹自成行，整鬟飘袖野风香。此情此景，竟让30多岁的我，似乎穿越了时光，有热泪盈满了眼眶。我的儿时呢，我小时候最高光峥嵘的时刻呢？那一幕如林间惊鸟，呼啦啦从我密密的记忆丛林中嚎飞而起。刚上一年级的时候，经过努力，我很荣幸地成了学校里第一批光荣的少先队员之一。我和同学们一起来到操场上，仰望空中高高飘扬的国旗，期盼这一神圣时刻的到来。这时一位高年级的大姐姐将鲜艳的红领巾戴到了我的胸前。在我幼小的心灵里，佩戴一条红领巾，无疑是世间最高的荣誉。至今我还记得，在上学时，我会把红领巾端正地系在胸前。放学回家后，我也舍不得把红领巾取下。为此，妈妈经常在我吃饭时开玩笑说："如果你再不取下你这宝贵的红领巾，它可能就会成你的围嘴了！"这时候，我才不情愿地小心翼翼地把红领巾取下来，叠好后放好……

秋光一片，问苍苍桂影，其中何物时光匆匆，一眨眼30年的时光已成为过去，今天再次与红领巾相遇，我的激动如何言表？时光荏苒，尽管已不再佩戴红领巾几十年了，尽管已不再有那份期盼荣耀的纯粹心境了，但每每看到红旗飘飘，一群群红领巾的纯真笑容飘过，曾经的荣耀依然会油然而生：红领巾的鲜红，可有比它更绚丽的颜色？一条条红领巾鲜艳地迎风招展，领导着浩浩荡荡的千军万马奋战在祖国的各个角落，以最实际的行动实现着英雄儿女们对国家的忠诚誓言，这是一幅最惊心动魄最感人的画卷，也正是这样一抹正义的红色指引了我人生前进的方向。

今天的东关校园，阳光温馨恬静，微风和煦轻柔。在仪仗队铿锵有力的鼓号声中，活动仪式正式开始。出队旗，唱队歌，一年级小朋友个个精神抖擞，歌声嘹亮振奋人心。伴着花香，牵着气球，沐浴阳光，在这个美好的秋日，他们将迎来生命中一场重要的仪式——加入中国少年先锋队！《小王子》里说："仪式感就是使某一天与其他日子不同，使某一个时刻与其他时刻不同。"仪式感对我们而言，庄重而有意义，它足以让平凡的日子散发出光芒。戴上红领巾，成为一名光荣的少年先锋队队员，是一年级同学最期待的事情。而这么重要的时刻，有父母、师长的陪伴，有庄严隆重的仪式，将在每个一年级学生的心中，留下无比神圣和难忘的记忆。

线儿长，针儿密，含着热泪绣红旗……红领巾是红旗的一角，是革命先烈用鲜血染红的，寄托着老一辈革命家对少年儿童无尽的期望。在欢快的乐声中，四年级老队员们为新队员佩戴上鲜艳的红领巾，孩子们稚嫩的小脸写满了激动和兴奋。

新队员陈果为我佩戴了红领巾！那可是从旭日上采下的红色啊，谁会不爱她的色彩？我的记忆再次回到童年，内心的那种骄傲、荣耀再次如约而至，我觉得我在更高的层次上将自己再次找回，我是昔人，又不是昔人了！孔子用水的哲学告诉我要不舍昼夜，用山的哲学告诉我要不知日月！我的胸膛不知日月，依然有着热血，依然澎湃着激情和青春！

胡华玲副校长为一年级各中队授队旗；王彬彬副校长为各中队辅导员老师颁发聘书；教师代表李海英把最诚挚的祝福和希望送给少先队员们；新队员殷绍博则用稚嫩的声音，向老师作表决心发言……

家长们也纷纷用相机拍下了孩子们一生中无比珍贵的时刻，这也是一次美好记忆的留念。

孩子们佩戴红领巾！

孩子们举起小手！

孩子们行队礼！

孩子们高唱少先队队歌！

五星红旗在他们的歌声里迎风飘扬……

孩子，你们为什么要戴上红领巾？难道仅仅为了自豪与骄傲吗？如果如此，你们不成了沽名钓誉的小人，我们不成了以善良的名义杀害你们灵魂的犯人？

听说过“童军（Scout）”吗？

公元1899年的南非，“第二次布尔战争”爆发。有一个名叫“梅富根军校学生军团”的青少年部队，被英军组织起来，协助英军作战——这群娃娃兵，都是十几岁的孩子，乳臭未干，为英军的胜利贡献了很大的力量，他们让当时的世人眼前一亮、刮目相看。

那时英国陆军的中将罗伯特·贝登堡受到了这一群孩子的启发，并开始酝酿组织一种“童军组织”。在公元1907年，他在英国的“白浪岛”举办了第一次童军运动，在这次运动中，罗伯特·贝登堡给童军的孩子们戴上了领巾，孩子们戴领巾的先河由此而开。

1949年10月，“中国少年儿童队”成立，并于1953年更名为“中国少年先锋队”——简称“中国少先队”，这个组织正式成立之后，效仿苏联少先队的传统，给孩子们戴上了红色的领巾。

于是，你，我，他，都有了一个系红领巾的童年。

今天，中国少年先锋队又注入了新鲜的血液，这何尝不是对我们的又一次爱国主义教育和心灵的洗礼啊！

在庄严的仪式中，我为孩子们作了题为《孩子，你已经长大》的深情致辞。

亲爱的同学们、老师们、家长们：

下午好！时间过得真快，难忘两月前炎热的盛夏，同学们牵着父母的手走进校园，一张张稚气的脸上写满了对小学生活的期待。转眼间，五彩缤纷的夏天已渐渐远离，硕果累累的秋天向我们走来。伴着花香，牵着气球，沐浴阳光，在这个美好的秋日，我们将迎来生命中一场重要的仪式——加入中国少年先锋队！或许你们一直羡慕高年级的大哥哥大姐姐胸前飘扬着红领巾，或许你们在每一次的升旗仪式上都期待着自己能够五指并拢将右手高高举过头顶！今天，这一切都将成为现实，因为你们即将成为一名光荣的少先队员！你们即将进入中国少年儿童先锋队的行列。祝贺你们！在这重要的时刻，我希望新队员们心中存有三份感谢：

一、感谢父母

第一份感谢要送给我们的父母。都说爱的开始只是一个眼神，爱的最后却是无尽的苍穹。父母恩情似海深，人生莫忘父母恩。从十月怀胎到你们呱呱坠地，从咿牙学语再到蹒跚学步，从牵手走进幼儿园再到进入东关实验小学学习，你们的每一步都写满了父母的心血付出，都满含着父母对你们的期待瞩目。孩子，请记住你永远是父母的孩子！今天成为少先队员，要感谢父母的养育之恩，要告诉父母自己已经长大！孩子们，请看看自己的父母，他们的目光温暖而慈爱，他们的内心激动而火热。他们想见证你生命中的每一个重要时刻，他们记得住你的生日，记得住你第一次上幼儿园的情景，记得住你第一次走进东关小学，记得住你第一次登上舞台，记得住你第一次考试的成绩，同样也记得住今天你第一次戴上鲜艳的红领巾的画面！

成为少先队员后，我们不要忘记常怀一颗感恩的心，平时多关心父母，多陪父母说说心里话。不要忘记在父母生日的时候送上一句祝福的话，不要忘记在父母辛劳的时候说上几句贴心话。我们要感谢父母带给我们幸福温暖的生活，说一声：“爸爸妈妈，我爱你们！”

二、感谢老师

这第二份感谢要送给我们的老师。古语说“为学莫重于尊师”，尊重老师就是尊重知识，尊重老师就是心怀感恩。感谢老师的教导与关心，感谢老师的勤勉与付出。教育者心怀大爱！爱是什么？我想，爱就是相信，爱就是理解，爱就是尊重。我们学校拥有一支充满爱心、教艺精湛的教师团队，她们始终站在孩子身边，用不同于父母，却同样热忱的爱，去托起每一个孩子的幸福童年。我们要感谢的老师不仅仅是自己班的老师，还包括起早贪黑的门卫叔叔，勤劳细致的保洁阿姨，认真负责的食堂厨师……这些所有为儿童成长付出汗水、无怨无悔的人都是我们的老师。作为少先队员要尊重每一个平凡岗位上的劳动者，感谢每一位劳动者对我们健康成长的无私奉献、默默耕耘！

教育的本真不是塑造，是一朵云触碰另一朵云，一棵树摇动另一棵树，是一个灵魂去温润另一个灵魂。我坚信，让每一个孩子成为更好的自己，是今天站在这里和不在这里的每一位学校教职员工共同的愿望和努力的方向。所以，请大家把掌声送给老师，送给在学校里为孩子们提供服务的每一位劳动者！

三、感谢自己

这第三份感谢应该送给我们自己。“天生我材必有用”“心有多大，舞台就有多大！”感谢自己在这里的成长。从一笔一画到一字一句，从一个一个字母到汉语拼音，从掰手指头到快速口算，从不会跳绳到并脚跳单脚跳，从满手颜料到画出一幅幅美丽的图画……你们的成长与进步无愧少先队员这光荣称号！

你们在学校里很懂礼貌，见到老师同学都主动问好；你们集队放学很有秩序，充满“七种声音”；你们爱清洁、讲卫生，把自己的班级教室装扮得非常漂亮；你们不懂就问，爱学习，上课把小手举得好高好高……舞台上的主角永远是你们，愿新一批少先队员们在更大的舞台上好好展现自己，不断为自己的成长感动，为自己的进步喝彩！

老师们、同学们、家长们，生活在这个美好而伟大的时代，我们是幸运的，更是幸福的。我们要好好感谢自己的父母，感谢身边的师长，感谢自己的努力！当然更要感谢我们伟大的祖国！希望同学们当上新队员、戴上红领巾后，做更加优秀的自己，肩负起成为合格的社会主义国家建设者和接班人的伟大使命！系上红领巾，怀揣强国梦，这一天必将成为孩子们人生中最美妙动人的乐章！

“准备着，为共产主义事业而奋斗！”

“时刻准备着！时刻准备着……”

青山妩媚，孩子们亦如是。红领巾的暖色氤氲，绕到了梦魂深处，海波似的晴空和一两堆洁白的云，在庄严的宣誓中，变成追求理想的歌，准备着吧，时刻准备着……

14 线上升旗

春天的校园里，枝头悄悄地吐出了新芽，花儿则争先恐后地绽放着。春天的教室里，最快乐的时光在荡漾。孩子们的笑声、读书声弥漫整个校园……可2020年的新学期，新冠疫情阻断了师生相聚校园的脚步，孩子们自动居家隔离，教师有序开展线上教学。作为校长，对学生的爱国主义教育不能缺位，每周一的升旗仪式以特殊的形式在东关校园内如期而至。

2020年3月9日早上8点30分，东关实验小学7000余名学生在各自家中参加了一场庄严而神圣的线上“升旗仪式”，用这一特殊的方式表达对伟大祖国的热爱。学生们准时打开学校提前录制好的升旗仪式视频，共同迎接这一庄严时刻。“升旗仪式现在开始，请少先队员敬队礼，其他人行注目礼……”在激昂的国歌声中，鲜艳的五星红旗冉冉升起。大家面向国旗肃立，少先队员们高高扬起手臂，肃穆敬礼。虽然不是在校园广阔的操场上，也没有站立在身边的同学，但东关实小的孩子们依旧能如在校般严格要求自己，虔诚而又庄严地凝视着冉冉升起的国旗，在心中齐唱国歌，表达对伟大祖国无比热爱的赤子情怀。

在这场特殊的线上升旗仪式中，老师们认真严谨，孩子们热情高涨，家长们充分配合。虽然没有宽阔的操场、整齐的队伍，但师生们见“屏”如面，心情更加澎湃。

学生代表周子涵说道，“越是非常时期，越是需要我们坚持不懈的毅力；越是自由支配的时间，越考验我们的自律与慎独。让我们只争朝夕，不负韶华。”

学生王毅接受视频采访时说：“虽然开学延迟，但是我们对祖国的爱不延迟，学校组织我们参加线上升旗仪式，当我听到雄壮的国歌声响起，心情无比激动，虽然升旗仪式是在家中举行的，但是一样能够表达我的爱国热情。我们在家要好好学习，长大了报效祖国。我还希望疫情早点结束，我们能尽早返回校园，见到同学和老师。”

学生孙蕊则通过微信在班级群里说："今天在网上举行了一次特殊的升旗仪式，对我来说，是难忘的，我们要有一颗爱国的心，坚持就是胜利，我们一定能回到学校好好学习！虽然现在我们只能在家，不能到校学习，但仍要从各方面严格要求自己，认真进行线上学习，做让老师放心、家长喜欢的好孩子。"

全体学生认真观看了整个升旗仪式，经过这堂生动的主题思想教育课，同学们纷纷表示，在这个特殊的时期，要积极响应国家"停课不停学"的号召，在家里进行学习，更要严格要求自己一刻都不能松散和倦怠，认真复习旧知识，预习新课程，不断巩固自己的学科基础，不断提升自己的学习能力，期待春暖花开，再聚校园！

一场特殊的升旗仪式，不仅让学生们接受了爱国主义教育，也让与孩子们一起观看的家长们颇为感动。

在这次特殊的升旗仪式中，和孩子一同参加升旗仪式的学生家长王女士有感而发："作为一名学生家长，我觉得这次的线上升旗仪式意义重大，是非常时期的一种创新，也是一次爱国主义教育的大好机会，我们在家也要像在学校一样，培养孩子的爱国情怀，给他们创造一个好的环境，家校合作，让孩子从小就有一颗爱国的心。"

家长胡先生说，这场线上升旗结合实际，是孩子们成长过程中难忘的回忆，家长也能够和孩子共同成长，这是一次非常难得的机会。

学生家长戴女士也参加了这次升旗仪式，她通过电话告诉老师，第一次和孩子在家一起参加升旗仪式，她心里感到无比激动，能通过这种特殊的升旗仪式，向祖国致敬，为在一线的白衣天使们加油，令她觉得参加这次活动非常有意义。

和学生们一起参加线上升旗仪式的老师们也纷纷表达自己的心声。老师们说："望着冉冉升起的国旗，庄严肃立，高唱国歌，向国旗致敬，举行这样一场意义非凡的升旗仪式，旨在弘扬爱国主义精神，激发师生的爱国热情。我们相信有强大的祖国做后盾，有党和政府的坚强领导，只要我们众志成城万众一心，疫情很快就会过去，孩子们很快就能回学校上课。"

在这特殊时期，作为校长，我希望大家继续同舟共济，勇于担当，向阳而生，在这场"抗疫"大考中交出满意的答卷。"不一样的新学期，不一样的新挑战”，在线上升旗仪式中，我也准备了三句话与大家一起分享。

第一句话：自律即自由。

这句话是著名哲学家康德的名言。所谓自律，是指在没有任何外部监督的情况下，能够自己要求自己，变被动学习为主动学习，自觉地遵守规则和学习计划，有效地约束自己的一言一行。有人说自律是一个人最高级的修养，还有人说自律是一个人最大的底气。这次“停课不停学”就是对同学们自律能力的一次大考验，希望孩子们经受住这次考验，拥有这种高级的修养和自信的底气。

寒假里我在一本书中看到这样一句话：“你如果不能征服自己，就等着被自己征服吧！”我认为“征服自己”，指的是征服自己的懒惰、拖延、散漫；“被自己征服”，就是被自己那些负面的习气所征服。希望你们能征服自己！

康德说：“所谓自由，不是随心所欲，而是自我主宰。”这里的自我主宰就是自律。作为学生，我们如何通过自律获得最大的自由？简单来说，就是早睡早起，像平时上学一样起床做好学习的准备；就是你想看书，能够立刻放下手机，关掉电脑，进入阅读状态；就是你想锻炼，赶紧动起来，出出汗；就是按照老师的要求认真完成在家的作业，有问题主动问老师……总之，通过自律，不断进行学习成长，进而实现能力的进阶，这就是没有荒废光阴，没有愧对自己的自由。

第二句话：眼界即世界。

“眼界无穷世界宽”，同学们，每一个变化都会在我们心里刻画出不可磨灭的痕迹，为我们打开新的眼界。我们要跟上时代的脚步，不要只盯着眼前、依赖原有的经验，而应该往远处看看，往更大的空间、更大的格局看。

未来的世界是多元的世界，我们要借助互联网多去了解这个世界，“万物不为我所有，万物皆为我所用。”这次疫情让我们发现在家办公、线上生活、在线教育等越来越普及。我们对这个世界要多看多听多体会，这样才能更了解世界，更了解自己，将来拥有更多的选择。

曾看到有人说人生之所以痛苦，源于能力配不上野心，人生之所以迷茫，源于才华配不上梦想。谁说“停课不停学”就只有学教材、做试题、背考点？世界就是人生大课，生活就是最佳教育。新学期，让我们在家里打开一扇看世界的窗户！

第三句话：成长即成就。

成长是生命的自我进化，是人生最永恒的成就。有句话说得好，当你的才华还撑不起你的梦想的时候，就应该静下心来学习。当你的能力还驾驭不了你的目标时，就应该沉下心来历练。这世上只有拼出来的荣耀，没有等出来的辉煌。

“一年之计在于春”。这学期如何通过学习取得一个又一个成就，开学这段在家的时间怎么度过？除了按照老师的要求完成学习之外，还要做哪些事情才有利于自己的成长？会规划的人才能清晰目标，优化时间，赢得胜利，“未觉池塘春草梦，阶上梧叶已秋声。”不要在浑浑噩噩中开始春季学期，迷迷糊糊混到秋季开学，这是对生命最大的浪费！

同学们，老师们，易卜生曾说：“世界上最坚强的人就是独立的人。”病毒给了我们安静独处的机会，让我们在家里“宅”得更优秀。卡耐基说：“为了成功的生活，少年人必须学习自立。”这个不一样的新学期将迫使我们逐步走向自立，用行动主宰自己的命运！少年强则国强，少年兴则国兴。让我们做好充分的准备，用实际行动迎接新学期的新挑战，书写新学期的新成绩！

这场特殊的升旗仪式，是对学生进行爱国主义思想教育的好时机，必能激发孩子们的爱国情怀，也必将在每一个孩子的成长之路上留下令人难忘的印记。今日的五星红旗好像分外鲜红，飘扬得更加有力，代表着我们必将战胜病魔。待到大地春暖花开之时，我们相聚校园，一起去感受那属于每一个人的明媚阳光。

15 改建心理咨询室

《健康中国行动——儿童青少年心理健康行动方案（2019—2022年）》提出到2022年底各级各类学校要建立心理服务平台或依托校医等人员开展学生心理健康服务，学前教育、特殊教育机构要配备专兼职心理健康教育教师。心理健康，特别是儿童青少年心理健康，已成为日益突出的重大公共卫生问题。我校在“正”文化引领下，秉承“立德树人”的育人理念，把促进小学生心理健康发展特别是突发事件下心理品格提升放在德育工作的首要位置来抓，实现“快乐向上、和谐阳光”的学校德育目标，全面提升学生核心素养。

2020年，新型冠状病毒疫情牵动着全国人民的心，每个人都承受着压力，在这特殊的时期，生活节奏被打乱，开学被延期，学习计划需重新规划，我们一天天宅在家里，心情经历着种种变化，焦虑、恐慌、愤怒、孤单等影响着我们的身心健康。国家卫生应急处置指导专家成员尹平主任认为：“疫情时期的恐慌，多数是正常的情绪反应，并不需要重点去对付，而应该选择与恐慌同行，允许恐慌，感受恐慌，理解恐慌，最后去接受恐慌。因为恐慌是信使，它在传递着危险的消息，让我们去防范风险，保护自己。”在这样一个特殊的时间，引导学生树立积极的信念，保持和平的心态，显得尤为重要。随着学校的教学慢慢恢复正常，我们也将开展全校学生的心理咨询工作，为孩子们提供心理援助、心理支持，确保对有心理应激反应的同学及时进行有效的沟通疏导，尽最大力量维护学生的心理健康。

时下，学生心理健康教育已成为继安全教育之后人们所关注的又一热点。小学生的竞争压力越来越大，他们背负着父母和老师的期望。由于素质教育还没有真正落到实处，片面追求升学率、重智轻德、重分数轻能力、重书本轻课堂的现象依然存在。老师评价学生，社会衡量学校，理论上是看全面发展，实质上是看分数和升学率。为了追求升学率，加班加点，题海战术，加重了学生的负担。这种局面使小学生疲于应付，心理极度紧张，导致他们用脑过度，皮层机能降低，从而影响学习效率，造成他们对学习失去兴趣和信心，或者产生焦虑、苦闷、抑郁、恐惧等不良情绪，久而久之，部分人就会不同程度地产生心理障碍。小学时期，小学生希望得到教师的关心、理解和爱护。如果教师缺乏理解、耐心和爱心，不能以热情的态度给予学生指导和帮助，反而横加指责，学生则会感到失望，产生消极情绪，导致师生关系淡漠，这种以学生失败而告终的交往还会迁移、泛化到小学生与他人的交往中，造成人际交往焦虑。

我们期待孩子的梦想像种子一样成长，我们期待每个孩子都出彩，在百年老校这片生态林中幸福成长。在“正”文化的引领下，我们关注学生的全面发展需求，关注学生的生命健康和精神成长，共同研发学校特色校本教材——《心灵解码》《正安篇》等系列丛书，我们期待用适用于成长的课程，给孩子无限可能。该系列丛书按低、中、高年段编写，适合小学生心理健康教育，形成具有科学性、实效性的心理健康教育活动体系和理论。该校本课程内容涉及学习辅导、人际交往辅导、人格塑造辅导、情绪控制辅导、心理问题干预辅导等多个方面。

学校开展“心理健康”系列主题活动，如“心理健康讲座”“趣味运动会”“主题班会”“心理健康知识竞赛”“心理测评”“主题团体辅导课”“心理剧巡演”等，使学生在活动中消除心理障碍，敞开心扉相互沟通，互相帮助，团结友爱，锻炼能力，提升心理品格，也能使师生在互动中产生潜在的积极影响，此外还有利于教师在活动中发现问题、解决问题。学校通过设计“正”文化标志、心理健康知识展板、校园心灵网、广播台、东关实小报爱心专栏等多种途径与方法，加大对学生的心理健康教育的宣传力度，培养学生良好的心理素质，从而促进学生心理品格的提升。

面对当代学生日益普遍的、增多的各种心理问题，面对学生这一心理障碍和心理问题高发人群，如何使心理学为大多数学生服务，使更多的学生从心理学中受益，更好地“调节自我，善待他人”呢？作为心理学应用的重要内容——心理咨询逐渐成为指导人们解决生活中各种心理问题的重要手段。在今天的西方社会，人们已经习惯借助心理咨询去处理工作和生活中的诸多问题。美国、德国等一些发达国家的心理诊所数量已经超过了医疗诊所的数量，美国有96%的青年在遇到问题时首先求助的是心理咨询机构。有人曾形象地描述今天的美国人必须左手挽着律师，右手挽着心理医生，才能在社会生活中生存和发展，足见人们对心理咨询的依赖程度。社会发展到今天，心理学已经越来越多地深入到社会生活的各个领域，在人们的日常生活中起着越来越重要的作用。心理咨询之所以能如此深入地走进普通人的生活，主要得益于它在近一个世纪的发展过程中，积累和形成的一整套完整、严密、科学的理论体系和方法，这使得它在指导人们解决生活问题方面有着独到的优势。

学校的心理咨询室，即向学生进行心理指导的场所，是心理咨询教师与学生进行面对面的以人格为前提的真诚交谈的地方。教师与学生就某一问题共同探讨，共同实践，最终使学生自己进行正确选择，从而达到促进学生成长的目的。

学校原有的心理咨询室在行政楼6楼，地点偏僻，楼层较高，条件简陋，连适合学生减压、放松的教室都没有。在实际推进过程中，我发现心理咨询室没有真正发挥其应有的作用，而是像“花瓶”一样成了摆设。虽然设立了心理咨询室，但是建设过于简单，随便腾出一间房子，摆上一张桌子、椅子，然后在门口挂上一块牌子，并临时指派几个教师“兼职”心理咨询师……如此简陋的咨询室，是根本没法开展心理咨询和心理辅导工作的，又怎能为学生的成长提供必要的指导与服务？

我想，心理咨询室不只是一块牌子，不是为“应付”上级检查而临时设立的“敷衍花瓶”，更不是为展示所谓的校园特色而筹建的“宣传花瓶”，而是学生“舒缓心灵的家园”，需要被高度重视、认真对待，并尽最大可能地建好、用好，为师生的心理健康提供保障，有名更有实。

学校领导班子经过商讨决定把原有的心理咨询室进行重新选址改造，最终将咨询室选址于校园内较为安静又便于学生寻找的地方。一是按要求配备、配齐所必需的设备、设施，并根据学生身心发展特点，合理规划、布置其背景、设施，要让学生一进入便有舒适、放松的感觉。二要做好软件建设。学校管理者要对全体教师，尤其是班主任进行心理健康教育知识的培训，以及心理学理论的应用技巧培训，要让学校每位教师都成为心理“咨询师”，并在此基础之上及时选拔、安排一批责任心强、熟练掌握危机干预技术的教师专职于学校心理咨询室，随时接受学生前来咨询，并切实做到只要学生愿意咨询、想咨询就能咨询，学校心理咨询室必然不会因流于形式而成为摆设。三是学校要科学制订心理咨询室管理制度、措施，要把心理咨询室管理纳入学校教学常规，并切实做好心理咨询教学管理、质量考核与评价工作，确保心理咨询室面向全体学生开放，并满足不同学生不同层次的心理咨询需要。只有这样，学生才会愿去、爱去心理咨询室。也只有如此，心理咨询室方能真正发挥其应有功效。

苏霍姆林斯基说过："教育者应当深刻了解正在成长的人的心灵……"只有在自己整个教育生涯中不断地研究学生的心理，加深自己的心理学知识，才能够成为教育工作的真正能手。

我们改造后的心理咨询室中，个别谈心室承担一对一的咨询功能，给学生一定的安全感，使他们能够在心理咨询教师面前真实地表达自己。团体咨询室作为开展团体心理咨询、集体活动、心理健康课、拓展训练的场所，面积大约60平方米，配用可以挪动的桌椅，铺上地板，配有空调和多媒体影像设备，并配备团体心理辅导活动器材。

我们还在咨询室内增设针对情感丰富的适应人群设计的行为表达性辅导技术的沙盘游戏。学生借助沙盘，以游戏的方式呈现其内心的人际互动，进而了解内心情感与情绪的真实状况，并使之在游戏过程中产生创伤愈合的效果。作为心理咨询师用沙盘游戏疗法对来访者开展个体辅导和团体辅导的场所，教室环境安静优雅、不易受到干扰，光线柔和、色调温和，以便学生能平静、轻松、集中精力开展游戏，配备沙盘器材，心理咨询师通过沙盘设备进行辅导，促进学生心理健康维护、想象力和创造力培养、心性修养和人格健全发展。

美国心理学家洛克说："假如自负、虚荣心或愤怒使儿童失去了恐惧，或者使他不听恐惧的劝告，这种心理便应该被采取适当的方法消除掉，应该使他稍稍考虑一下，降低火气，三思而后行，看看眼前的事值不值得冒险。"心理问题的最终产生，在很多情况下是负面情绪不断累积的结果。因此，及时地排除负面情绪，就可以起到预防和解决心理问题的效果。

为此，我们扩建的宣泄室为学生提供宣泄内心情绪的场地。设立宣泄室有助于学生将内心冲突所产生的负面情绪、心理能量通过一个安全合适的途径和方式排解、宣泄出来，再结合心理咨询教师的引导，促进个体的心理健康。放松室主要是为学生提供各种放松训练条件，进而帮助学生缓解各种压力和情绪的场地。放松室配备音乐减压治疗系统，运用音乐特有的生理、心理效应，使学生在咨询师的共同参与下，通过各种专门设计的音乐行为，经历音乐体验，消除和缓解焦虑、紧张等不良情绪，消除心理障碍，恢复或增进心理健康。

以“做学生喜欢的老师，当社会敬佩的校长，办促进人民幸福的教育”为宗旨，我校以创建民主、文明、健康、和谐幸福校园为重点，加强我校学生心理品格提升研究，促进我校学生心理素质的提高。提升学生心理品格，对于幸福校园建设和推进社会和谐发展具有深远影响。为此，我校还申报项目《聚焦正能量清除心理雾霾　构建高质量护航生命成长——基于“正”文化视阈下突发事件中小学生心理品格提升的研究》。学生的心理品格提升工作任重道远，呵护儿童心理健康成长，我们一直在努力！

16 毕业季

6月28日下午，我校六年级全体师生在操场上隆重举行“六年影响一生，不负东关，尽显芳华”——2020年主题毕业季活动。

毕业季活动应该成为校园文化的一部分，年复一年，深刻影响着莘莘学子。学校秉承“为学生终身发展奠基”的办学理念，树立“正”文化校园精神，始终把德育工作放在素质教育的首位。我们把毕业季活动作为对全体学生实施德育的重要载体，专门成立了以校长为组长的毕业季活动领导小组，制定毕业典礼实施方案。学校还专门为孩子们准备了“学士服”和“学士帽”，让孩子们与老师和同学合影留念，让孩子们过足一把“学士瘾”，体会浓浓的仪式感。而老师们更是不辞辛劳，任劳任怨地做好每一项细节性工作。这一切体现了东关人的严谨敬业、乐于奉献、团结协作的团队精神！

我们为孩子们准备毕业典礼，让孩子在仪式感中学会做人、学会感恩。毕业季活动展示了学生不同学段的学习生活，表达了孩子们对母校、老师的感恩之情，通过典礼的形式，对学生进行“感恩教育”，同时让学生们意识到一个学段的结束就意味着新的学段的开始，学业和人生一样，需要总结过去，重新站在起点，走向新的辉煌，教育学生立足今天，脚踏实地，朝着自己的理想奋进。毕业季活动让每位东关学子难忘，其间蕴含的教育价值让学生终身受益。

随着《义勇军进行曲》的响起，五星红旗冉冉升起。杨涵博和王萱婉滢两位同学分别向母校献礼，表达自己对母校的美好祝愿。陈楚淇、严显哲带领同学们庄严宣誓：铭记母校培养，不忘师恩教诲；珍惜学校荣誉，忠于学校理念；我们将在新的学习征途上，锻炼身体、健康生活、遵纪守法、拼搏进取；今天我以东关而自豪，明天东关以我为骄傲！

在《感恩的心》的歌声中，学生代表向老师们献上芳香四溢的鲜花，表达无限的感激和敬意。鲜花映衬着老师们幸福的笑脸，温馨又感人。看着孩子们手捧鲜花送老师的场景，我想说：师恩浩荡，孩子们，无论走到哪里，这里永远是你们生命启航的地方。我们还邀请家长委员会主任张敏辉女士为2020年毕业生名录石揭幕。为学生制作名录石，是为了让学生牢记母校，今天你以母校为荣，明天母校以你为骄傲。

在毕业季活动上，我与家长代表、毕业班的老师和全体毕业生，分享了下面的讲话：

夏日炎炎，万物可爱。生活明朗，未来可期。今天站在这里，我恍然意识到，你们要毕业了，你们要和心爱的东关说再见了。2020庚子鼠年，全世界人们的生活都被突如其来的疫情改变，非常规的工作、学习、生活模式成了常态。人们之间的安全距离是有标准的，出行是有约束的，进校门是戴着口罩的，我想多年以后，复学、复课的每一个点滴，以及我们取得的伟大胜利都会成为孩子们人生中记忆最深刻的故事。

这次疫情告诉我们，灾难面前，人人平等，没有人可以独善其身。这次疫情告诉我们，要以谦卑之心，敬畏自然，敬畏法则，尊重科学。这次疫情告诉我们，要珍爱生命，珍惜亲人，爱惜自己。这次疫情告诉我们，平平淡淡才是真，要珍惜每个平常的日子，开心过好每一天。这次疫情告诉我们，身体是生活的本钱，健康是一切的前提，免疫力是最好的医生。我们必须坚持科学的生活理念、健康的生活方式和良好的卫生习惯。这次疫情告诉我们，无自律不人生。自控力是导致人与人之间形成差距的关键因素。疫情过后，人与人之间的差距会进一步拉大。

家庭和学校是天然的合作者，我们与家长因孩子而结缘，因缘分而成为朋友，我们担负携手教育孩子的责任。这份家校之爱，见证蜕变的瞬间。我用三句诗来与大家分享我的感受。

第一句诗：“天涯地角有穷时，只有相思无尽处。”

六年的光阴，东关的校园里留下了你们的脚印。母校是你永远难以割舍的童年情谊。“天涯地角有穷时，只有相思无尽处。”这种相思是对母校的留念，是对老师的思念，是对友情的珍重。

六年前，你们怀着向往、带着期盼，被父母牵着跨入东关。六年来，你们获得奋斗的收获和进步，你们的苦恼和遗憾，都将是你们生命历程中不可抹去的色彩。六年的小学生涯，短暂但美丽，让我们在内心写满思念，让我们的内心充满温暖。

东关留存了你们六年美好绚烂的回忆，我知道你们不舍得离开！我们不愿说再见。这里有晨曦微露时陪你们进校的导护领导；有伴着路灯等你们出校门后才回家的班主任；有考试失意时给你们勇气，比赛得意时给你们鼓励的语数外教师。你是否记得那些与我们同作息、共奋斗的任课老师，准备佳肴的食堂阿姨，时刻关注校园安全的保安叔叔？

东关校园里的每一寸土地都镌刻着同学们的青春印迹。绿色的香樟树见证了你们六年的每一寸光阴。根深叶茂，枝条依依，师生话友情、论人生，笑看云卷云舒，静听花开花落，共度美好时光。你们每天从教学楼走向餐厅的京剧长廊“峥嵘路”，那是历届东关学子成才的必经之路，承载着你们的青春和梦想，两周后她将静静地看着你们走向考场，走向成功。庄重大气的“正”文化墙，修葺一新的带着青草味的塑胶操场，还有刚刚揭幕的2020年毕业生名录石，都是我们独特的东关记忆。在时光的浸润中，你们把最美丽的回忆留在了东关，母校则把“百年名校、学正东关”的精神注入你们的信仰和灵魂，用正德、正体、正雅、正美、正融的五正素养铸成你们独特的精神气质。

第二句诗：“天生我材必有用，千金散尽还复来。”

同学们，我由衷地感谢你们！感谢你们丰富了我的工作阅历，感谢你们提升了我校的办学精神，你们前行的道路让我们牵挂，无论你们走多远，请你们相信：母校将是你永远的家，她永远期待着你们超越先辈，她永远期待着你们成为“德才兼备、全面发展的人”，成为“视野开阔、胸怀宽广的人”，成为“报效祖国、感恩社会的人”，成为“走向世界的现代东关人”。天生我材必有用，母校将给你这份自信，和你一同奋斗！

每位同学身上都有极其可贵的闪光点，要相信自己，只要努力，必然会发光发亮。六（1）班的孟上杰：严于律己，勤学上进；马可欣：品学兼优，乐于助人。六（2）班的张译丹：才华横溢，活泼可爱；茆凌宁：勤勉扎实，乐善好施；韩锦文：聪明、创新、好学、向上。六（3）班的杨涵博：多才多艺，积极向上。六（4）班的仲磊：埋头苦干，努力进取；王佳妮：聪明伶俐，品学兼优。六（5）班的姬祥云：勤勤恳恳，韬光养晦；华桢宇：学习有钻劲，遇事肯钻研。六（6）班的陈泽宇：自信乐观，发愤图强。六（7）班的姜虔睿：兴趣广泛，博学多才；吴其书：聪明机灵，善于钻研；卢逸凡：遵纪守规，勤思好学。六（8）班的陈思竹：文雅恬静，可爱纯真；胡轶博：善于开动脑筋，富有进取精神；赵韦宇：敏而好学，不耻下问。六（9）班的徐琰婷：热情阳光，不骄不躁。六（10）班的王杰铭：乐观向上，才气过人。六（11）班的姜雨欣：勤学好问，热情聪慧；许景灏：思维敏捷，善思向上。六（12）班的刘吉雄：勤思好学，向阳而生。六（13）班的韩哲：单纯踏实，上进心强。六（14）班的仲冠宇：学习努力，做事踏实。六（15）班的陈楚琪：多才多艺，品学双优。六（16）班的沈子尧：虚怀若谷，踏实认真；程锦琨：积极进取，德才兼备。六（17）班的方少清：聪明活泼，满腹经纶；任雨帆：博古通今，踏实苦干。六（18）班的桑昕睿：开朗乐观，坚忍不拔；张峻铭：兴趣广泛，积极率真。六（19）班的顾德宇：知识渊博，才思敏捷；汤慧雯：博览群书，扎实稳重；刘旺：善于思考，活泼聪明。六（20）班的王子诺：全面发展，朴实诚毅；于恩哲：谦虚谨慎，好学乐学；吴丞惠：勤奋刻苦，志向远大。

优秀的同学很多很多，我想说的话语很多很多，被表扬到的同学不要笑，没被点到的同学也不要跳。

同学们，今天的毕业季活动，其实就是小毕考的动员大会。我们将用汗水谱写 2020 年的辉煌，我们无愧于我们的青春，我们的青春也因为我们的努力而值得回味！时光从来不会停留，美丽也不仅仅是一句口号！我们每个人不仅要考出一个好成绩，还要考出一个理想的成绩。因为考出理想的成绩，不仅仅是对自己负责，对父母报恩，对老师教育的肯定，考出理想的成绩，还会帮助我们选择一所心仪的初中学校，助力我们取得人生成功的一份录取通知书，更是我们人生道路上一束胜利的曙光，一次完美的谢幕。它将激励着我们用更坚定的信念，更坚忍的毅力，去迎接多彩的初中生活，去开创我们更加璀璨美好的明天！

第三句诗：“长风破浪会有时，直挂云帆济沧海。”

“海阔凭鱼跃，天高任鸟飞！”你们的生命之舟在新的岁月港湾里起航，载着对幸福的憧憬和对未来的畅想，直挂云帆、乘风破浪，济达沧海。

今天的毕业季活动不仅是一段故事的结束，也是另一段成长的开始。在我们的一生中始终有两种力量，一股推着我们向外走，御风而行，去追求诗和远方；而另一股促使我们内敛，学会感恩，时常眺望故乡。我希望东关学子们追求卓越的人生，有搏击的姿态，大我的情怀，不计过去、不惧将来，用责任和担当，点亮人生诗意的情怀，心有猛虎却也细嗅蔷薇，珍惜感恩生命中的一切。

希望每一个东关学子都能成为东关的骄傲，成长为一棵棵参天大树，成长为社会的栋梁。同学们，你将来想要什么样的生活，取决于你现在走什么样的路，我期待与你们重逢的时候，你们是谦谦君子、聪慧才女。

百年名校，学正东关。独一无二，秀外慧中。从这里走出去的你们一定不会辜负脚下这片热土，更不会辜负这个伟大的时代，定会创造属于你们的精彩。亲爱的同学们，请以青春向梦想赴约，用你们的样子去塑造世界未来的模样。

同学们，青春是用来奋斗的，从东关大胆勇敢地出发吧，不负东关，尽显芳华。如花似锦的前程在等你们去书写，星辰大海的征途在等你们去开拓，我们山水有相逢，后会亦有期。

其实，我想对孩子们说的话很多，远远不是这三句诗能表达的。最后，在孩子们的诗歌朗诵《告别母校》中，毕业季进入尾声。一千多名毕业生在嘹亮的《真心英雄》乐曲中放飞五彩的气球，让自己的梦想随着气球飞向远方。活动结束后，孩子们和老师一起在校园中合影留念。

孩子们，无论你们走向哪里，老师们都在想念你们，并且怀着骄傲注视着你们，东关实小永远是你们最坚强的后盾！

第三章 质量提升

17 一定要听课

从生物学的某种意义上说，人的目光和心灵是水做的，水做的东西会天然地喜欢水，喜欢柔软，喜欢青翠，喜欢辽阔，喜欢自然。人的目光和心灵遇到这些水性的东西才愿意停靠，因此小学的课程只有回归水一样的性情、回归自然，才是王道。多年来，我一直执着于某种最健康最有生长力的教育。最初，这种执着可能是无意识的。但后来，就渐渐自觉了，并开始了有意识的探讨和研究。我明白了自己一直在追求一种生态型的大教育，潜意识里想以此来抵抗和解构当下那种碎片化、机械化、功利化、反自然的小教育。

有人说教育就是激发生命，充实生命，协助孩子们用自己的力量生存下去，并帮助他们发展这种精神。我们的小学教育是最容易抵达学生生命和灵魂的教育，因此，小学教育应该是最烂漫、最诗意、最原生、最有气质的教育。说到底，应该是一种生态型的教育。它应该自然、和谐、平衡、美好、开放、创新，也应该最不机械、最不功利、最不喧嚣。

然而，随着课堂教学改革的发展，先期课改存在的诸多问题日益凸显，许多学校看似将课堂还给了学生，却仍然没有解决学生学习不投入的问题——参与讨论展示的永远是几个优等生，大部分学生依然是课堂的旁观者。许多课堂过于追求“表现”，学生展示时载歌载舞、精彩纷呈，但展示的内容却浮于表面，缺乏深入的思考，更缺乏思维层面的深度发掘。这样的课堂，仅仅是表面繁荣，热闹过后学生收获不多。

为了让课堂从浅层走向深层，我们迫切需要突破现有观念，寻找新方法，创新深度课堂教学改革的策略。课堂为什么而改？课堂应该更加注重什么？很多思考，需要从听课、反思来入手去解决。

开学初，在教干会上，我要求教干们每周至少听两节课，我自己则随时推门听课，力争在学期结束时听完所有老师的课。这个提议一经提出，在老师们中便炸了锅，老师们私下更是议论纷纷："新校长要听课啦。""真的吗？""不要紧张，也就是新官上任三把火。""听不了多久，就是做做样子，以前多少任校长，开学初都这样要求，可是没有能坚持下去的。"面对老师们的议论，我更是坚定了听课的决心。

一个月下来，"这下上课要好好备课咯"这句话就成了老师们说得最多的一句话。

备课，有多重要呢？水土当丰厚，预设当留白。可以说，中国的文化有多博大精深，我们的课程就有多博大精深。我们的生活有多宽广辽阔，我们的课程就有多宽广辽阔。你妄想以走马观花的方式来备课，那么你的课就只能是"乱花渐欲迷人眼，浅草才能没马蹄"。你连自己都无法打动，就更不用说令学生陶醉了。上乘的备课应该具备好文章的一切美点。只有水土丰厚了，准备充足了，我们的课才能"树木丛生，百草丰茂"，才会出现"日月之行，若出其里；星汉灿烂，若出其中"的奇观。

"队伍是带出来的，不是管出来的。"杜郎口中学的崔其升校长说，"课堂改革，只要抓好落实，抓准课堂，那有什么难的？"杜郎口中学的"三三六"教学模式的推进非常重要的一环就是听课、评课、及时反馈，如此反复，逐步提高。杜郎口中学规定，班子成员每天至少听 3 节课，崔其升校长本人每年听课逾 1000 节。从这个意义上说，杜郎口神话就是听课听出来的。也正如苏霍姆林斯基所说："一个有经验的校长，他所注意和关心的中心问题，就是课堂教学……听课和分析课是校长的一项极为重要的工作。"课堂是教学的主阵地，作为校长，深入课堂听课、评课，既是履行职责的需要，也是有效管理的需要。

校长保持听课，并不是要求我们教师的课堂太过追求完美，预设上甚至不必面面俱到，最好允许在适当的留白、适当的不设计中，让学生自己去生成去创造。正如一部文学作品，只有留有读者再创造的余地，这部作品才有生机。

曾经有一位教师说道："作为一名在教坛耕耘多年的教师，走进新课程，我才知道，曾经有那么多美丽的瞬间，被我忽视；有那么多关键环节，被我垄断；关闭孩子们未知心窗的，不是别人，恰是我自己。是我工作到深夜才完成的近乎'完美'的教学设计，堵住了他们泉涌的思想；是我的滔滔不绝、规范细致的教授，浇灭了他们自由驰骋的想象；是我连篇累牍、整齐划一的练习、测试造成了他们的单调乏味；是我的小心翼翼、唯恐其越雷池半步的谨慎，折断了他们奋飞的翅膀……"

我们的课，可以客观，可以理性，可以不动声色，也可以嬉笑怒骂；可以涕泪交流，拍案叫绝，击掌长叹，偃仰啸歌，这些都可以是常态。但是有一点，只要选择了在黑板前站立，就意味着选择了一种永恒的姿势，一种使命，一种狂热，一种默默无闻光明磊落的情怀；就意味着我们要用我们的灵魂来唤醒学生的灵魂，来引导学生追求无限广阔的精神生活，追求人类永恒的终极价值——智慧、美好、公正、自由、希望和爱，以及建立与此有关的信仰。如果一个教师总是将自己的课上得面无表情、六亲不认，那么，大可恭喜，课从此就可到头了。南宋教育家陆九渊就非常注重这种心教，他说："吾与人言多就血脉上感移他，故人之听之者易，非若法令者之为也。"故他不立学规，学生们便能仪容庄重，相观而化。

听课已成为我日常工作的"必修课"，只要没有特殊事务耽搁，我就会拿起听课笔记，走进课堂。只有听课，才能更深入了解"课堂阵地"，而真正的听课，不仅要"身到"，更要"心至"。如果只是"身到"而没有"心至"，走马观花简单地听一下就走，就不可能把听课做深、做实、做细。"推门"也好，"约课"也罢，都只是听课的第一步，关键是要及时做好听课后的评课工作。如果只听不评，或者评不到点上，就会让授课教师产生失落感和挫败感。在课上，我俯下身，甘做老师的学生，拉近与教师的心理和情感距离。在课后，我会诚恳地与老师交换意见，共同探讨课堂教学中出现的具体问题。

一学期下来，我听了95位老师的课。听完课，跟老师一起交流，我都会先提一个问题：这堂课的教学目标是什么？有的老师对教学目标表述得不是很清楚，他们的注意力全集中在教学内容的讲解上。接着我会问，这堂课的教学目标达成了吗？有的老师对于教学目标是否达成心里也没底，因为他没有设置“当堂检测”这一环节。有的老师会告诉我这堂课的教学目标基本达成了，我还会问，你是如何让教学目标达成的？老师没想到自己本想听听评课，却变成被提问对象了。有的老师对我的提问，还真答不上来。这就要求老师们不仅要具有强烈的“内容意识”，还要有强烈的“目标意识”。

课堂教学永远是一门充满遗憾的艺术，这几乎成了一条真理，而科学有效的教学反思可以减少遗憾。美国学者波斯纳认为：“没有内反思的经验是狭隘的经验，至多只能成为被付钱的知识。如果教师仅仅满足于获得的经验而不对经验进行深入的思考，那么他的教学水平的发展将大受限制，甚至滑坡。”在和老师的交流过程中，我更关注的是对这节课的反思。透过反思，我看到更多的是老师的成长。

有的老师说：“在我的这节课上，最大的遗憾就是没有充分利用好学生资源。这主要是因为我还是不相信学生，不愿意把时间交给学生。我以为学生只是忠实的听众和记录者，只要认真听课，老老实实做笔记就可以了。结果，一节课下来，教师身心俱疲，但教学效果还是不尽如人意。把时间留给学生，放手把问题抛给学生，不急于告知答案，这是我的课堂急需转变的方向。”事实上，今天的学生已经不再是若干年前老师想象中的学生。他们是学习者，同时也是学习资源的创造者。教师也不再是“保姆”，要能够充分挖掘和利用学生资源，让每个学生都可能成为老师的助手，同时也是学习者之间的助手。

有效课堂是学生积极参与和有效参与的和谐统一。课堂应该是所有学生共享的课堂，而并非个别学生的专用场所。记得我听过的五年级的一节数学解决问题策略的课，一节课下来，在学生学习成果展示中老师只让个别学生到黑板上展示，而其他学生只是在当观众看热闹，老师没有创造机会让学生进行各自的展示和充分的互动，一节课的关注点好像只是几个学生，把其他学生都闲置起来。老师在课后反思时，也提到要面向所有学生，让每一个学生都有展示与分享的机会。

除此之外，还要认真把握好二者之间的“度”。一节课光有表面的热闹是不可取的，还要能激活学生的表现力，使课堂迸发出前所未有的活力。如今，展示成了课堂教学改革的核心词，展示确实是解决学习内驱力的最好手段，是走进高效课堂的“金钥匙”。然而，也有人认为，展示会消耗大量的课堂时间，应该寻求一种实现课堂生命活力与教学质量双赢的策略。真正的学习发生在展示之前的准备与展示之后的反馈上，展示如同扁担，挑起备学与反馈这两种学习活动。因此，更深度的课堂教学改革应该把聚焦点从展示转移到反馈上。

教师，身心当和谐，视界当明媚。如果一个学校的教师病恹恹、浑浑噩噩，没有诗意，没有情趣，不会玩，不会创造，不懂得诗和远方，那么基本就可断定，这个学校是一个老大无为的学校，是一个正在机械化流水线上苦苦作业的学校，他们的学生也必定只会是一群没有灵魂的学生。一位教师，哪怕他的学术水平并不高，只要他善于激发学生、调动学生，使绝大多数学生能够参与到教学活动之中，通过倾听、观察、思考、交流而有所得，他就是一位优秀教师。而这堂课，就是一节高效的课。

沙地建楼无根基，空中楼阁飘无际。课堂教学是学校的重中之重。校长经常性走进课堂，俯下身与老师们共同探讨教育。让教师感受到学校重视教学，重视教师，学校就会形成一股正气，这股正气会激起教师工作的热情，教师备课会更加精心，上课会更加认真。他们会以高度的责任感、饱满的热情和冲天的干劲去对待每一堂课、每一个学生……

但愿我的听课能成为点燃教师教学激情的火炬！课，一定要听！

18 青蓝工程怎么抓

学校的中心工作是教学，教学质量的高低关键在教师，只有一流的教师队伍，才能打造出一流的学校。作为刚入职东关大家庭的校长，我深知肩上的责任之重。我常常在思考：打造一流的学校靠什么？靠拥有一批优秀的教师！只有整合全校最强师资力量，才能促进教师加速成长，才能打造出一流的教师队伍，才能让东关这所百年老校萌发新芽、枝繁叶茂！

但优秀教师不是自封的，要靠我们学校自己来培养。优秀教师的培养是一个系统工程，一要有制度保障，二要有一批优秀导师带领，三要靠教师自己的努力。正所谓“师父领进门，修行靠个人”。目前我校教师队伍趋于年轻化。年轻化的教师队伍给学校带来了蓬勃生机和无限活力，但是年轻教师的经验匮乏，同时也制约了教师自身的成长。而开展“青蓝工程”师徒结对活动，能在一定程度上解决青年教师培养的问题。2019 年 9 月 19 日下午，由学校教科室、教务处牵头，在阶梯教室隆重举行“共成长、共进步、齐发展”青蓝工程启动仪式。在启动仪式上，34 位师徒签订了培养协议，明确了双方的职责，随后我也对师徒们提出建议。

一是师父带什么？一要带德。所谓带德，也就是使自己的“徒弟”具有良好的“师德”。要爱岗敬业、无私奉献、为人师表。二要带才。所谓带才，就是对“徒弟”进行业务指导，提高他们的业务水平。有德尚需有才，德才兼备才是人才。德是人之根，才是人之果。三要带教。所谓带教，就是指导“徒弟”的教学工作。指导“徒弟”通过集体备课、相互听课、共同听课等一系列教学实践活动迅速成长。四要带研。所谓带研，就是指导教研和科研。如果说教学能力好比教师的躯体，教研、科研能力就是教师的双翼。只会教学而不会搞教研、科研的老师，只能成为一名教书匠，绝不会成为学者型、专家型的教师，其学校也就成不了名校。

二是徒弟做什么？要多听课、多思考、多改进，要处理好继承与发展的关系。根据自己的条件创造性地实施教育教学，逐步形成自己的教学思路、教学特色和教学风格，努力追求自身教学的高品位。

我鼓励青年教师抓住机遇，自我加压，争创一流，力求在竞争中求生存，在比赛中求发展。最后我还希望“徒弟”努力做到“四心”，即教育事业要“安心”，教书育人要“热心”，提高业务素质要“恒心”，向师父学习要“虚心”，早日使自己站稳讲台、站好讲台、站活讲台！争取早日成为一名有思想、有创新、有突破的好老师！

青蓝工程启动后，我觉得面临的最大问题是如何抓。经过处室讨论，并结合学校实际，学校确定从以下四个方面加强青年教师的队伍建设。

一是从模仿开始，打造教师成长着力点。

1. 引入“空中课堂”，借力课后网络共享名师

开学期初，学校就要求全体教师观看名师空中课堂实录，显性学习名师的教学技巧和教学风格，然后从再造性模仿开始，结合个人的教学实际情况，从语言风格到课堂结构、设计思路等进行创造性的改革，力求体现个人的教学特色。她们从模仿于永正、王崧舟等老师的经典课例开始，对导入、教学环节设计、课堂语言组织等方面都精心揣摩、用心模仿。我想，模仿不失为青年教师迅速成长的一条捷径。

2. 实施“师徒结对”，借助校内资源加速成长

学校定期举行青年教师说课、演课、汇报课等活动，让青年教师与老教师心手相牵、教学相长，借助校内资源加速教师成长。我校的毛冬梅和毛敏两位老师就是在“师徒结对”活动中快速成长起来的青年教师。两位老师虚心向师父学习，在办公室里经常可以看见师徒之间就教学设计和课堂细节处理等问题进行探讨的场景。她们为了打磨优质课堂，一篇教学设计稿通常要改上好几次才能定下来，然后再试课，再修改。今年这两位青年教师在沭阳县教育局举行的基本功比赛中均取得一等奖的好成绩。

二是从读书开始，打造教师成长发展点。

北京大学温儒敏教授呼吁广大教师做“读书的种子”。老师当“读书种子”，这是一种理想、一种责任，同时也是我们面临的很实际、很紧迫的职业要求，是当下课程改革的形势所迫。教师教学的过程就是读书的过程，学校强化对教师的读书要求，扩建了教师阅览室，为教师能在学校读

书提供场所，并营造积极的读书氛围。学校还组织青年教师参加“读书，是一种最美的姿态”等活动，让教师分享读书心得。读书活动的开展，为青年教师的专业成长铺好底色。

三是从反思开始，打造教师成长充气点。

只有会反思的教师才能培养出有思想的学生，开学初教务处就要求教师进行教学反思，反思自己的教学目标是否达成、教学情景是否和谐、学生积极性是否被调动、教学过程是否优化、教学方法是否灵活等，让反思成为教师工作的必须，让反思成为教师成长的追求。老教师帮助青年教师对教学中的得失进行系统的回顾、梳理，并帮助其作深刻的反思与剖析探究，促使青年教师在今后的教学中不断积累经验以便提升教学质量。长期坚持进行教学反思对青年教师形成独特教学风格和专业化成长起到不可估量的作用。

四是从科研开始，打造教师成长支撑点。

教育科研是教师教育素养转化为教学效果的中介和桥梁。学校要求青年教师在老教师的帮扶下人人参与科研，人人参与课题，人人撰写论文，以科研促教学。本学期除了省、市级课题申报外，学校还实行青年教师校级课题申报。课堂、课程、课题有机结合，三位一体，走出符合学校实际的特色之路。学校营造浓厚的教科研氛围，教育科研工作将成为学校特色的新亮点。我校许多青年教师在校级小课题研究方面取得了很大的突破，不少小课题成功申报成为省、市级重点课题。

学校以“正”文化引领学校特色发展，通过“正”文化校本课程建构，打造“学正课堂”，全面提升学生正德、正体、正融、正美、正雅“五正”素养。为了促进青年教师专业成长，更好地发挥骨干教师的示范引领和辐射作用，我们加大对青年教师的培养力度，让东关实小这所百年老校焕发出新的生机和活力！我们定期举行青年教师演课比赛、汇报课、读书分享等活动。

镜头一：10 月 25 日下午，在东关实验小学录播室举行“青蓝工程”青年教师演课比赛，为青年教师搭建一个锻炼自己、展示自我的平台。在演课活动中，李璇老师荣获特等奖；毛敏、王睿、钱司司、孙迎亚、周亚东、严静文六位老师荣获一等奖；毛冬梅、庄珊珊、王松子、时琳琳、王敏杰、华明洁、邵瑶瑶、仲晶晶、王露露九位老师荣获二等奖。

镜头二：为了营造浓厚的读书氛围，品味阅读散发的芬芳，让东关实验小学这所美丽的校园因读书而更加美丽，因读书而充满生机和活力，老师们纷纷投入读书活动中，一个个美丽的身影定格在人间最美四月天。4月28日下午，我校在东关实验小学阶梯教室举行“阅读丰盈东关底蕴、分享积淀教育智慧”青年教师读书分享活动，16位青年教师亲自制作PPT，结合工作实际和生活体验，畅谈了自己的读书感悟。一个个教育故事，一段段教育名录，一条条教育建议，被老师们娓娓道来。老师们的分享各有特色，精彩纷呈，现场掌声不断。

两个多小时的读书交流活动，不知不觉就过去了。在活动中，老师们或深情委婉，或激情澎湃，或儒雅从容，或沉稳有力，充分再现了自己在阅读中的感悟与收获。我对老师们的读书分享作了点评，在肯定的同时也提出了自己的一些思考：读书，读懂不够，学会才重要！

最后，送给青年教师们三句话：一是沉淀一份静气，二是增强一份底气，三是修炼一份才气。我想，要提升一所学校，首先要提升学校的校园精神。要提升一个教师，首先要提升他的价值追求。要提升一个学生，首先要提升他的人生期望。青蓝工程给青年教师们提供了一个舞台，要想在舞台上绽放自我，必须潜心学习、练就扎实的基本功！

镜头三：6月30日上午我校举行青年教师汇报课活动，本次活动也得到校领导的大力支持！我本人、吴九银副校长，校工会主席孙海洋等校级领导都参与听课，并提出宝贵意见。青年教师为了能将自己的“作品”尽可能地完美呈现，在汇报课上展示出最好的风采，积极备课，虚心向导师和组内经验丰富的老教师们学习取经，经过集体研讨、确定课题、教学设计、课件制作，反复改进和逐步完善，向全校师生呈现了一节节高效的汇报课！

生动幽默的语文教师、力求严谨的数学教师、口语纯正的英语教师、活力四射的音乐教师、注重实践的美术教师……使我们感受到了青年教师的朝气与蓬勃。她们紧跟课改步伐，注重学生的个性差异，倡导自由、合作、探究的学习方式。我相信这样的磨炼定会让她们有所收获。汇报课结束后，导师从教学内容、教学方法等方面作出精彩点评和悉心指导，听课的老师们也给青年教师提出了宝贵意见。青年教师们大胆反思、主动学习、认真总结，汇报课取得良好效果。

校以师名，教以师显。青年教师是学校的希望和未来。“青蓝工程”的实施，为我校教师队伍建设增添了活力，高素质的教师队伍，让学校收获了累累硕果。我们将继续为青年教师搭建平台，帮助她们早日脱颖而出，愿“青出于蓝而胜于蓝”！

19 省厅要督查，我们怎么办

国庆假期结束，突然传来一个重磅消息，义务教育规范办学问题专项整治将在全省推开，同时省纪委监委、省教育厅将进行暗访，重点整治六种违规办学行为。此项专项整治工作，是全面落实党中央决策部署，办好人民满意教育的重大举措。我们学校地处老城区，面对紧张的城区小学竞争态势，我们面临着严峻的考验和挑战，特别在办学硬件、师资队伍、教学改革、学生培养、特色校园、文化建设、敬业精神等方面仍然存在短板。如何办学生喜欢的学校、办家长满意的教育？上任伊始，我就马不停蹄地开始调研，走访老教师，与学生、家长广泛座谈，召开大大小小的会议，摸情况、找问题，寻找改革良策。领导班子成员也痛定思痛，下决心找出适合学校的发展之路。

学校要发展，需要教师的实干精神。钟一平先生的文章《要做实干家，不做清谈客》，让我对“实干”精神有了更深刻的认识。对我们教师而言，要争当“实干”的表率，为学校的建设注入强大的正能量。教师的育人工作是个全方位的系统工程，需要各方面互相配合。作为东关小学的教职工，要认真对待学生成长中的每一件小事，促使学生珍惜时间、自觉学习、不畏艰难、勇攀高峰，引导学生树立正确的人生观、世界观、价值观。凡事无小事，简单不等于容易。任何一个环节的疏忽都有可能导致教学质量的滑坡。老子曾说：“天下难事，必作于易；天下大事，必作于细。”想成就一番事业，必须从简单的事情做起，从细微之处入手。教师的实干精神落实到工作中就是努力做好每一天的工作，上好每一节课，关注每一个学生的健康成长。

在我心目中，教师队伍永远是学校的“第一资源”。如何充分调动教职工的积极性、激发他们的工作热情？我们提出的口号是“敬业者受尊重、绩优者获褒奖、积极者有舞台、默默者被关注、老实人不吃亏、奉献者不流泪”。学校将一如既往地实施人才强校战略，关爱教师成长，让每一位老师都能舒心从教、安心从教、热心从教，让每一位东关实小人都拥有更加强烈的获得感、归属感和幸福感。

学校要发展，就要提升学校的教学质量。学校通过推门听课、示范课、研讨课、汇报课、同课异构课等形式促进课堂效率的提高；通过定期检查、不定期抽查促进教学效果的不断提升；各教研组召开学期质量分析会；学校大力推进智慧课堂探索与实践，深入推进课堂教学方法改革，创新课堂教学方法，提高课堂教学效率……全体东关人唯以“不破楼兰终不还”的干劲，努力拼搏，才是出路。今年来教学、教研的喜讯不断从四面八方传来：校风变了，学风好了，教师积极性高了，学生干劲足了。东关小学师生的精神面貌发生了巨大转变，学校运行平稳，教育教学有了巨大的进步。

提升教学质量的关键在课堂，课堂改变的最终动力是教师，只有当老师不满意于目前的生存状态才有可能积极主动地寻求改变。没有良好的教学生态、民主和谐相互尊重的师生关系，不可能形成自主合作探索的学习方式。省事的方式，如机械训练死记硬背题海战术，如果管用，老师就不愿改——教学改革必须与评价机制相配套。说一说自主学习。我们现在之所以采用劳生战术，是因为学生缺乏主动学习的意识。老师让学生有事做，天天写天天练，牛不喝水强按头。这条路不通，那就得想办法。要把对水的需求变成内在需要。比如，拉到操场上跑几圈，累得口干舌燥时再过来。如果还不喝，找一头喝水的过来带一带。搞一个喝水的考试，排一排名，让他觉得不喝水在牛群中没有地位。搞一个喝水进步奖，激励一下。

特级教师马莉提出了课堂的三个“关键词”：有笑、有空、有声。有笑，就是课堂要有笑声，课堂得幽默，老师不总板着脸，学生就具有良好的学习情绪。我听低年级的课，发现现在也有一些不好的倾向，太严肃。要把知识的学习与技能训练趣味化。课堂上如果听不到笑声，其实也是挺令人心痛的。笑是催化剂，决定着人的幸福指数。有空，是指课堂上要留白、拓展，不能把课本讲死了，不能把课堂填得满满的。有的老师以为课堂上安排得越多讲得越多，学生就接受越多。你讲的不可能让所有学生都能接受，还是要留下一定的时间让学生思考，交流，提提问题，自我巩固。不是你讲多快学生就学多快。扎扎实实，才是质量的保证。课本上没有学好的，就不要急于拓展。一节课就要有一节课的事情，教学不是展示，最后在学生身上体现出来的才是教学的效果。有声，就是要让学生充分发声，发表自己的观点。只知道听讲不会发问，永远不会有创新性。有笑，指的是营造课堂的生态，学习的内容要变得有趣。

一个多月来，我们学校对于学生的学习也进行了一番探索。第一步，把早读午练交给学生，作为展示学生风采、提高表达能力的平台。让学生在早读午练时间说人说事说书说题，让我们的孩子能说会道，敢于表达，善于表达。先改变学生，倒逼课堂发生转变。第二步，我们努力让课堂入范。我们从课堂的语言、动作、互动等方面，提出一些要求。一些班级一些课堂发生了很大的变化，学生站在课堂的中央。我们取消了月考，加大了学生阅读训练的力度，目的就是改变传统纸笔测试的弊端。这一步还需要大力的推进，要坚持住，特别是教学管理人员，要坚定信心。没有课堂的改变，就很难实现学生的改变。

学校要发展，对教师的教科研引领要到位。教师教科研作为基础教育课程改革中的一项重要举措，对于教师自身素质的提高有着重要意义。苏霍姆林斯基曾在《给教师的建议》一书中指出："如果你想让教师的劳动能够给教师一些乐趣，使天天上课不致变成一种单调乏味的义务，那你就应当引导每一位教师走上从事一些研究的这条幸福的道路上来。"由此可见，从事教科研也是教师摆脱职业倦怠，获得更多参与感、满足感的途径之一。但是，由于一些因素的制约，教师在教科研的过程中不可避免地遇到了现实的矛盾和困难，这在一定程度上影响了教师教科研的实效。那么，在"教师成为研究者"的呼声越来越高的今天，学校怎样才能帮助教师真正走好教科研之路呢？我们学校从组织教师进行校本研修入手。校本研修秉持"从学校中来，到学校中去"的理念，立足本校实际，旨在解决学校教育教学中的种种问题。校本研修的普遍开展不仅为教师专业发展创造了条件，也为教师教科研的进一步推进提供了新的思路。

学校要发展，需要提升学校的文化内涵。学校文化是一所学校的灵魂，是实现学校内涵发展的强大动力，对于学校风格、特色的形成，学校师生的发展，都具有深远的、潜移默化的影响。未来学校的竞争，归根到底是学校文化的竞争，学校文化是学校的核心竞争力之一。东关实验小学是一所百年老校，学校发轫于1912年胡冠甫、程玉生二位先生在沭城东关办的私塾班，1915年，蒋仲权校长变私塾授课制为班级授课制，开创了沭阳现代初等教育的先河，并将学校命名为“正心小学”。“正心诚意”是儒家倡导的一种道德修养境界。学校领导班子经过认真酝酿，反复讨论，广泛调研，科学论证，最终将“正”文化确定为学校文化建设的灵魂，努力构建具有鲜明特色的学校文化体系，用“正”文化的力量去支撑学校的发展。我们吸收百年老校的文化精髓，弘扬“正”文化理念，就是传承中华优秀传统文化，为学生终身幸福和发展奠基，让正能量充盈每一位东关实小人的精神家园。

如果说，2019年之前是东关实验小学教育版图的持续扩展期，那么2019年之后就是东关实验小学教育的发展壮大期。学校将以出色的教育教学成绩和高美誉度不断地向前迈进！

东关人将继续践行办学理念，为学生的幸福人生奠基，为中华民族复兴育才，在上级主管部门的正确领导以及社会各界的关心和支持下，尊重规律，不断改革创新，将人民对美好生活、优质教育的向往，作为我们的奋斗目标！

20 抓课题是务虚吗

“喂，文龙校长吗？祝贺你到东关！为了表示祝贺，下周我想把省教育学会立项的全市重点课题集中开题论证会放到你们学校来举行，你看怎么样？”接完县教研室曹宏宇主任的电话，我陷入了沉思。都说校长要抓业务，抓科研，可如何抓呢？作为校长，我是学校教育科研工作的第一责任人，只有引领教师进行教科研，用科学的精神、研究的态度去探索教育实践中的问题，才能实现学校科研水平的全面提升。

教科研的重点是课题研究。课堂是教师教学的主阵地，课堂教学的每一个方面、每一个细小的环节，都可以成为我们研究的课题。从学校教科室那里我了解了一下我们学校的课题研究情况，老师们的参与度还是很高的。但是课题对很多老师来说是新事物，在经验或理论上还有欠缺，这给教师们的课题研究带来了很大的困扰。解决这个问题，成了当务之急。

我私下也经常会和老师们聊课题的事，刚毕业的年轻教师经常会问：“校长啊，我也想申报课题，但是我不知道课题要去研究什么？从哪里入手？”我想，这个问题应该是众多年轻教师普遍遇到的问题。在平时的教学中，老师们会遇到问题吗？这些问题都可以作为课题研究的对象。例如：对学生习惯的培养、教学方法、对学生核心的培养等。作为刚走入工作岗位的年轻教师，在选择课题时可以从“小切口”入手，这样课题研究就更容易一些。因为他们的课题研究主要是为了解决课堂中出现的问题，达到优化课堂教学的目的。选题还要切合自己的驾驭能力。课题研究的实施主体是教师，要将课题研究的内容限定在教师能力范围之内，才能保证课题研究的持续深入。另外，选题要切合学校实际情况。课题的研究要突出校本特色，要与学校的硬件设施、基础条件、师资力量等诸多因素相结合，突出学校文化、优势和特色，这样才能将课题融入学校本体之中，正面改善学校的教育环境，促进学校的科学发展。年轻教师对课题的研究还处于起步阶段，学校要努力搭建平台，从实施校级课题申报开始，给予全程帮助和指导。基于上面的认识，我们把课题研究定位为“应用性研究”为主，让教师把教学实践中的问题确定为教科研的起点，着眼应用，立足实践，提高教师的教科研水平。

学校的课题研究定位后，如何加大教师的培训力度，夯实其理论根基，成为我们遇到的又一个问题。学校一方面通过教学研讨会、课题捆绑、学术沙龙、教科研小组等多种形式促进教师间的交流和合作，形成“教科研共同体”，从而实现教师教科研能力共同提高的“双赢”。另一方面，除了组织教师外出培训之外，我们还加强与教科院所的合作，聘请专家来校进行教科研专题辅导讲座，让教师有机会与专家学者对话。如：怎样进行专题实验研究，怎样选择课题，怎样拟订专题实验方案，怎样撰写实验报告及论文，老师如何做个人小课题研究等。教师在与专家学者的对话与合作中得到有力指导和帮助，最终提高了教科研能力。

抓课题是务虚吗？当然不是！学校除了加大教师的培训力度之外，还要加大对课题的管理力度。为此学校专门配备了足够的教科研专职人员，并定其责，岗责分明，人尽其职，保证学校教科研工作落到实处，不流于形式。从课题的立项到结题等都制定并形成一整套比较完备的、可操作性强的教科研制度，尤其是形成了教科研的督导、检查、评估和激励机制，确保我校教科研工作有章可循，富有成效。课题组要以课题研究计划作为研究指针，学校更要以课题研究计划对各项课题加以监督与管理。课题研究要与学校常规教研相结合，以此为课题研究提供充足的时间保证、雄厚的智力支持以及良好的环境氛围。课题研究还要与教师自我发展相融合，通过课题研究为教师分任务、压担子，学校要考虑教师的实际情况、特长优势，给予一定的发展压力，让教师在完成课题任务的同时，尽可能地发展。

首先是深入研究真实问题，推进课题研究新视角。在教科室的指导下，由专人分别负责管理课题的研究工作，实施“计划——方案——实施——反思——调整——实践——小结”的流程，做到开学初有计划，学期中有作为，学期末有收获。建立教科室——学科组——研究教师三级管理层次。教科室统领课题研究，学科组制定本学科研究计划并组织日常探索，教师强化常态运用，提供生动案例支撑。课题组坚持每月一次的研究工作会，交流进展情况和阶段收获。然后由教科室总结课题阶段成果。学校将研究的重点学科确定为语文、数学、英语，务求通过一学期的探索，初步形成该学科的学正课堂基本操作范式，学科组可依据不同课型加以研究和总结，也可依据不同学段进行总结。同时确定“成长型”教师深研课题，在课堂形态上实践创新，体现新时代课堂特征；“成熟型”教师重在流程设计，在教学理念上有所突破；“成就型”教师重在示范引领，彰显学正课堂的独特魅力。

其次是着力教师专题总结，再创课题研究新成果。学校要求教科室分批次对每一个课题的研究报告进行精心打磨，及时给出修改意见，力求每一份研究报告言之有物、言之有理、言之有序、言之有量。教科室将定专人对每个课题的资料册认真把关，使每份资料册呈现的资料翔实而有特色，能够覆盖课题研究的全程全域。

第三是发动教师制定规划，指引课题研究新路径。目标导引职业生命，行动推进教师发展。教师要成为一个成熟的专业人员，需要通过不断的学习与探究历程来拓展自身的专业内涵，提高专业水平，从而达到专业成熟的境界。教科室将发动全校教师制定个人专业发展规划，针对全校教师尤其是新教师开展一次讲座，就为什么要制定专业发展计划进行介绍，让每个教师都明白教师个人专业发展规划的重要性和必要性；邀请有经验的教师进行分享，使教师能通过前人的成功经验学会制定一份合适的个人专业发展规划；学校将积极地进行过程监管，随时了解教师在实施规划中遇到的困难，给予教师指导和帮助。学年末学校要对一学年教师专业发展情况进行考核和总结。同时教科室将进一步对老师们的选题工作进行指导，使老师们选择合适的题目进行申报。从明晰小课题选题方向，到界定小课题研究范围，再到组织小课题申报，进行全方位指导，清楚界定小课题的研究范围，形成概念清晰、叙述到位的小课题题目，为老师们的研究方案和研究措施的设立打下良好基础。

第四是深化教师专业修炼，开展一系列提升行动。“专业引领”“同伴互助”“自我反思”是促进教师专业化发展的三条重要路径。我们学校也将在这三条路径指引下开展一系列教师专业水平提升行动。主要途径是通过开展新教师讲坛活动，让教师讲述自己对教育的理解、对人性的感悟、对自然的赏阅，内容不限，但要求主题是积极向上的，能够给予大家新的收获。同时深入开展主题教研活动。定期由语文组、数学组、英语组、音乐组、美术组等学科教学组承担，进行全校范围的教研展示，主题要结合课程特色来选定，进行听课评课或学正教学思想展示等。

教育科研是以教育教学为基础的科研，一所学校只有坚持走“科研兴师、科研兴教、科研兴校”之路，才能最终实现学校工作水平的全面提升。开展教科研活动，才能提高教师队伍建设，推进教育教学改革和各项工作的开展。我们要以课题研究为核心，在“严”字上做文章，在“创”字上下功夫，创建更多有利于学生、教师、学校发展的新空间！

21 向集体备课要质量

转眼，每天坚持推门听课已经有一个月了，在听课的过程中，我也发现不少问题。那么，对于课堂上出现的问题，集体备课时老师们是如何解决的、如何预设的？这些疑问，使我坚定了参加学校各个学科集体备课的想法。起初，老师们对我的做法很不理解。“校长要参加集体备课，他能听得懂吗?”“集体备课有什么好听的，大家不就是讨论一下书上出现的问题吗……”在这之前，我也了解到，很多时候老师的集体备课就是走走形式。老师们聚集在一起，备了几分钟后，思绪或许就被某一个与备课无关的话题吸引走了，短短的40分钟备课时间，变成闲谈、聊天，变成应付学校教务处检查的一种形式。很多教师将集体备课曲解为集体教案的简单复制与执行，却丧失了教师备课的个性和思考，这样的集体备课缺乏实效性，不利于教师的专业发展，对备课资源是极大的浪费。如何扭转这种状态、发挥集体备课服务于教学的优势，成为提高学校教学质量、提升教师素质迫切需要解决的问题。

当天，我就从教务处拿到了各学科集体备课的时间安排表，我暗下决心，要争取每周都能参加各个学科的集体备课。根据我的观察，备课往往存在如下弊端：一是缺乏灵活性，教师主要备的是自己要讲的东西，不去认真研究课标、解读教材、分析学生；二是缺乏创造性，把备课变成了写教案，而不是运用多种课程资源、教学素材和学习工具，使自己的教案师本化，甚至生本化。其实，教材是重要的课程资源，也是施教的重要依据，但不是唯一的课程资源。教师完全可以因时、因地、因人对教材进行增删、取舍、简化、重组和创造，这样才能设计出好课。教师备课要源于教材、尊重教材，但必须跳出教材，才能创造性地使用教材。

在参加教研组备课、优秀教研组备课展示等一系列活动后，我回过头来重新审视我们学校的集体备课现状，发现确实存在很多问题。集体备课时存在“一言堂”现象、缺少研讨氛围、大家发言不积极等问题。在集体备课中，由于个别教研组组内成员较少、师资结构有问题，研讨氛围不够浓厚，大家不轻易发表自己的观点和见解，在活动中以倾听为主，往往由组长一人说了算，其他成员成了旁听者。这样的研讨氛围直接导致个人观点代替了集体智慧，在一定程度上制约了集体备课的有效开展。还有，在集体备课中，很多老师的立足点往往是从“我想怎么教”出发，教师们考虑最多的往往是目标，没有考虑“如果我是学生，我将怎么学?”没有站在学生的角度去考虑学生需要什么。有时教师们甚至会从方便教师操作的角度思考一些问题，从而忽视了学生的发展及各班学生的个性差异等。

经过集体备课后，老师们在活动的大环节上已经形成了共识，但是各班学生发展水平有所差异、已有经验不同等具体情况的存在，要求教师在提供的教案上进行添加、修改。但是事实上，有的教师一味依赖教案，没有沉下心来钻研教材，只是现搬照用，导致自己的二次备课缺乏思考，教学效果欠佳。

教育家叶澜先生说：“教师若把人的培养而不是知识的传递，看作是教育的终极目标，那么他的工作就会不断地向他的智慧、人格、能力发出挑战，成为推动他学习、思考、创造的不息动力，给他的生命增添发现、成功和欢乐，自己的生命才能在为事业奉献的过程中不断获得更新和发展。”有了这样的教学愉悦感，你的课堂想“不和谐”“不高效”恐怕也是很难的。

面对种种问题，我开始反思该怎样组织集体备课。集体备课既要博采众长，吸取集体智慧，又要有主心骨，独立思考，不人云亦云。

首先，要做到“四定五统一”。即定时间、定地点、定内容、定中心发言人，统一教学目标、统一重难点、统一教学进度、统一教学要点、统一练习设计。让教师带着重点、难点、议点、疑点、易点、热点“六点”来备课，个人备——集体备——讨论修改形成教案——上课、听课——评课——形成结论，达到提升“有效教学”的整体效益。我们对个人初备也提出了要求：脑中有标、腹中有书、目中有人、心中有法、胸中有案。教师在第一次集体备课时，一定要认真研究教材，对本学期的课程进行整体规划，简要写出本学期的教学计划，并制定好单元教学计划。对教材要有宏观上的把握，做到心中有数。同时更要从微观着手，脚踏实地，力求实效。

其次，要从集体备课形式入手。原来的集体备课，就是主备教师写好教案，其余老师围绕教案展开讨论，讨论的内容很多时候随意性比较强，导致教师的讨论比较松散，没有连贯性。讨论时，老师的语言组织逻辑性不强，很多时候是无话可说。针对这些问题，教务处为教师们印发了“集体备课教师带着六点去备课发言稿”。在备课之前，教师就要写好六点：重点、难点、议点，即对某一教学环节的教学建议。疑点，即对上次备课或本次备课有疑问的知识点；易点，即学生易错点、易混点；热点，即适当拓展延伸的知识点。在备课时，各位老师要根据自己写好的六点参与备课，这样，教师们在备课讨论时就有话可说，在倾听别人提议的同时，纷纷发表自己的看法，研讨的氛围日渐浓厚。

再次，要从集体备课制度的落实入手。为了弥补各位教师备课过程的不足，取长补短，提高教学的整体水平，也为确保集体备课活动的正常开展，学校重新修改了集体备课制度。原来集体备课时，有的教师会有迟到、早退、备课时间聊天等现象，个别教师自由主义思想严重，导致制度形同虚设。教务处除对原有的制度进行补充外，还要加大督查力度，不分年级、不分时间段去检查，对教研组的集体备课进行量分，每周进行评比总结。让老师们意识到制度的约束，自由主义的观念就会渐渐消退，集体备课的效果也会日趋显现。

学校创新集体备课方式，让老师们通过参加集体备课活动，不得不认真钻研教材，认真制定教学方案，认真研究改进措施，认真进行教学反思。作为集体备课的主备人，年级集体备课的“中心发言人”，必须保证年级的每一次研讨活动顺利进行，大到教学方法，小到每一个知识点，都要进行讨论。为了一个有争议的问题，大家必须分头找资料，然后进行讨论。每一个知识点，每一个问题都要明朗化，最后才达成共识。在这样不断的实践中教师提高了自己的教学水平，收到了较好的教学效果。

纸上得来终觉浅，绝知此事要躬行。带着“六点”去备课，集体备课也为老师们提供了一个集体反思探讨的舞台。教师在反思中逐渐认识到合作反思的作用，每次集体备课活动开始后，我们大约利用 15 分钟的时间，先进行已学教学内容、教学行为的反思。教师在集体备课中反思，在反思中备课，使我们的教学设计有了很大的提高，有了好的教学设计来指导课堂教学实践，课堂的教学效率就有了保障。

通过备课，教师对学生的易错点、易混点进行充分的预设和解决，从而在课堂上真正走进学生、读懂学生，从学生发展规律中了解“学”，在引导学生发展中把握“教”。带着“六点发言稿”去备课，在很大程度上避免了“一言堂”现象，可以充分挖掘教师的潜力，使教师在研讨中都能有话可说、敢于说、愿意说，极大提高了教师参与研讨的积极性。教师改变过去“闭门造车”“单打独斗”的备课方式，大家群策群力，将个人的智慧和特点展现出来，组内人员取人所长、补己之短，互相学习、互相促进，能将教学过程中反馈来的信息及时处理，不断总结教学经验，充实教案，完善教法，在互动中提高工作效率。围绕课堂教学，集体参与，共同讨论，互相启发，彼此交流，集思广益，有利于教师在备课过程中较好地掌握课堂教学的基本环节，搞好课堂教学效率，有利于教师在备课过程中进行教学研究和讨论，改进和创新教学方法，提高学校的整体教学质量。

“六点发言稿”策略实施接近一个学期了，通过亲自参与，我发现还是有很大成效的。在集体备课的过程中教师们能带着议点、热点深入思考，围绕同一内容各抒己见，交流合作，资源共享，有效凝聚了集体的智慧，每位教师在研讨交流中水平都能得到提高，教师的教学方法更加得当，教学策略更加完善，对教学理念的理解更加深入，教学能力得以不断提升。

我想，作为校长，一定要深入教学一线，或参与集体备课、听课和评课，并予以指导，除了作为学校管理的引领者，更要发挥校长对教师专业成长的引领作用。校本教研离不开大家的智慧，教师专业发展离不开集体的协作，这些都可以依托集体备课来实现，显然，在我校，集体备课已成为促进教师专业发展的有效途径之一。

一花独放不是春，百花齐放春满园。学校的集体备课和各项教研活动的扎实开展，为教师们提供学习和交流的平台，促进教师的专业化发展，学校面貌焕然一新，教师们的愿景也愈加清晰。新课程改革工作也在原有的基础上有了实质性的提高，不论是学校的教学常规，还是教师的备课、上课，或是教育科研工作的进程情况，都呈现出一切以新理念为指导的生机勃勃的景象。愿集体备课活动能成为教学的源头活水，这潺潺的溪水必将浇灌出一片百花齐放的美景。

22 成立名师工作室

我们一直把教师发展作为学校发展的长远目标，通过各种途径培养骨干教师、学科带头人、学科名师，鼓励广大教师积极主动成名成家。

在学校成立名师工作室，一直是我在思考的问题。“名师工作室”对促进年轻教师专业化成长是极具重要意义的。在我看来，“名师工作室”的意义首先不是“名师引领”而是“同伴互助”。一群富有教育理想主义情怀的年轻人，通过“名师工作室”聚在一起，情怀互相感染、思想互相碰撞、智慧共同享用、灵魂彼此照亮……再加上有一位共同敬仰的导师灯塔般的引领，这样的“学习共同体”显然比一个人的孤军奋战、上下求索更有利于人的成长。

我校师资队伍总体情况良好，整体素质处于中游状态，但也存在一些问题。一线教师中，还没有在市域内具备一定影响力的，各学科缺少专家型教师。此外，学科之间还存在着不平衡，有个别学科甚至还很薄弱。同一学科中，不同教师之间的教学、教科研能力的差距也很明显。要发挥名师的引领作用、在学校成立名师工作室有一定的难度。

2019 年是东关人在奋斗中进取的一年，在各类比赛中，我们均取得了好成绩。令我感到欣喜的是，在国庆期间，我校张宏霞老师在 2019 年江苏省中小学班主任基本功大赛中获得省一等奖的好成绩，这也是本次比赛中我们宿迁市小学初中组唯一的一等奖！第十一届“七彩语文杯”华东四省区协作交流暨优课评选活动，在江苏省镇江市丹阳市新区实验小学落下帷幕。张宏霞老师执教的部编版五年级上册《太阳》一课，获得一等奖的好成绩！取得如此好的成绩，和张老师自身的高素质和努力是分不开的。因此，在学校成立张宏霞名师工作室，以名师命名，让教干参与，发挥名师的骨干、示范、辐射、带动作用，促进师资队伍建设，非常有必要。名师工作室的成立是学校教学质量建设和提升的需要，是学校发展的保障，也是教师个人提升、发展的摇篮和平台。

以前没有“名师工作室”的说法，也没有“师徒结对”的做法，但很多前辈一方面通过书籍阅读大师作品，通过书信结识名家，另一方面，通过努力在自己周围聚集了一批志同道合的同行，常常一起切磋，互相激励。我一直认为任何名师都不是别人“打造”的，而是“自己培养了自己”，但是，这个“自己培养自己”的途径之一，就包括主动追随大师思想，主动学习同行经验，主动吸收各家养料，主动超越自身……

学校成立名师工作室，目的是让更多的老师得到名师的精神引领，让名师的精神感染我们，激励年轻教师在专业发展的路途中越走越远、越走越扎实。名师工作室也能让老师们真正领受到名师的那份潜在的精神追求，真正诠释名师持续发展的重要的前提就是具有不断超越自我、追求卓越、永攀高峰的精神境界。教研需要氛围，教研需要合力，教研更需要一种辐射和带动。走出一条自己的教研之路，这是名师工作室里每一个成员的理想，也是他们努力前行的方向。这项工作刚刚开始，前面会充满挑战，也会有重重困难。但是，我们坚信：有学校的关怀支持，有导师的悉心指导，有工作室成员的团结协作，有众多同行的积极参与，大家有勇气、有信心战胜困难。在工作室的启动仪式上，我勉励大家要把工作室打造成为名师展示的舞台、骨干培养的基地、教学示范的窗口、科研兴教的引擎，带动我校教师队伍的发展。

名师工作室为张老师及其合作团队搭建了一个施展才能的舞台，也为张老师及其合作团队自身的发展提供了学习和实践的机会。张老师及其工作室成员通过自身的不懈努力和彼此的团结协作，提升了名师工作室的社会影响力和社会认同度，让名师更有“名”，让骨干更能“干”。工作室发挥名师的教学示范和辐射作用，团结我校的精英和骨干，形成自己的教学风格，创建高效教学模式，对我校的学科教育改革和教学实践起到引领和辐射作用。在课题研究方面，张宏霞老师组织团队开展教育教学研究和专项攻关，形成研究成果，打造课题品牌。张老师把培训和指导骨干教师培养对象和青年教师作为工作室的重要职责。工作室定期承担各级骨干教师培养对象的培训和指导工作，参与地区教师培训和校本培训工作，让工作室真正成为骨干教师培养的实践基地。张宏霞名师工作室启动一年来，通过上观摩课、资源共享、送教下乡、听课评课、成果展示和学术沙龙等形式，推进了我校语文学科教学的良性发展，促进了学科教师的快速成长。

名师工作室是名师提升自己的思想、提高自己的素养、提炼自己的特色的摇篮。它最终形成了自己独有的教学风格，并为他人树立了榜样，对他人进行了引领。对于培养对象来说，工作室是学习的课堂、展示的舞台，是跟高手过招的地方，也是攻坚克难的阵地。有名师的引领、团队的力量，虽不一定能创造成长的捷径，但绝对可以使人少走很多弯路。加入名师工作室的老师们，无时无刻不感受到工作室团队成员给予的帮助，有时更多的就是一种莫名的感动，在这样的环境里个人的成长与提高就成了一种必然。

我对“名师工作室”有三点坚持：

一是给工作室自由。绝不以“管理条例”或“考核标准”为依托对“名师工作室”提出强行要求，如每年必须提交工作计划、培养目标、三年或五年发展规划，还必须有一定级别的科研课题，并有一定的成果显现，有定期验收，包括阶段性考核，学期末或年终都要有规范的总结，还要求在某一时间段里（比如一年三年或五年），工作室成员必须发表多少论文，出版多少专著，夺得多少赛课奖项，获得多少荣誉称号……

“名师工作室”是一个由专家领衔的学术机构，而学术活动的特点就是“自由”。当然，在当今语境下，我不得不做点似乎是多余的说明：这里的“自由”仅就学术研讨和观点切磋而言，不涉及意识形态和政治态度，作为社会主义国家的教师在根本的价值观上是与党和国家的发展方向一致的，这是不言而喻的。

成立“名师工作室”的初衷，是促进年轻教师尽快成长，鼓励教育人才脱颖而出，那么就应该遵循人才成长的规律，尊重包括名师（导师）在内的“名师工作室”每一位成员的主体性，而不应该过多地行政化与烦琐化，否则，将事与愿违。

二是拒绝形式主义。绝不以“规范管理”“痕迹管理”“精细化管理”为名，对“名师工作室”的日常运行提出许多细碎的、精确的，甚至是形式主义的要求。比如，规定工作室“每月活动”的主题（或是科研课题，或是阅读交流，或是专题研讨），要求工作室必须建立网站、网页或公众号，定期更新内容；比如规定工作室成员必须读多少书、写多少文章、听多少课、上多少公开课（研究课、观摩课、示范课）；比如给每一位工作室成员建立“发展档案”，包括计划、总结、教案、听课笔记、读书笔记、公开课教案及 PPT……而这一切除了文字档案，还要有图片和视频。每学期和每年度还有烦琐的量化考核——细致的考核项目以及相应的加减分，有的甚至精确到小数点后两位。

如果一味烦琐化，“名师工作室”所应有的自主而自由的运行将完全得不到保障。工作室的重点将不得不放在“过程性”的“资料积累”，以及各种“痕迹”的留存保管——很多时候还是“后补”的。为了完成考核表上的各项规定，“名师工作室”的成员往往忙于写相关文章、填相关表格、补相关材料、拍相关照片、录相关视频……

三是静待花开。绝不急功近利求快出新。我们对学生都要求尊重个性、耐心等待，所谓“静候花开”，为什么对“名师成长”就如此急功近利？难道非要“名师工作室”在一定期限内研究多少课题，发表多少论文，获得多少荣誉？其实，如果非要完成也不是做不到，但那需要作假，需要炒作，需要包装，甚至需要用钱去“运作”……而这样“成长”起来的“名师”，还叫“名师”吗？

我看过烦琐的名师工作室自评表，感到头皮发麻：总共 100 分，然后分解成几大部分，又细分为若干小块。如果真要按这个表格填写，真的要花很多精力。尤其是每一项都要有佐证材料，虽然开展活动时也有资料，但一时也难以找齐。尤其是那么多的活动记录、图片、视频、证书等“佐证材料”，它们确实能证明工作室运行正常，但是有那么多材料的工作室，用在教学研究上的时间和精力还剩多少呢？当然造假是来得及的，可以将“补材料”的任务“分解”给各位老师，但这是我们的初心吗？

一个人要走得快，靠读书充实自己，一个人要走得远，就得靠团队结伴激励，名师工作室正是这样一个引领教师成长的集体。

人才是“生长”出来的，不是“打造”出来的。所谓“生长”，是生长者自己的事。作为校长，如果一定要说“培养”，那么这“培养”的含义应该是尽可能给老师以自由宽容的人文环境——形象地说，就是尽可能提供生长所需要的土壤、空气、阳光和水，然后就让年轻人自由自在地“生长”吧！既不吹毛求疵、横加干涉，也不要指手画脚、过度关照，更不要揠苗助长、豪华包装、大肆炒作。只有在最朴素最宁静的田园，才能长出最肥美的庄稼。

记得尼采说过："每一个不曾起舞的日子，都是对生命的辜负。""名师工作室"的领衔人有着强烈的事业心和使命情怀，而"名师工作室"的年轻人，都有着内在的上进心和自律精神。对这样的教育者，没有理由不信任，没有理由不放飞他们，就让他们自由自在地翱翔吧！而在此之后所有"起舞"的日子里，让我们与名师携手并肩，收获一路的芬芳和美丽！

23 建立黑板墙

一位六年级的学生在习作中写道："阳光透过窗户凌乱地洒在地板上，此时寂静的教室里只听得到老师在黑板上板书的声音。尽管老师的字迹并不算优美，但我总爱凝视它们，聆听板书的声音。在我看来，物体间相互摩擦所产生声音都是刺耳的，唯独老师板书的声音是悦耳的。那'叮叮咚咚'的声音，使我想起了锣鼓声，老师板书时的声音就像是敲起了辛勤灌溉的锣，擂响了播种知识的鼓。"

教师的板书多有魔力！用粉笔在黑板上点燃知识的篝火，为漫长的学习生涯带来热情的火苗，它们像微风拂过树叶，像波浪亲吻着海岸，像星星点缀着夜空，又仿佛一道闪电划破凝固的空气……

粉笔抒情，书以载道。多媒体时代，粉笔字是否该退出教学舞台？答案是否定的。粉笔字是教师人格魅力的象征，更为良好的课堂教学打下基础。教师在课堂上的工整、美观、清晰的字，能吸引学生的注意力，让学生的精力集中到讲课的内容上来。教师美的板书，给学生美的享受，它可以潜移默化地培养学生的艺术修养和欣赏能力，从而培养学生严肃认真、耐心细致的工作和学习态度，使学生从老师的板书中陶冶自己的情操。

教师的字就是学生的字帖，一笔一画都给学生起着示范作用。作为教师，都希望自己有一手漂亮的粉笔字，因为要在课堂上唤起学生情感上的共鸣，除了教师的分析讲解、举止表情以外，板书的优劣往往是一个不可忽视的因素。

老师的字写得工整、清丽、大方、美观，学生受其熏陶，自觉不自觉地模仿，日久年深，也将字写得与老师相差无几。小学教师的字，是小学生的活字帖，给学生一个良好的启蒙。

为进一步提高教师教学基本功，学校决定在雏鹰楼的西墙面上，添置20块小黑板，意在让教师每天加强粉笔字练习。雏鹰楼的班级全部是一年级，也没有将小黑板分配，可一年级老师们不由自主地自行分配好，一班一块，第 1 块为书法老师张晓虎范写。

每天早晨，都可以看到老师们在黑板墙练习粉笔字，这掀起了学校老师粉笔字大练兵的热潮，教师们参与的积极性非常高。书法要心悟手出，耳濡目染，而观察最为重要。孙过庭在《书谱》中说："察之者尚精，拟之者贵似。"我们尤其注重眼的观察能力。好多老师经常牺牲个人休息时间在黑板墙上用心观察字的结构，不辞劳苦练习粉笔字，一遍又一遍，擦了又写，写了又擦，不厌其烦地书写。日复一日，黑板墙上教师们展示的粉笔字有了很大的提高。走进校园的每一个角落，老师们指导、练习粉笔字的画面随处可见。

要写好粉笔字，除了坚持练习外，还需要有名师的引领和指导。每天学校的专职书法教师张小虎老师都会结合自身的书写经验，在黑板墙旁边进行示范，指导老师们书写粉笔字。张老师的书法，汇聚"笔法、字法、章法、墨法、教法"于一体，集合"长度、角度、力度、速度、弧度"于一身，他用练好一个字带动所有字的方法，力求让老师们的粉笔字形神兼备。

我们把每周一、二定为全校粉笔字考核时间，开展了全员培训、人人练兵的粉笔字基本功训练，并明确规定把粉笔字作为年度考核的一项基本内容。何以如此严苛呢？小学生具有可塑性强、善于模仿的特点，老师是可信赖的人，教师在他们心中是至高无上的，课堂的板书、作业批改中的批语，都对学生产生潜移默化的影响。教师的字就是学生的字帖，不管你让不让他们模仿，都在有意无意地影响着他们。教师的一言一行、一笔一画，都给孩子起着导航的作用。所以教师不但要有牢固的专业知识，还应练好一手规范漂亮的楷书字，并掌握一定的书法理论知识，提高自身的写字修养，给学生一个良好的启蒙，使之终身受益。

书法乃无声之音、无形之相。学术经论，皆由心起，其心不正，所动悉邪。柳公权曰："心正则笔正。故书也者，心学也；写字者，写志也。"为了能让老师更好地展示自己的粉笔字、提供展示和交流的窗口，学校特地在学校雏鹰楼一侧的墙面上做黑板墙，结合学校的校园"正"文化，我们的黑板墙的标语为"一笔一画展风采，一撇一捺做正人"，意为用笔展示风采，书写大爱人生，用行动诠释学做真人、正人！人貌有好丑，而君子小人之态，不可掩也，言有辩讷，而君子小人之气，不可欺也。书有工拙，而君子小人之心，不可乱也。向来立品之人，笔墨外自有一种正大光明之概。

孔子说：“欲速则不达。”英国的培根也说过类似的话：“急求速成是必须谨慎的，犹如狼吞虎咽会令人消化不良。”幻想短期就可以写好字，这是不切实际的。应该做到定时定量，有计划有步骤地学习粉笔字。定时，就是每天安排好训练时间；定量，就是安排好每天的训练内容。只有坚持训练，才能在一次一次的否定中，写好粉笔字。

书法乃一技耳，然立品是第一关头。品高者，一点一画，自有清刚雅正之气；品下者，虽激昂顿挫，俨然可观，而纵横刚愎，未免流露楮外。正所谓凡人各殊气血，异筋骨。心有疏密，手有巧拙，书之好丑，在于心手。张老师用他广博的学识、精湛的语言、精美的示范让老师们在笔画之间体会中华传统文化的魅力，感悟做“真人”“正人”的真谛，同时，也让老师们初步掌握了粉笔字书写的基本技能，增强了老师们写好粉笔字的信心和动力。

粉笔字作为一门艺术技艺，不是一朝一夕练就的，需要花费大量的精力和心血。老师们通过每天反复练习，不仅陶冶了情操、增强了耐性，还学会了虚己待人的处事态度。黑板墙已经成为我校展示教师风采的窗口，经过一段时间的常态化训练，老师们的字迹清晰，有的如行云流水，收放有度，从容淡定；有的刚劲有力，铁画银钩，蓄势待发；有的长短适宜，横竖平正，体现严谨与细致……

《晋书·卫恒传》中描写写字的美丽：“或引笔奋力，若鸿鹄高飞，邈邈翩翩；或纵肆婀娜，若流苏悬羽，靡靡绵绵。是故远而望之，若翔风厉水，清波漪涟；就而察之，有若自然。”我们的老师的书法虽然没有如此之美妙，但是在书写过程中，她们凭借自己平时扎实的基本功，一笔一画地演绎出了粉笔字的魅力。

练字其实是静心的过程，眉头无一事，笔下有千年。人之初，易于浮躁。彼岸灯火，心之所向；渔舟晚唱，烟雨彷徨。落草而长渐入世俗，于滚滚不息尘土飞扬的人流中，老师作为凡世俗人，很难驻足稍做停顿，更难脱浊流而出，独居一隅，凝思冥想。

《黄帝内经》说："静则神藏，躁则消亡"。书法之动是专一不杂、养神之动，能让人的心静下来，让人通过学习书法凝神静虑，少躁动；能使人拥有"别人怀宝剑，我有笔如刀"的淡定自豪与从容。有的字形正倚交错，大大小小，开开合合，线条粗细变化明显，跌宕有致。方寸之字里有儒家的坚毅，果敢和进取；也可以蕴涵老庄的虚淡，散远和沉静闲适，还往往有一种不求丰富变化，在运笔中省去尘世浮华以求空远真味的意味；还可以有一笔而下、观之若脱缰骏马腾空而来绝尘而去；更可以蛟龙飞天流转腾挪，来自空无，又归于虚旷，那近乎癫狂的原始的生命力的冲动中包孕了天地乾坤的灵气……挥毫落笔如云烟，心静，就如清风出袖明月入怀，不仅字美了，人更美了。

为了增强我校教师写好粉笔字的意识，引导教师苦练教学基本功，不断提升教师综合素养，我校还举行了全体教师的粉笔字大赛。比赛的评委是谁呢？我们选择聆听孩子的声音，于是每班选出了一名学生代表，共30名小同学，担任了本次教师粉笔字大赛的评委。一幅幅作品展现在学生眼前，有的刚劲有力、有的潇洒飘逸、有的大方得体、有的秀气隽美……各位参赛教师纷纷拿出看家本领，一笔一画透出了认真的态度。小评委们每人拿着一朵小花，将它投进自己认为写得最好的作品前边的小框里。别看孩子小，或许不能专业地评价，但是通过活动培养他们的主人翁精神和热爱写字的兴趣，我想利肯定大于弊。

疾风吹劲草，烈火炼真金；不经寒霜苦，安能香袭人。锋自磨砺出，玉乃雕琢成；人而不苦练，焉能艺精深。通过粉笔字大练兵活动，教师们进一步明确了自己粉笔板书的优势以及存在的不足，纷纷表示将继续加强自身基本功的学习和训练，争取写一手更美观、更规范的粉笔字。黑板墙粉笔字大练兵活动为老师夯实自身教学基本功搭建了平台，也为我校教师之间提供了一个相互学习、共同成长的机会，对教学质量的进一步提升起到积极的促进作用。

人都喜欢水静莲香，惠风和畅，可是云遮薄月清露如霜也让人陶醉。天地玄黄，风月琳琅是美的；月斜江上，云淡天长也是美的。宋代曾巩在《墨池记》中写道："羲之尝慕张芝，临池学书，池水尽黑。"其实各美其美，美美不同。不必羡慕谁，不必向往某一种单一特定的境界。一个个粉笔字是风景线，一块块小黑板是风景线，挂满小黑板的那一面墙，更是道美丽的风景线！

“春日迟迟，卉木萋萋。仓庚喈喈，采蘩祁祁。”《诗经》说得对，春天来得很慢，让人很是期待。来了之后，花草都长得很快，生机勃勃，草长莺歌，各种农作物，都会长得很好。老师们静心苦练，我们东关实小就会再向下扎根，蓬勃生长……

24 举办英语节

最美东关四月天，雅正英语节日至。为了营造浓厚的校园英语学习氛围，分享英语教学成果，展示学生的英语才能，学校决定于 2020 年 4 月 20 日至 24 日开展为期一周的“学正东关——校园英语节”系列活动。本届英语节主题是：“Happy English，Happy Life！快乐英语，快乐生活！”口号是：“I believe I can do！我相信我能做到！”我们举办英语节的初衷是让学生在轻松愉快的活动中感受英语、应用英语、体验英语学习的快乐，并希望通过这次活动让处于疫情下的东关学子在浓郁的节日氛围中向阳而生。

英语是一门优美的语言，在英语的世界里，从来不缺乏引领时代的人物、婉转动人的故事、隽永深刻的哲思。学好英语这门语言，不仅能让人在中高考的考场上自信满满，而且能给人未来的人生带来更多的契机。在学习语言的过程中，我们能感受文化的异同，培养开阔的思维，更好地理解这个世界。语言是文化的反映，是文化的载体，有着丰富的文化内涵。同学们不仅要掌握英语知识，更要了解外国的历史、风俗、民情，潜移默化地培养跨文化的交流能力。

过去，每年一次的校园英语节都会在孩子们的期盼中如约而至，可是今年由于受疫情影响，学校不能按时开学，导致很多活动都不能正常开展，英语节活动也一再延期。在学生陆续返校之后，英语组老师们就召开会议，从英语节预告、活动时间安排、班级节日氛围布置、活动地点、活动内容等多方面精心策划安排。老师们从细节入手，力求尽善尽美，让学生们过好开学后的第一个节日。

在英语节活动安排上，我们英语组老师真是煞费苦心，既要考虑到孩子们的英语知识掌握情况，又要考虑到孩子们的兴趣爱好，让孩子们在英语节中学到知识、提升能力的同时，还要玩得开心。

有些同学喜欢听英文歌，却鲜少会关注其实许多歌词有着诗歌一样的韵律和节奏，散发着诗歌美。有些同学喜欢看英剧美剧，却忽视了其中日常交际口语的惯用措辞，透露着情感美。在字里行间，英语语音的爆破、连读，意群的停顿，音调的升降，都值得我们细细品味。即便是对我们的教材，通过日常的听力和朗读，其文章的语感脉络、作者的情感意趣、语言的节奏韵律，也会自然而然地浸润到我们的内心深处，大家会在不知不觉中提高对语言的感受能力。

在活动策划期间，我们特地为孩子们准备了一份调查问卷，在充分征求孩子们的意见后，才把活动内容确定下来，让孩子们切实地感受到：我的节日我做主！

我们根据孩子们的意愿，确定了三年级同学参加“英语小歌手比赛”；四年级的同学们参加“英语朗诵比赛”；五年级的孩子们参加“英语讲故事比赛”；六年级学生参加“英语手抄报比赛”；三至六年级的同学全部参加“英语书写比赛”和“英语歌曲合唱比赛”。

4 月 13 日，我们通过学校公众号发布了校园英语节预告，并通过班级微信群让学生们知道英语节的活动安排和疫情时期活动的注意事项。英语节预告一经发出，全校师生就进入紧张而有序的准备之中。有的孩子自发从家里带来彩带和气球装扮教室；有的孩子把自己精心制作的英语卡片、手抄报贴在教室内外；有的孩子自己带着伴奏到教室和同学们一起学唱英语歌曲……三年级英语组的老师们自发从网上团购英语节装饰材料，主动为孩子们进行英语歌曲辅导，力求让每个孩子把每个音符都学唱到位；四年级英语组的老师们为了帮助孩子们选朗诵素材，上完课后经常加班，并抽出时间对孩子们一一进行辅导，就是为了让他们在朗诵比赛中能崭露头角；五年级组英语老师从班级预选开始，就为孩子们精心打磨故事，精彩故事的背后凝聚着老师们辛勤的汗水；六年级组的英语老师为了能让孩子们的手抄报更富有创意，群策群力从网上搜集大量素材供孩子们参考，一张张精美的英文手抄报的背后，是老师们的教者仁心和对孩子们无私的爱。这一幕幕，我们全校师生看在眼里，记在心里。东关实小因为你们，才变得如此美丽！

由于受疫情影响，我们的英语节开幕式于 4 月 20 日在室内举行。钱司司老师和周子涵同学用中英文同步主持，陈楚琪同学作为学生代表发言。

希望这次英语节活动能让每位同学都真正爱上英语，享受英语！我校周丽民副校长为我们学校的英语节做开幕致辞：亲爱的同学们，伴随着明媚的春光，怀着重返校园的喜悦，东关实验小学第五届校园英语节在你们的期盼声中如约而至。常言道："一年之计在于春"。春天是千帆竞发、百舸争流的好时节，让我们共同播下希望和梦想的种子，一起在美好的春日里展示自我，秀出风采。让我们用最悦耳的歌声、最动听的故事、最精彩的书写、最振奋人心的朗诵来一场与英语的约会！同学们，你们准备好了吗？此时，在教室内观看英语节开幕式的孩子们大声地喊出："我们准备好了！"孩子们发自内心的坚定而有力的回答在东关实小的校园内久久回荡。

功夫不负有心人，我们收获满满！三年级的孩子们用他们最美妙的歌声，在温暖的春天里释放激情，欢度属于自己的节日！四年级的孩子们用他们标准的语音和优美的语调把自己对文章的理解、对美的体验和真实的情感都融入朗诵中去！五年级的孩子们用生动形象的语言、丰富的面部表情，绘声绘色地演绎着精彩的英语小故事！六年级的同学们用制作手抄报的方式向在抗疫一线战斗中的白衣天使们表达自己对他们的深深敬意，对在防疫战斗中默默奉献的各行各业的工作者们表示致敬和感恩！三至六年级的同学们还参加了"英语书写比赛"，他们工整、漂亮的书写让人赏心悦目。他们还参加了"英语歌曲合唱比赛"，一起感受英语歌曲的魅力。这样的比赛，极大增强了孩子们的集体荣誉感和自豪感！

多彩的英语节活动不仅一次又一次点燃了孩子们的激情，还丰富了孩子们的校园生活，更为他们提供了一个锻炼自我、展示自我、张扬个性的舞台，体现了英语学习"从课堂中来，到生活中去""活学活用，学以致用"的良好效果。

英语是当今世界上主要的国际通用语之一，也是世界上使用最广泛的语言。据 1986 年的统计，世界上以英语为母语的人口近 4 亿，差不多每十个人中就有一个人讲英语。英国、美国、加拿大、澳大利亚、新西兰等国家的人都讲英语。世界上约有 20 个国家把英语作为官方语言或第二语言使用。

英语新课程标准提出要使语言学习的过程成为学生形成积极的情感态度的过程，激发和培养学生学习英语的兴趣，使学生树立自信心。通过设计新颖有趣的活动，以活动为载体，激发学生的积极学习情感，符合小学生的认识规律和情感规律特点。英语节这些活动的设计紧扣相应的教学内容，符合英语教学本身的特点，使认知活动和情感体验同步协调进行，达成了孩子们渴望通过个性化的方式展示自己从而获得别人认可的愿望，所以孩子们很乐意参与这些活动，学习的积极性也随之提高了。

在英语节的各种竞赛活动中，每个孩子都会有其不同的感想和收获。为此，我们要求他们在认真参与的同时，多观察，多思考，活动结束后，把自己的感想和收获通过各种形式记录下来，并把学习心得配上图片，以照片的形式展示在班级的橱窗里。这样，学生参加这些活动的积极性就更高了。

学生对学习的自信心不仅来自内心，还来自外部的评价。学生自信心的提高是一个持续的过程，所以英语节活动中我们设立的评奖制度也是有层次的。只要学生有一点一滴的发展和进步，都可以得到奖状。奖状有集体的，有个人的，在此基础上进一步贴出英语榜，增强学生学习英语的动力。每个学生得到奖状时，喜悦之情总是溢于言表。他们精心收藏每一张奖状，感觉自身的价值在每张奖状上都得到了不断地体现。

还记得电影《金陵十三钗》中主人公玉墨的扮演者倪妮吗？在著名时尚杂志《I MAGAZINE》评选的“2018 亚洲最时尚面孔”中，倪妮获得了亚洲女性榜的第一。当年因玉墨大火，媒体给了她极高的评价，倪妮在名利面前却表现得相当清醒，表示自己只是新人，当下最想做的是学好英文，好好学习表演，沉淀、充实自己。如今，凭着过硬的表演实力和外语水平，加上独特的气质和一张“高级脸”，倪妮在国际时尚界越走越远，越走越顺。

英语的美，需要我们投入感情，用心感悟。正所谓知之者不如好之者，好之者不如乐之者。希望同学们都能爱上英语，在习得中真正感受它的魅力。

英语节是同学们展示才华的节日，也是同学们收获喜悦的节日，同样也是师生共同成长的节日。颁奖仪式上，看着同学们脸上意犹未尽的笑容，想着孩子们满满的收获……我想作为老师，一切辛苦在此时都得到了回报！在孩子们心里种下的这颗热爱英语、学习英语、享受英语的种子一定会茁壮地长成参天大树！

第四章 校园视点

25 敬老更是爱校

刚刚走进东关校门，“东关是老学校，人员复杂，矛盾众多，不易啊！”类似的许多声音仍在我的耳边回响。的确，万物相寻绎，人生岂不劳？从古皆有没，念之心中焦，我也常常为学校如何能更好更快发展而生出时不我待的急迫之感。

“校长，下周就是重阳节，要不要为离退休的老同志办个茶话会，慰问一下？”办公室郁主任的一句话点醒还在思考中的我。是啊，夕阳无限好，人间重晚晴。退休老前辈就像曾经盛开的花朵，如今已经在风中凋零，曾经茂盛的参天大树也已经叶落将尽。许多人眼里老人已经不再重要，完全没有了人生的价值，甚至成了负担，可是我却觉得一个老前辈就是一个博物馆，是我们学校发展的宝贵财富，听听他们的心声，让他们发挥余热，为曾经奋斗过的东关小学献计献策，岂不是一件好事！“必须搞，而且不能流于形式。”我斩钉截铁地给了肯定的回答。我想用行动告诉老教师们——东关人不会忘记他们的付出，心里永远关心着他们，牵挂着他们！

我知道很多老教师退休后，都去享受天伦之乐了，可能已经不居住在沭阳。为了能邀请到更多的老教师来参加活动，我和校办主任亲自一一打电话给老教师们。有的老教师号码换了，我们就联系他们的儿女，接到电话后，他们都很激动和开心。在外地的老教师姜宇感动地说：“江校长，你亲自邀请我，我十分感激，虽然我在外地不能参加学校为我们举办的聚会，但是我还是非常开心。学校如果还需要我，我会继续发挥余热，为学校尽我的微薄之力的。毕竟那是我工作和奋斗过的地方，我对学校的深厚感情无以言表。”

句句话，让我感受到他们的热情经久不衰，他们曾经的辛劳和疲倦成为过眼云烟，他们还是像母亲一般爱护那些别人家的小孩，他们的话语成为最隽永的旋律深入我心中，鞭策我每时每日为东关实小而战斗！

流光容易把人抛，红了樱桃，绿了芭蕉。时光用老前辈们的青春和汗水铸就了东关实小的灿烂与辉煌，使东关实小一载载流光溢彩，一季季桃李芬芳。他们曾是旭日，喷薄出万道霞光，燃烧着生命的火焰。他们的今天就是我们的明天，不远的明天，我们又即将成为他们……教育者们也同大自然一样生生不息周而复始，一切神奇又令人敬畏，因此我虔诚地期待着与他们的座谈。

为了办好这次茶话会，我们做了充分的准备，包括打电话邀请、发请柬、精心布置会场、努力营造温馨氛围……一系列工作都不敢有一丝的懈怠，我们要让老教师们感受到学校的关爱，有回家的感觉。终于，10 月 7 日上午，我们邀请到 20 多名退休教师欢聚一堂，在学校会议室召开茶话会，共庆重阳佳节。

我想，举办活动不仅要让退休教师们深切感受到学校的关心，也要让学校的领导深入了解退休教师的思想、生活和身体状况，形成敬老、爱老、为老、助老的良好氛围，让更多的退休教师感受到东关大家庭的温暖和幸福。我不希望他们像站在深秋的树，满是迷茫和凄凉。虽然他们已经退休了，但是我们心里一直还牵挂着他们！

我向老教师详细介绍了学校近年来在校园建设和教育教学等方面取得的可喜成绩，感谢他们对学校发展的关注和付出。学校成绩的取得离不开老师们的辛勤付出，学校将一如既往地实施人才强校战略，关爱教师成长，让每一位老师都能舒心从教、安心从教、热心从教，让每一位东关实小人都拥有更加强烈的获得感、归属感和幸福感。我们学校的口号是“让敬业者受尊重、绩优者获褒奖、积极者有舞台、默默者被关注、老实人不吃亏、奉献者不流泪”。学期结束的时候，我们要大力表彰优秀教职工，以此来激励更多的教师努力工作！

老教师们纷纷表示："这个口号的提出，特别是老师们的辛勤付出都能得到学校的关注和认同，能极大调动年轻老师们的工作积极性。学校的发展离不开老师，好学校需要好教师。"

老前辈们句句箴言，我深以为然。当年轻教师看到前辈们的教学工作有如此重大的意义，看到前辈们如此不可替代和如此被尊敬，职业自豪感和自尊心一定会油然而生，这不比物质的激励更能长久驱动教师的原动力吗？职业自豪感不是天生的，只有对教师职业认同和憧憬，才会产生这种自豪感。

然而自豪感会有多长久呢？好教师有很多很多，但是岁月的磨砺，世事的沧桑，人生的变迁，会使人在不知不觉间遗失了这种自豪感、忘记了那神圣的光圈，也会让人在不经意间有些懈怠。

智利的米斯特拉尔在《一个女教师的祈祷》里说："给我朴质，给我深度；让我每天教学时避免平淡烦琐，让我每天昂起头来到学校，把心灵的创伤忘掉。让我工作时抛开个人物质的追求和庸俗的苦恼，让我的心意和善良的愿望使它比富有的学校更为富丽堂皇。"

虽然国别不同，时代不同，但是教育者对教育的灵魂诉求是相同的。很多人怀着对教师职业的向往和憧憬投身教育事业，却在一年年的消磨中把这种自豪感遗失，也就是所谓的职业倦怠，这种倦怠很大程度上是对教师称号的亵渎。永远保持平和而谦逊的心理状态，遵循教学规律，有深厚的教师底气和高度的责任感事业心，是多么艰难啊！

老教师们说得很有道理，学校的发展太需要一大批优秀教师参与，太需要对老师们工作的认同，太需要对老师们辛勤付出的肯定……作为校长，我深知这些都是学校发展的内在力量。

追求幸福是每个教师的本能和终极目标。幸福是什么呢？在我看来，教师的幸福感与教育的价值感紧密相连。人的价值主要体现为：一、因"做事"带来的成就感；二、因"做人"带来的归属感。它们就好比"人"字的一撇一捺，共同撑起一个充满幸福感的、大写的"人"。获得成就感和归属感，做最好的自己，是每一个人包括教师生命价值的集中体现。

今日老前辈们归来了，东关实小就是他们永远的娘家，是他们永远的精神归属。一个教师如果没有职业归属感，就看不到工作的幸福和人生的伟大、集体的温暖，就只能在沮丧的心境中教书育人，怎么可能成为一束光照进学生的生命去温暖学生呢？

介绍学校情况之后，我又和他们聊一聊退休之后的生活。他们丰富多彩的晚年生活让我感受到晚年的人生一样能过得精彩，心态好，一切都好！这时我的手机突然响了，原来是身在外地的一位老教师打来的，他通过手机微信视频传达了他对学校的祝福和建议。他怀着无比激动的心情说道："我身在外地不能亲自参加活动，但我十分感谢学校长期以来对我们老教师无微不至的关怀，祝愿我们的学校在以江校长为首的领导班子领导之下越办越好。我们学校的京剧在全国都非常出名，艺术教育丰盈师生的人生底蕴。我想我们学校的文化底蕴还需要被进一步挖掘一下，让文化气息更浓一些，对师生的熏陶和影响会更大。"

这位老教师的提议太好了——加强师生文化熏陶和文化影响！校长是直接作用于教师队伍而不是学生，也就是说，校长的主要职责是通过作用于教师的成长，从而作用于学生的发展；然而直接作用于学生的是教师，而非校长。做一个普通教师，只需要做好自己，可是做校长，就要成就别人，成就老师、成就学生，这也是我到东关来当校长想要做的第一件事。这一切必须有文化引领，所以我们学校的"正"文化正在酝酿之中。

老教师项志也感叹地说道："现在新时代与过去的环境大不一样了，希望学校顺势而为，借势而进，造势而起，乘势而上，齐心协力，共同奋斗，全力推进学校的大发展。教师一定要有独立的人格、独立的思想。一个经过独立思考而坚持错误观点的人比一个不假思索而接受正确观点的人更值得被肯定。不要让教师成为灌输式教育的牺牲品和刽子手。"

老教师裴树霞也按捺不住激动的心情，说："时代在变，定位在变，管理要求也随之改变。现在学校方方面面的管理越来越规范，发展成效越来越显著，发展步伐越迈越大步。学校全体教职员工必须发扬'咬定青山不放松，不达目的不罢休'的精神，才能实现我们学校的育人目标。"

"我们相信学校会办得更好。学校的尊老敬老工作将进一步得到认真贯彻落实，我们退休老教师也将真正老有所依，老有所为，真正能发挥余热，退休不褪色！"退休老教师孙其玉欣然地说。

这些老教师的真实感想、真诚祝福，无不饱含对学校深深的关爱和希望，他们始终坚守初心，保持一名教师的执着追求，为学校的建设发展灌注了毕生心血。古枫吐艳，晚菊傲霜，正是许许多多退休教师曾经的辛勤奉献，奠定了东关实小蓬勃发展的雄厚基础。

时间过得真快，我们意犹未尽。重阳相聚茶话会结束后，我们合影留念，目送老教师。他们依依不舍地离开了曾经奋斗过、洒满青春汗水的学校。我们彼此许诺，下一个重阳节再聚东关！

26 满月了

2019 年 10 月 1 日，国庆假期间，我接到好友的电话："今天请你出来喝茶，恭喜你满月了。""满月了？"我恍然大悟，原来我到东关实验小学学做校长已经整整一个月了。接完电话，回忆来学校报到的第一天，我对这个既陌生又熟悉的学校真的有点不适应，甚至感到有点焦虑。但和老师们相处了一个月后，我心里的那份焦虑和不适应开始慢慢淡去，东关这个有温度的大家庭留给我更多的是藏于心间的那份愉悦和流露于外在的自信。

很多人听过这样一个故事：有一位十六岁的少年去拜访一位年长的智者。他问："我如何才能变成一个自己快乐、也能够给别人快乐的人呢?"智者笑着望着他说："孩子，在你这个年龄有这样的愿望，已经很难得了。我送给你四句话：第一句话，把自己当成别人。第二句话，把别人当成自己。第三句话，把别人当成别人。第四句话，把自己当成自己。"少年说："这四句话之间有许多自相矛盾之处，我用什么才能把它们统一起来呢?"智者说："很简单，用一生的时间和经历。"后来少年变成了壮年人，又变成了老人。在他去世后人们称他也是一位智者，因为他是一个快乐的人，而且也给每一个见到他的人带来了快乐。智者简短的四句话，要我们用一生的时间和经历来完成。我们虽然不能称自己为智者，但是在生活中，我们要用所有的时间和经历来学着使自己变成一个优秀的人，一个善于从别人的角度出发去思考问题的人，一个能给自己和别人同样带来快乐的人。

把自己当成别人，就需要我们站在公平、公正的角度来审视自身。把别人当成自己，就是要求我们学会换位思考。把别人当成别人，强调的是一种尊重。把自己当成自己，强调的是一种"自我"，一种自信。从到东关工作的第一天起，我就把"不求在师生的中心，只求在师生的心中"作为我的座右铭。我会永远做与师生最亲近的人，做让学校气氛保持沸腾的人，做把学校带向未来的人。

一、学会感谢，把自己当成别人

无论是在生活还是在管理中，我们都经常犯一个公认的“通病”，就是只看见别人的不好，却看不见自己的不足。有这样一个典故：孔子的一位学生在煮粥时，发现有肮脏的东西掉进锅里去了。他连忙用汤匙把它捞起来，正想把它倒掉时，忽然想到，一粥一饭都来之不易啊，于是便把它吃了。刚巧孔子走进厨房，以为他在偷食，便教训了那位负责煮食的同学。经过解释，大家才恍然大悟。孔子感慨万分地说：“我亲眼看见的事情也不确实，何况是道听途说呢?”大圣人孔子都会犯这样的错误，更何况我们凡夫俗子?

作为校长，要把自己当成别人。有人说学校就是一个小社会，其实学校更是一个大家庭，我自己也只是这个大家庭中的一名成员。在工作中有时难免会遇到很多的问题，这时就需要调整心态，站在老师的角度换位思考，这样才能真正解决问题，让老师们感受到学校如大家庭一般的温暖……在与老师们一个月的相处时间里，我感受最深的是老师们像老黄牛一样的任劳任怨，他们把学校的事情当作比自家的事情还重要的事。他们不会因私事请一天假，有的老师即使生病了，依然坚持上班，把全身心都投入工作中。老师们的敬业、责任和担当深深地感动着我。老师们数十年如一日，在平凡的工作岗位上默默耕耘着，她们对工作的热爱、奉献、拼搏，把平凡变为不平凡，普通变为不普通，学校的一切也因为她们变得更加美好。

二、学习欣赏，把别人当成自己

古语云：“欲将取之，必先予之。”“汝爱人，人恒爱之。”只有互相欣赏，社会才会和谐发展。那何为欣赏？我认为是：把自己当成老师，努力寻找老师身上的长处、优点，包容其不足，用宽容的心对待每一位老师。这样学校才和谐，才能激发老师工作的热情和动力。

作为校长，要把别人当成自己。家长和老师之间的矛盾在学校已司空见惯，经常会成为老师挨领导批评的导火索。特别是开学初，一年级新生刚入学，孩子对学校周边的环境还不是很熟悉。虽然找不到家长的孩子被老师看护在传达室，但这些孩子的家长在校门口就会大发雷霆，把所有的怨气都撒在老师头上，有的家长甚至直接跑到校长室去理论。我深知学校是按时有序放学的，出现这些问题的原因是很多家长自己来得迟，或者没有在规定的区域接孩子。所以我一边安抚家长，一边想着要召集一年级老师开会。在教师会上，我没有批评任何一位老师。一年级是全校最低年级，都是刚入学的孩子，他们还不适应小学的生活。对孩子行为习惯的培养，每天都要进行反复地强调，有不少老师因此嗓子沙哑都说不出话来。

为了保证每个孩子的课间安全，老师们下课后都不回办公室，时时刻刻和孩子们待在一起，一是可以和孩子交流感情，另一个就是可以随时随地进行安全教育。放学后也不能歇着，开学初都是老师自己打扫教室卫生，当所有的一切都做完后，一些老师累得连说话的力气都没有。很多老师回家吃完饭后倒头就睡，为的就是第二天仍然能有饱满的精神、积极的状态去面对每个可爱的孩子、每张可爱的笑脸。在充分肯定老师们的辛勤付出后，我也对如何促进家校沟通提出了自己的想法和建议。把自己当成老师，把自己当成家长，在东关的每一天，我时刻用这句话来告诫自己。

三、学会公正，把别人当成别人

我们常提到的“西游团队”，每个成员都有其独特的“个性”而且有着不可替代的一面。也正是因为其独特的、不可替代的个性，使得这个优秀的团队最终完成了“西天取经”的任务。作为教师，我们可以把“西游团队”中每个成员都有的独特“个性”理解为教师的特长。

作为校长，把别人当成别人。在和老师们聊天的时候，我经常会说，如果你的课上得好，你就在上课方面下功夫；如果你的文章写得好，你就在写作方面努力；如果你擅长教学研究，你就争取在教学研究上出点成绩，把自己拿得出手的那一样做到极致才算特长。如果你的课讲得好，你的理论水平差一些又怎样？因为课讲得好就是你的特长。再退一步说，你可以不优秀，可以不是名师，但你不能没有特长、没有个性。苏霍姆林斯基说：“一个无任何个性特色的教师，他培养的学生也不会有任何特色。”

在课堂上，用你的特长去感染学生，把特长传递给学生。你的特长或许会成为学生们竞相模仿的“范式”，或许会成为学生的“一生专长”，在孩子一生的可持续发展中发挥的作用远比那些暂时看来令人欣喜的考试成绩更重要。学校的发展需要有特长的老师去致力培养出有特色的学生，优秀的教师队伍需要最终完成“教书育人”的任务。

四、学会引领，把自己当成自己

俗话说：“一位好校长就是一所好学校。”如果把一所学校比喻为一艘在教育海洋中航行的大船，那么校长不仅是船长，还是船头瞭望者，要引领学校在竞争激烈的教育洪流中勇立潮头。

作为校长，把自己当成自己，强调的是一种“自我”，一种自信。一个校长不但是行政上的领导，还是教师业务上的领导。作为校长要搭建平台，引导教师撰写教学反思、教育随笔、教学论文，把教学实践中的得失成败上升到理论高度。没有特殊事务时，我经常深入一线参加组内听课、教研活动、随堂听课，走进课堂，与教师和学生面对面交流，甘当老师的学生，从外行变内行，真正成为业务上的领导。作为校长，还要调动教师的工作积极性，关爱教师成长，让每一位老师都能舒心从教、安心从教、热心从教，让每一位东关实小人都拥有更加强烈的获得感、归属感和幸福感。作为校长，我要求自己在工作中做到：凡是要求教职工做到的，自己必须做到。我时刻警醒自己：要把学生当成自己的孩子教，要把学生当成自己的孩子管。学生的小事也是大事，学校的大事就是学生的事。

短短一个月的时间里，这所充满正能量的学校，带给我诸多感受：老师们爱岗敬业、无私奉献；学生们勤思好学、和善友爱；校园内充满浓浓的书香。此时此刻，回想起这些，作为校长的我，内心依然心潮澎湃，充满幸福和感动。让我们上下一心，扎实工作，集全员之智，举全校之力，以实际行动创建“规范+特色”学校，打造“合格+特色”教师，培养“合格+特长”学生，努力开创东关实小发展的新篇章。

27 装修阅览室

“校长要有学者味，教师要有书卷气，校园要有读书风”，这是学校现行的时尚。东关实验小学地处老城区，有着学校小、学生多、办学条件差、教师素质有待提高等诸多困难，应该怎样提高教师素质、促进学校良性发展？担任学校校长伊始，我就下定决心抓教师读书。读书可以使人提升思想境界，提高认识真善美的能力，从而使人更用心地品味生活，从更广阔的世界中捕获到益于心智的知识与信息。我对教师开诚布公地表示，只要我在这所学校当一天校长，读书就是这所学校里最大的事。

读书与不读书会让教师呈现出两种截然不同的师者形象，也会“于无声处”影响学生的生命样态。很多教师在教育教学中，教的是教科书，看的是教参书，改的是教辅题，没有走进高层次的阅读之境，到头来，就只能是一个教书匠。

那么我们读什么呢？

有的人爱读中国古书，《庄子》《老子》《论语》《中庸》《孟子》。有的人爱读西方经典，读一些 19 世纪时人文主义色彩很强的作品如《战争与和平》，接着又经历新的社会革命，他们在这里面历练了很多。他们身上就形成了一种成熟，是后代的知识分子无法超越的。如果我们老师有办法把文化的根本弄好，后面很多东西就很顺利，但我们现在的做法却是相反，追求细枝末节的东西，反而把“本”失掉了。

随着时代发展，人们把对人的关怀转化成对教育的理想和热情。任何知识都要回归到人的本分，知识回不到人的本分，就一定会出问题。我想，知识属于人，无论你学到什么新的知识，都能结合在一起，就不会有断裂的感觉。阅读可以帮助人成长，使人在一个很容易变得保守跟僵化的年龄，还有机会继续成长，这是一件值得开心的事。

还可以读什么呢？

可以读小说。小说来源于生活而高于生活。巴尔扎克的《高老头》的主人公是一个冥顽不灵而吝啬的人，如果我们在生活中遇到这样的人，根本不会喜欢他。可是当小说作品中呈现出这个形象，我们了解了这个老人对物质吝啬的原因，就会瞬间感动而理解他。

文学有助于建立对生命诚恳而包容的态度。我希望老师们把读小说的态度转移到生活当中，没有任何一个生命是应该被轻视的。如果你住的小区单元里面也有一个小气的老头，让你非常讨厌，在看过《高老头》这本小说后，你可能就会改变你的态度，你不会只是恨他，而可能是观察他，了解他的背景，了解他是怎样长大的，为什么他对物质会有这样的态度，这时候我们就开始有了一个“文学式的宽容”。也许在现实生活里我们还是不一定会接纳他，但阅读至少可以让我们去转换观察的角度。

试想，如果有一天我们能多角度去观察所有孩子，我们的教育该有多摇曳而丰盈，我们的课堂该有多妩媚而多情？没有阅读，我们总是站在自己的角度，用喜欢或不喜欢去判断一个人。有了广泛的阅读之后，我们升华了，会从别人的角度去重新思量。

加缪《异乡人》的主人公，恶贯满盈、劣迹斑斑、一无是处，可是在其被判死刑、走上刑场的一刹那，抬头看见天际慢慢隐退的星空时，那一段的描写美得不可方物，暗示了一个十恶不赦的生命都被宇宙宽容了。“厚德载物”这个词说的就是天地之心仁厚，天无所不覆，地无所不载。我们没有办法决定任何一个生命是不是应该存在，也没有权利让他消失。可以想见，我们老师学习这样的情怀，抱着这样的理解和尊重，去对待一个经常犯错误甚至总是犯错误的孩子，我们可以有多么大的耐心？

开始阅读的时候，有的教师也许会说工作太忙，无暇读书，或者认为阅读古代经典太难，没有兴趣。可是，当坚持阅读相当一段时间后，就会形成习惯，如同吃饭睡觉一样自然。给作者一个机会，不要过早地说“我看不懂”，要坚持读完。有时也许是你对你要读的那本书还没有做好充分准备。我啃柏拉图的《理想国》一共啃了五遍才看懂。如果你认真看了但确实看不懂，你就把它放到一边，搁一天或一年，先去读另一本书。要大段大段地读，要大口大口地啃，你读的句子越长，你就越能进入书的节奏和感情，从中得到的乐趣也就越大。要阅读有关作者生平的书。你对作家的个人经历知道得越详细，你就越明白他为什么写他所写的作品。你就会开始明白隐藏在作家作品中的自传性的花絮。一个作家不可能不暴露自己。我们关于莎士比亚的大部分猜测都来自从他的剧作中找出的线索。也不要被众多的人物所左右。陀思妥耶夫斯基在他的《卡尔马卓夫兄弟》一书中抛出了22个又长又复杂的名字，使人脑袋发胀。这时，不要急着往前翻，坚持看下去，渐渐地，这些人物就会变得清晰；你会觉得和他们在一起，就像和你的老朋友在一起一样，你记得你的许多朋友，在结识前你们也是陌生人，是不是?

读书是教师生命成长的必需。教师应是文化人，要想真正地拥有文化，读书是必经之路。苏霍姆林斯基曾指出："读书，读书，再读书，教师的教育素养正是取决于此。要把读书当作第一精神需要，当作饥饿者的食物。"读书与教师成长之间有着一种天然的联系，教师读书具有其专业价值。托尔斯泰说："书是智慧的钥匙。"要想生成教师的专业智慧，就需要教师手捧书卷，沉浸其中，与各种思想进行智慧的对话。

行动的开始往往都是艰难的。学校食堂底下有两间图书室，图书室里的图书都是十几年前的旧书，跟不上时代的发展，满足不了教师的阅读需求。丰富图书室的书籍，为教师提供海量的阅读资源，这些问题都好解决。但是，我们面临的另一个问题是，如何在学校为教师创造一个安静和谐的阅读环境。为此，我们专门腾出一间图书室，装修后，买来了大量图书，并改造成教师电子阅览室，一盆绿萝，一盒水果，一杯咖啡，一本杂志……为教师们营造和谐的阅读氛围。阅览室绿意盎然，果香甜甜，茶香浓浓，书香淡淡……阅览室虽小，却是我们东关人阅读的精神家园！阅览室自开放以来，成了老师们最爱去的地方，更有东关老校友赋诗一首——《印象·东关阅览室》："茶香果鲜盆萝缘，室雅风正万卷珍。广纳充电求证客，层出厚积薄发人。"

如何实现阅览室的高效服务与管理，成了困扰学校阅览室工作开展的一个重要问题。而且电子阅览室与人们日常生活中的"网吧"有所不同，能够为学校提供十分丰富的教学资源，具有很强的教育性与学术性，不仅大大改变了传统阅览室在提供服务方面的缺陷，扩展了传统图书馆的功能，还通过全新的服务方式与管理手段为教师提供了更为快捷、高质量的服务。电子阅览中有各种电子文献，教师可以借助计算机网络获得自身需要的各种信息资源，从而大大提升教师对电子阅览资源的利用效率。而且可以依据学科建设的重点内容与特征，对有关学科信息进行搜索、收录与组织整理，从而建立快捷、一体化的网络资源服务，确保网络上的各种资源能够得到充分利用。

无论哪一种阅览，都必然是开卷有益的。书中不仅有黄金屋和颜如玉，更有星辰大海的壮阔，还有雪地密林的忧郁，有着如诗如画的梦境……

大千世界的美妙，如何在心中留痕？哪怕飞鸿踏雪泥般，留下一星冬夜微火，日积月累也可以让我们的人生意境渐渐阔远啊。我希望能有更多的人珍惜自己的每一步脚步，勤于记录、乐于重温。

所以，我们要求记笔记，并定期检查读书笔记，经常召开读书交流会、专题研讨会。我们通过这样的形式为教师提供发表见解的机会，并评选和表彰爱读书的教师。激励的同时，学校倡导的这一切还让教师明确地感受到，学校不会把重要的工作交给一个不爱读书的人，这使得一部分对读书还没有找到感觉的教师产生了危机感。

经过一年有滋有味的读书学习之后，全校教师的精神风貌有了很大变化，读书加深了他们对教育的理解，使他们内心深处增添了许多温暖与包容。智慧而精彩、英明而洞察，拈页展颜的老师们读着高贵的语言，不由自主地谦逊和恭敬起来。

毕淑敏说："读书使人优美"，"优美"在字典上的解释就是"美好"。在无人观看、无人监督的课堂上，师生之间经常会有恰到好处的应答，对即时事件也能做出较好的判断和处理，学校的整体工作呈现出较高水平，读书的模样就是我们东关人最优美的模样。

读书真实地改变了教师队伍，也改变了我们的学校。教干的示范，同伴的感召，爱读书的人受到褒奖，不爱读书的人感到不适，学校积极向上潜心阅读的氛围日益浓厚。教师对自己的职业生涯也有了新的理解和设计，教师实现自我超越和改善心智的模式也就悄然出现了。

学者味、书卷气，既厚重又宁静，像极了秋风轻起、芦苇渐白、渔舟唱远、炊烟横斜……最诗意的境界永远在于最平凡朴实的跋山涉水之间。我和全体教师且需孜孜不倦地攻读、颤颤巍巍地进取，且让幽幽书香夜以继日地熏陶我们，且让所有的浊俗慢慢变为清雅……

潮平岸阔，风正帆悬，还看今朝！

28 要在食堂就餐

托尔金说：“这世界如果有更多的人热爱美食与诗歌胜过爱黄金，这世界会是一个更美好的地方。”

也有人说，任何一种爱，都不比对美食的热爱真切。食物，是最日常的所需，但美好的食物却也是幸福的所在。

因此，在吃这件事上，东关实小从不马虎。

一粥一饭，来之不易；一丝一缕，物力维艰。“右手秉遗穗，左臂悬敝筐；听其相顾言，闻者为悲伤。家田输税尽，拾此充饥肠。今我何功德，曾不事农桑？”白居易细观刈麦，发出如此“天问”，我也曾扪心自问：今我何功德，曾不事农桑；学生何功德，将来不事农桑？须得农桑之后，方懂珍惜？

每一粒米的诞生都饱含汗水与辛劳，食材的获得需要超长的辛苦和耐心的等待，每一顿饭都应得到尊重。作为新时代的学生，更应当弘扬中华民族勤俭节约的优秀传统，节约资源、保护环境、健康生活、合理消费。“浪费不以量小而为之，节约不以微小而不为。”

“节约光盘从我做起。”学校食堂不应局限于师生吃好、吃饱、吃得健康的问题，而应超越其原有的定义，充分注入校园文化元素，让食堂上升到一个更高的文化层次。

认真看看下面这些振聋发聩的语句吧，哪一句不是熠熠闪光、语重心长？

“由俭入奢易，由奢入俭难。”——司马光《训俭示康》

“有劳可以兴国，逸豫可以亡身。”——《新五代史·伶官传序》

“取之有度，用之有节，则常足。”——《资治通鉴》

“节俭是你一生食之不完的美筵。”——爱默生

“俭节则昌，淫佚则亡。”——墨子

我们把学校餐厅餐桌宣传语巧妙地引入了学生生活的重要场所，让众

学子在课堂之外读到另一种“书”。字里行间情意切切，从侧面输送了“厚德载物”的理念。

这些传扬中华传统美德的宣传标语被贴在学校的食堂里，是为了告诫学生们不要浪费粮食，可现如今，大量剩饭剩菜却“侵占”了食堂餐桌。

我第一次进入学校食堂时，正值学生就餐高峰时期。孩子们有序排队进入食堂就餐，在楼梯口我听到有几个小不点儿在私下嘀咕：“也不知道今天食堂吃什么?”“还能吃什么？没有我喜欢吃的，幸好我还带了点零食来学校。”“我喜欢吃鸡腿，但是食堂的鸡腿一点都不辣，我喜欢吃辣的。”我心里不由觉得压力来了，真是众口难调啊！这些小家伙一个个在家就跟小祖宗一样，学校是个大集体，估计也难满足他们的要求！

不过这只是个别孩子的现象，大部分孩子还是能适应集体生活的。我大踏步进入食堂的学生就餐区域。在食堂转了一圈后我发现，在打饭时有的孩子根本不打饭菜，或者只打了一点。班级的打饭队伍还没打完，先吃饭的孩子就急着去倒掉盘中食物。一部分学生用餐后留下的餐盘中，几乎都有吃剩的米饭和没吃完的炒菜，有的餐盘中的食物甚至未动一口全倒掉了。一顿午餐就能倒满七八桶甚至更多，其中最多的是白花花的米饭，实在太可惜了！据食堂内一位打扫卫生的阿姨介绍，学生们几乎每顿饭都能“制造”十几大桶泔水。“看着倒掉的食物真是令人心痛。现在随着生活水平的提高，孩子们对饭菜的要求也高，稍微不合口味就不吃了，都是没吃过苦造成的!”在食堂工作的阿姨无奈地说。我随机问了一些剩饭的学生，有的学生表示食堂的饭菜给得太多了根本就吃不完，还有的学生表示饭菜不合胃口吃不下。对剩饭这一行为，多数倾倒饭菜的学生还是比较难为情的，也知道浪费食物是不应该的，但是孩子们距离节俭习惯的养成还存在一段距离。

我想，食堂的饭菜不可口，是学生不愿意吃的最主要的原因。“学校就餐学生较多，众口难调，很难满足学生的需求。”食堂做饭的师傅很无奈地说。随后，我跟负责食堂管理的邢主任决定参观学习我们周边的几家学校的食堂，通过交流，我们逐步改进食堂伙食，在确保每天三菜一汤荤素搭配的基础上，还给孩子们增加了水果。合理的营养是健康成长的奠基石，均衡的膳食是美好未来的保障。

“食色，性也。”“色”其实是说所有美好的东西，美食当然也是。既是人的本性，那么再苦再难的生活，都不能与美食为难。宅家上岗，没有什么能够阻挡人们对美食的向往。这句话的更深一层含义，沈宏非先生阐述得更为贴切：“节日如果没有美食是不道德的。”

明代刘若愚在《明宫史·火集》里记载：明代宫廷中，正月十五日“吃元宵，其制法，用糯米细面，内用核桃仁、白糖、玫瑰为馅，洒水滚成，如核桃大”，这是不是很诱人？

《吴中竹枝词》云：“片切年糕作短条，碧油煎出嫩黄娇。年年撑得风难摆，怪道吴孃少细腰。”温州籍作家林斤澜曾写过：“南方人定居北方几十年，连孩子也拉扯成人了，还有过年都不包饺子的。我家就是其中之一，可是我家有一样，年夜饭头一道‘摆当中’的，必是炒年糕。”这样的年糕是不是很风流，这样吃年糕是不是也很令人羡慕？

在这个时代，每一个人都经历了生活的苦痛和喜悦，我们总会将苦涩藏在心里，而把幸福变成食物，呈现在四季的餐桌之上。大多数美食，都是不同食材组合碰撞产生的裂变性奇观。若以人情世故来看食材的相逢，有的是让人叫绝的天作之合，有的是叫人动容的邂逅偶遇，有的是令人击节的相见恨晚。

闲来无事，我喜欢翻汪曾祺的《人间草木》，谈吃不能就吃论吃，一本菜谱又有什么趣味呢？汪曾祺把吃的感受、吃的氛围、怎么个来历说得头头是道，烘托得恰到好处。真实细腻的语言，表达了无限的生活热情和雅致的韵味，他是把口腹之欲和高雅文学拉得最近的人。

汪先生在《端午的鸭蛋》里写道：“孩子吃鸭蛋是很小心的，除了敲去空头，不把蛋壳碰破。蛋黄蛋白吃光了，用清水把鸭蛋里面洗净，晚上捉了萤火虫来，装在蛋壳里，空头的地方糊一层薄罗。萤火虫在鸭蛋壳里一闪一闪地亮，好看极了！”

多美的生活多美的人生啊！我们培养学生的终极目标，不就是想让他们的人生幸福吗？那么我们的食堂该为学生做什么呢？还是亘古不变的四个字：“色香味美”。色即色泽、色彩，视觉感受；香即气味，嗅觉感受；味即味道，味觉感受；美即视觉、嗅觉和味觉的综合感受，色香味是有形的，美是无形的。要让学生既开心吃、愿意吃、喜欢吃，也要吃得科学、合理、健康，这样才能满足儿童生长所需的各种营养需求。

每天我都会和邢兴江主任进入食堂和孩子们一起就餐，我常常会和孩子们聊天，问的更多的话题是：饭菜可口吗？你们明天还想吃什么？什么样的饭菜最受欢迎？久而久之，我就和大部分学生混熟了，孩子们在食堂看到我，就非常热情地和我打招呼。根据孩子们的胃口和时令的不同，我们专门联系营养师为孩子们搭配饮食，让孩子们在学校吃得饱、吃得好、吃出营养来。孩子们愿意在食堂吃饭了，把在学校吃饭当成一件非常快乐的事情。

我曾经在教师会上说过："学校食堂办得好不好，就看学生餐盘里的饭菜剩多少！学校食堂办得好不好，就看学校食堂教师就餐多不多!"一个学校的食堂，如果老师都不愿意来吃，那么学生就更不想吃。

对所有人来说，最好吃的菜肯定是妈妈做的菜。食堂伙食改善了，学生随意倒饭菜的现象明显减少，但还是会有浪费现象出现。所以对学生进行节俭教育非常重要。

"谁知盘中餐，粒粒皆辛苦"。学校通过开展各种活动向学生宣传"文明餐桌"的相关要求，帮助学生树立"节约光荣、浪费可耻"的观念；政教处通过开展"小筷子大文明"的实践活动，将"文明餐桌"理念通过学生带给家长，带入家庭，影响更多的家庭参与进来，引导孩子把俭以养德、俭以养性、俭以养身的理念变成自觉行动。

食堂的伙食改善了，很多老师也愿意来食堂就餐。考虑到老师们和孩子一起吃，比较拥挤，学校专门开辟了教师餐厅，老师们更乐意在食堂吃饭了。

一来，在食堂就餐可以大大节省时间，所要做的仅仅是走几步路，以自己喜欢的节奏清空盘子，然后就直接回去了。在家得自己做饭，炖出一道菜要两个多小时，在食堂就餐所节省的时间，应该说是在所有就餐方式所节省的时间当中最多的。节省下来的时间，无论是用到学习上，还是用在午休上，对老师来说都是大有裨益的。

二来呢？吃是一种享受，人，一出娘胎，不教自会。但懂吃却是一门学问，并非所有人都能把到嘴的美味佳肴，说出子丑寅卯，讲得头头是道。孔子、曹操、杜甫、苏轼、张岱、李渔、金圣叹和袁枚，个个都是美食家。金圣叹临死时叫来狱卒告知了一件要事："花生米与豆干同嚼，大有核桃之滋味。得此一技传矣，死而无憾也！"幽默从容之余，老先生对于饮食的讲究可见一斑。东关实小一直卧虎藏龙，个个都有青冥宝剑，如果老师们能从我们的食堂吃饭中也悟出点什么，对学生适当点拨点什么，岂不是善莫大焉？

俗话说"民以食为天"，学校食品安全更是重中之重，学校积极推进食堂"明厨亮灶"工作，我们主动接受学生家长和社会的监督，让家长随时可以进行"看得见"的监督，从而保障儿童舌尖上的安全，让孩子在健康的路上快乐前行！王尔德说厌恶那些对美食不认真的人，因为他们都是肤浅的。

不断改变的东关小学，人和食物，比任何时候走得都快。无论我们的脚步怎样匆忙，不管聚散和匆忙有多么不由自主，我们的食堂总有一种独特的味道，以其独有的方式，每天一次，在舌尖上提醒着我们，认清明天的去向，不忘昨日的来处。

29 客串“证婚人”

“江校您好！我是学校的老师李兆春，后天晚上是我儿子大喜的日子，我想请您做证婚人，可否？”接到电话，我一脸茫然，我能当证婚人？李兆春老师我还对不上号，为什么叫我当证婚人？

2020是个祥瑞的数字，阅之圆满，闻之美好，谐音就是“爱您爱您”，2020年的1月1日，更是蕴涵着“一心一意”之意的大喜之日——春已归，风丝袅，水浸碧天清晓。一镜碧云青未了，雨晴春草草。如此美好的光景，请我证婚，一来是给我面子，二来人家主动抛出橄榄枝，也是想和我好好相处。有感于此，对于他的邀请，我不再犹豫，当即便答应下来。

挂了电话后，我的脑海里就不由自主地浮现了西方婚礼上的经典问答：

——某某先生，无论贫穷、疾病、痛苦、健康、快乐、幸福，你都愿意对某某女士不离不弃，一生一世爱护她吗？

——我愿意。

——某某女士，无论贫穷、疾病、痛苦、健康、快乐、幸福，你都愿意对某某先生不离不弃，一生一世爱护他吗？

——我愿意。

“杯交玉液飞鹦鹉，乐奏瑶笙舞凤凰。”世上最难得的怕就是“我愿意”三个字吧？不都说十句搭讪、百句晚安、千句闲聊、万句废话，只为有一天在婚礼的殿堂上，听一句“我愿意”吗？是什么让我们的新郎新娘愿意走到一起呢？

婚礼庆典上，满眼皆是红色，一片华彩。红色是光谱中光波最长的一种颜色，是中国人的文化图腾和精神的皈依，是人灵魂里一份安定的力量。在千百年的流传运用里，它俨然是最权威的一位智者。它象征了庄严、尊贵、阳刚、美好；它隐喻和缓、热烈、吉祥；红，与火、血同色，代表着繁衍、生命。殷实的红，兴赋两当，芙蓉千朵。

然而这些，都敌不过新娘的红嫁衣和精致的红妆。因为，婚礼是女人一生中一场盛大的仪式，是另一种未知生活的铺垫。

我终于见到了文质彬彬、气宇轩昂的新郎李阳先生。在与大家的交谈中，我得知新郎李阳先生大学毕业后，敢试敢闯，勇于独立，自主创业，创办了江苏雅丽兰诗化妆品有限公司，并任总经理，有所成绩，是一位优秀青年。

“关关雎鸠，在河之洲。窈窕淑女，君子好逑。”新娘耿欢欢女士，是一位漂亮的幼儿教师，为人大方，温柔体贴，勤奋好学。

新郎、新娘相识、相知、相爱，直至结成夫妻，走过了难忘的时光！

幼儿教师是一个值得骄傲和自豪的称谓，是一种需要拼搏奉献、无私忘我的职业。新娘耿欢欢女士作为幼儿教师，每天清晨早早来园，只为陪伴那些个别早来的幼儿；在教学活动中，严格按照教学要求，用科学的方法把知识和技能传授给孩子；每天午休时，巡回检查孩子的被子是否盖好并及时纠正孩子的不良睡姿；放学后，还在和个别家长交流直到天黑……无数个耿欢欢组成了幼儿园这个大家庭，不为别的，就为这些学生，就为把工作干好。她们不求轰轰烈烈，但求踏踏实实。

追逐事业的梦想需要行动。新郎李阳说：“在创业的路上有许多事情等着我们去做，有大事，也有小事，但只要对成功有益，就要努力去做。”李阳先生勇于独立、敢试敢闯的精神是值得现代年轻人学习的。

追逐梦中的心上人更需要行动。新郎李阳还说：“海底月是天上月，但是我的眼前人，正好，恰恰，就是我朝思暮想的心上人。我的行动就是敢于承诺，敢于守诺！”确实，有一份真挚的情感不难，难的是跨过千山万水，在如潮的人海里相遇，恰恰好，刚刚好，碰到了一起，互道一句刘若英的歌词——“原来你也在这里”！千里情缘一线牵，要想抓住情缘、守住情缘，就需要守住诺言！

记得杨绛有篇关于谈与钱钟书先生婚姻的文章中说：“最重要的是感情中的双方互相理解。”关于爱情，杨绛先生的开篇十分幽默，“我是一位老人，净说些老话。”先生的虚怀若谷展现得淋漓尽致。然而，细细品味，“老话”恰是金玉良言。钱钟书称她是妻子、情人、朋友，尽管钱钟书曾在《围城》中对婚姻做过精辟的比喻，“围在城里的想逃出来，城外的人想冲进去”，但钱钟书和杨绛却在“围城”中演绎了最完满的婚姻。感谢杨绛先生送给年轻人关于爱情的这段“老话”，在这个浮躁功利、物欲横流的时代，更显得弥足珍贵。

时光回到20世纪30年代，杨绛先生是怎样用这种古老的方式和钱钟书谈情说爱，不得而知。两人在文学上有着共同的爱好和追求，一见如故，在此后漫长的岁月中相互扶持，相濡以沫，真是我们这个时代难得一见的好姻缘。我想，最好的姻缘正如杨绛先生所说的，感情中的双方互相理解、相互扶持、相濡以沫。

在这里，我还想认认真真恭恭敬敬地说一说“相濡以沫”这个词。战国时期《庄子·大宗师》里写道：“泉涸，鱼相与处于陆，相呴以湿，相濡以沫。”意思很简单，就是泉水干涸，一对鱼儿互相吐沫互相润湿，比喻一同在困难的处境里，用微薄的力量互相帮助。相濡以沫的夫妻，除了钱钟书和杨绛，还有周恩来总理和邓颖超、巴金和萧珊、林徽因和梁思成……佳偶天成、天作之合；一对璧人，百般和乐！

相濡以沫的婚姻就像童话一样美好又让人向往。童话的结尾永远是：“从此，他们过上了幸福美满的日子。”事实上，那只是开始。有个美好的开头很幸运，能一直幸运要靠二人的齐心协力。

这是一个热闹的时代，外界一直喧嚣不已，一个人在外面奋斗也会累的，最后的堡垒一定是宁静和自由，唯有相濡以沫方能宁静自由、细水长流。宁静自由，不是无忧无虑，可能是有忧有虑。相濡以沫、细水长流的法宝就是去爱，“爱”是一个动词，是用一颗很热的心、一双很勤的手、两条很忙的腿去生活，其实就是去付出！

《圣经》上说：“爱心遮过错。”彼此不理解不认同并不可怕，因为求同存异，和而不同，生命可以因此而更丰盛。世间难求完美，现实的人生里，有瑕的真玉远胜无瑕的伪玉。繁华落尽，只见真纯，哪怕有瑕疵也不怕。不是生活中没有是非，而是要用包容来超越是非，就算有过错也因那善意的包容如明矾入井，遂令浊物下沉，水质复归澄莹。

在遥远的春秋时期，孔子就已经把家庭关系上升到维护社会稳定的高度了。“妻子好合，如鼓琴瑟。”孔子在《礼记》里引用《诗经·小雅》中的这句话，将其推崇为夫妻关系的准则。《孔子家语》记载鲁哀公向孔子咨询“为政”的方法，孔子提出：“夫妇有别，夫妻相亲，君臣讲信义。”可见孔子把夫妻的爱情问题放在首位，并看作治国的基础。“夫妇别”不是说孔子在鼓吹男尊女卑那一套，这只是说明男女应该各司其职，分工不同而已；“男女亲”是指夫妻之爱，主张夫妻之间要相互亲近爱护。

孔子还挖掘了“亲”的深层内涵，那就是“敬”，尤其是夫敬妻。君子要用敬慕之情与妻子相亲相爱，如果没有敬意，就相当于抛弃了感情，就是不尊重。我们现在所说的“相敬如宾”大概也是受了孔子“亲”“敬”主张的影响吧！

孔子讲了那么多关于婚姻爱情的道理之后，才提出了从政治国之论：“爱与敬，其政之本与?”敬和爱，才是治国的根本，家庭幸福、婚姻和谐，对社会稳定有重大且深远的意义。资料记载，夏商周三代圣明君王治理政事，也必定敬重他们的妻子，唯有如此，社会才能长治久安、发展壮大。

婚姻如茶，茶要慢慢泡才会变浓，须细细品才解其中味。茶会被时光稀释变淡，许多恬淡若水的婚姻，才是真正的至境。决定嫁给一个人，只需一时的勇气；守护一场婚姻，却需要一辈子倾尽全力。所以夫妻双方要遵循爱的原则，相互聆听、贡献自己、互相尊重、拥抱对方，产生心灵共鸣，从而幸福美满。

百善孝为先。林清玄说追求美好人生要有三个特质：温柔的态度、理想的怀抱和浪漫的情怀。对待父母，就要用温柔的态度。《诗经》里讲“哀哀父母，生我劬劳。”饮水思源，生育之恩大于人，养育之恩大于天。命运把你带到谁身边，就是不解之缘。我们应该善待“父母”，不能忘记父母的养育之恩，要把对父母的感念之情化为实际行动，孝敬父母，恪守传统美德。

爱的开始是一个眼神。对待我们的父母，也可以先从一个小小的眼神开始，情深则万象皆深，再小的爱也是爱，有了爱，心地柔软的你们就能从父母身上获得无限的力量。

《道德经》里讲到：“人法地、地法天、天法德、德法自然”。自然是什么？是正月梅花落，是二月桃花红；荣枯元有数，父母更凡夫。凡事不待我，尽早孝父母！

这个良夜，清朗、自在、喜悦；这对良人，幸福、庄严、敦厚；这段良缘，祥瑞、安康、奇妙。好月高擎在中天，照彻人间，明耀三千，恰如新郎惠朗，又似新娘眼波荡漾；愿在座的亲朋好友皆能前程高举，如鹤鸣九皋；愿新郎新娘此生岁月，无负天地、辽阔高远！

客串了证婚人，我美美地过了一把“瘾”，更难能可贵的是收获了和李兆春老师的友谊。春节期间，在防控突如其来的新冠疫情的关键时刻，李兆春老师心系学校，慷慨解囊，主动向学校捐赠了酒精和消毒液等防控物资。

如此的“客串”，参与人生三大喜事之一的婚礼，见证一对有情人终成眷属，使我懂得在学校治理的过程中如何去与教师沟通交流、提升他们的价值追求，瞬间，眼前的万事万物也都更有生机活力了。

30 感动2019

“万物迎春送残冬，一年结局在今朝。”不知不觉已经到了岁末，作为新加入东关大家庭的人，我最想感谢的是全体老师对学校的热忱、对工作的支持。2019年注定是满载感动、激情、惊喜和收获的一年。在过去短短的四个多月的时间里，每个老师都有让我感动的故事。因为有了你们的辛勤付出，我们一路走来，才那样从容，享受着和谐、快乐与成功！回顾一学期的工作，展望未来，我想到六个关键词：感动、激情、惊喜、提升、要求、憧憬。

一、感动

只有懂得感动，才能感受真情。短短四个多月时间，每个老师都有让我感动的故事。

一年级组的很多老师，经常自发在办公室加班到深夜，遇到重大活动更是赶都赶不走，敬业精神令人敬佩。宋涵静老师做完手术一天假都没请，就拖着虚弱的身体赶来上课。张青老师高烧超过39度，头上贴着退烧贴坚持上课，令人感动。一年级组的老师们用“低就位、高要求”的心态感动着我。

二年级组的朱海艳老师家有二宝没人照看，仍坚持在楼梯口值日。梁洪青老师突发高烧，却连夜制作教研活动美篇，无私奉献，毫无怨言。章芳老师虽家有嗷嗷待哺的小儿，却为了工作每天中午留在学校，扎扎实实做好各项业务。二年级组用“示范”的姿态感动着我。

三年级组的项琼老师主动承担每周一周二的粉笔字检查工作。马娟、时琳琳、仲玉娟等老师默默奉献，从不叫苦叫累。三年级组用“自觉自愿”的精神感动着我。

四年级组的孙莉莉、徐小林等老师，从不抱怨，把班级各项工作安排得井井有条。杨兴君老师在配班老师请病假时，毫不犹豫挑起班级大梁，把大大小小的事情全部揽下，不叫苦，不喊累。许琼、颜敏敏、王莎莎等老师加班加点排练大合唱，熬夜做美篇。四年级组对学校的这份“深情”感动着我。

开学初，殷虎成校长就带领五年级组的全体老师，统一思想，提高认识。张环环、徐婷婷、庞宇虹、梁琴、秦娴、卢卫兵、徐丽等老师都身先士卒、克服困难，高质量完成学校的各项工作。难能可贵的是，殷校长年龄大、资历老，还做过一把手，但能身先士卒、勇挑重担，在刮风下雨的日子里总是在校门口维持秩序，确保学生的安全。五年级组的这种“担当”感动着我。

六年级组的葛春艳老师心跳达141次/分钟，仍然坚持上公开课。李志洋、周艳、杨惠、刘改林、唐俊、解丽红、宋鑫鑫、张淑娟、赵会林、彭芳、何新会、陈桂英、王旭等老师从不抱怨、从不推诿，加班加点做好教学工作，还额外做好各项竞赛辅导工作。我还听说唐亮忙掉眼泪了，徐涛累头晕了，周敏回家吵架了，鲍恩梅心理压力大血压升高了。六年级组的“任劳任怨”让我感动。

郁玉成主任在本学期十分出色地完成了党建、学籍工作，还主动要求下学期代课。洪斯斯老师随叫随到、无怨无悔。姜玲老师工作尽心尽责，不怕苦不怕累，保证学校阅览室高效运行。优秀保安荣贵忠于职守。电工陈保安效率高、节奏快。她们的这份“负责”感动着我。

平凡中坚守最伟大。科室是学校的职能部门，学校的大部分事务要靠科室布置落实。科室同志个个能吃苦，能顶事，人人能独当，能挑梁。科室的同志大部分都承担着满负荷的教学工作，他们像开足马力的汽车，像不知疲倦的骆驼，像英勇无畏的战士，只顾向前，从不因私事请一天假，把全身心都投入工作。因为他们共同坚守着一个信念——校兴我兴，校荣我荣。他们的“改变”感动着我。

当然，感人的故事还有很多很多……我想，这些故事不仅感动着我，也一定会感动我们东关实小的每一位老师。我们每个人都生活在感动中、温馨中、奋进中……

二、激情

充满激情的教育，才是健康的教育，才是有效的教育。本学期，在短短四个多月的时间里，我们开展了几次大的活动。

国庆期间部分师生参与了《我和我的祖国》歌唱活动；一年级举行了新生入队仪式；成立了家长委员会，拥有了家长爱心导护志愿队；开展了读书节系列活动；举行消防演练、禁毒知识竞赛、“我唱队歌献祖国”、法治讲座、学生演讲比赛等，增强了学生的安全意识和文明意识，让学生增长了见识、开阔了视野、感受到了温暖；“庆元旦教师歌会”“飞畅杯庆元旦教职工趣味运动会”增强了东关校园的凝聚力，提高了教职工的积极性，增进了同事间的交流。活动丰富了师生的校园生活，培养了学生的合作意识、竞争意识、拼搏精神，提高了师生的幸福指数，增强了学校的凝聚力。

三、惊喜

天道酬勤，我们的各位老师为教育教学工作流下了辛勤的汗水，本学期，令人惊喜的事还真不少。学校综合考核位居全县第三名，荣获一等奖；在市经典朗读比赛中，我校节目《永远的九岁》获得市一等奖；在县双语阅读比赛中，我校 15 人参赛，11 人获一等奖，4 人获二等奖；在市双语阅读比赛中，我校 11 人参赛，5 人获一等奖，6 人获二等奖；在县师生经典诗文比赛中，我校宋鑫鑫、张淑娟两位老师获一等奖，7 名学生获一等奖；在县小学生成语知识竞赛中，我校 10 名同学荣获一等奖，均分居全县第一！在第十届“国戏杯”比赛中，我校京剧节目获一等奖；我校校园心理剧获省二等奖并在全市展演；在学生合唱比赛中，我校获县特等奖；在学生演讲比赛中，魏子恒、周子涵分获特等奖、一等奖；我校阅览室荣获宿迁市第三批“十佳阅览室”称号。

我们还惊喜地看到，教育教学管理有章可循。各项计划扎实开展，检查监督到位，教育教学秩序井然，教风正、学风浓，教育教学管理逐步走向制度化、科学化；师生精神面貌焕然一新。教师能吃苦、讲奉献，学生不怕累、肯学习，教师乐教、学生乐学，德育工作初见成效。教师爱岗敬业、为人师表、遵纪守法、乐于奉献。学生讲礼仪、讲文明、讲礼貌，注意行为规范争做七种导护的标兵，礼仪教育卓有成效。

四、提升

谈到提升，我觉得有两个方面：一是教师教学能力的提升；二是学校美誉度的提升。

强校先强师。本学期我们扎实开展各项教科研活动，专注教师成长，教师教学能力有了大幅度提升。张宏霞老师荣获两项省一等奖；毛敏、刘晓青、毛冬梅三位老师获县优课一等奖。一学期以来共有 112 人次在省、市、县各级各类比赛中获奖。

优秀优秀，优就要秀。所以本学期我们推出了学校微信公众号，编印了东关实小报，开发了微信小程序。“百年名校，学正东关，教学质量高位走强，书香伴随生命成长，艺术丰盈人生底色。走进东关，迈向成功。”这已成为我校的广告语，使得学校的美誉度有了大幅度提升。

五、要求

根据教育局的会议精神，我对全体教职工提出如下要求：

（1）不得以任何名义组织学生补课，或以租借校舍、合作办学等形式与校外机构合作。教育局在寒假中将加大对在职教师有偿家教的查处力度，各位老师要高度重视，不组织、不参加有偿家教。会后要将承诺书按年级组收齐后交校办存档。

（2）严禁任何人参与赌博。如果因赌博被抓，教育局将从重从严从快处理。

（3）寒假期间，探亲访友、聚餐聚会严禁酗酒，切忌酒驾醉驾。

（4）要注意自己言行。管住自己的嘴，管住自己的手，不该发的朋友圈不要发，不能晒的东西不要晒，特别是我们学校校内事务的一些通知、短信等，还有试卷作业，不要乱传。人多时管住嘴，不要自找麻烦；人少时管住心，不要自找烦恼。要做到群处守嘴独处守心。

（5）要注意交通安全，遵守交通法规。

（6）要充分利用假期进行学习充电。迷茫时读书，糊涂时跑步。

（7）假期期间所有教职工要保持电话畅通，遇到问题要及时汇报。

（8）要廉洁自律，做到自警自省，不要收受家长及有业务往来人员的红包、财物等。莫伸手，伸手必被捉，要想人不知，除非己莫为。

六、憧憬

面对2020年，我们憧憬什么？我们希望什么？我想，2020年学校工作一要提升理念内涵价值，立体思考学校高位发展；二要建设彼此信任的团队，凝聚相互支持共赴未来的力量；三要大力弘扬“正”文化；四要推动融合课程建设；五要探索学校治理新机制。我们全体教师要凝心聚力，守初心、担使命，坚持立德树人，突出德育实效，深化课程育人、文化育人、活动育人、实践育人、管理育人、协同育人，为学生的终身发展奠基。

学校还表彰了一批优秀教职工，实现了开学初提出的“让敬业者受尊重、绩优者获褒奖、积极者有舞台、默默者被关注、奉献者不流泪”，让每一位东关实小人都拥有更加强烈的获得感、归属感和幸福感。回想和老师们相处的日子，我感慨万千。我想用三个词来表达我的感受：

一是缘分。关于缘分，我想起一句诗：“与君初相识，犹如故人归。”我与很多老师虽初次相识，但感觉像老朋友一样彼此相互理解，同频共振。当然，有的老师其实就是故人，很久以前我们就认识，彼此都很熟悉。老朋友有前缘，新朋友有眼缘，一学期以来，我和大家相处得很愉快，学校就像其乐融融的大家庭一样。缘分让我们聚在一起。有人做过统计，作为教师，与同事相处的时间比和家人在一起的时间还长。那我们有什么理由不珍惜彼此的缘分，共同做好教育教学工作，让学校蒸蒸日上呢？再次感谢缘分，我将是您永远的朋友！学校就是我们的家，我们要珍惜。我们每天身在单位，不仅靠其养家糊口，还感到温馨与快乐。与有才华的同事合作是快乐，遇到正直的领导是快乐，与孩子们真诚相处是快乐，读一本好书是快乐，组织好一项活动是快乐。用知足的心态来思考，我们的工作就会变得特别有意思。我们应该感恩学校，因学校我们有缘相聚。工作磨炼了我们，让我们的人生变得丰富而有意义。

二是情分。关于情分，我想起一句诗：“投我以木瓜，报之以琼琚。”

投桃报李是中国的文化传统。当然我没有收过老师们送给我的木瓜，我收获的是老师们对我的信任，对我的理解，对我的尊重。有的老师对我说："校长，你让我做的事情我肯定会做。"还有的老师对我说："我知道当校长的不容易，我一定不给学校惹麻烦。"更有老师说："我有什么做得不好的地方，请校长尽管说，我一定改正。"我常常想我自己何德何能，配得上老师们对我的这份信任和尊重，我该用什么样的工作来回报老师们对我的情分呢？于是我走进课堂向老师们学习，参加教研活动聆听每一个发言者的精彩表达，利用一切可以利用的时间和老师座谈、交流，倾听老师的声音，搜集老师对学校发展的建议，和老师们一起策划活动、迎接检查，走过一个个难忘的日子。

三是福分。关于福分，我想起一句诗："行善之人如春草，不见其长日有增。"教育就是最大的行善，优秀的教师必有优厚的福报。教者仁心，大爱无疆。我们把教育做好就是在给生命注入养分，表面上看起来并没有立竿见影，但"不见其长日有增"，每一天都在增加能力，获得提升。爱学校像爱家一样，就是要把学校的事情当成自己的事情，把本职的工作干好。学校里的一草一树，我们要爱护，要呵护其成长。地面上有了垃圾，每一个人都有责任蹲下来捡起。遇到了学生打闹，哪怕不是自己班的，也不能让孩子闹腾过分，要像对待自家的孩子一样进行劝解。备课、上课、批改作业、辅导学生，就像在自家的田地里干活一般用心。把学校的这些事情用心做了，哪里还有什么怨言，我们是为自己干的，是为了我们所爱的人工作，这是多么幸福的事情！

学校是我们的家，我们身在其中，就要爱护它的声誉。我们天天上班，的确也有一些烦恼，但是人生处世，做什么事情没有烦恼？只要我们积极上进，不断地发现问题解决问题，不断研究与提升，这些苦恼都将是快乐成长的前奏。我们学校发展不容易，每一项荣誉，每一点进步，都是我们全体师生共同奋斗的结果，是我们劳动汗水的结晶，我们要爱护它的羽毛，不能妄自菲薄，更不能任由他人抹黑。我们爱我们的学校，就像爱我们的家、爱我们自己的身体。那种觉得单位是大家的与自己无关，或者单位的荣辱与自身关系不大而只是领导的事情的想法，都是目光短浅、缺少整体观的表现。

在教育的路上，我们是一群追逐者；在成长的路上，我们是一群学习者。时代赋予我们新的责任与使命。我想，人与人的不同，在于思想的差异，而思想则主要源于思考。一个人是否喜欢思考、做到常态思考，取决于他的思维习惯、问题意识和格局视野。一个教师的最大影响力在于给学生以人生的影响，帮助他们获取知识、塑造性格、关注成长、懂得贡献、体味价值。如果多年以后，在他教的学生身上隐约可见他的影子，那么，他就是一个成功的老师！在一个地理老师的影响下，有一些学生毕业后选择了地质、水文、旅游等专业；在一位语文老师的影响下，他的学生成为当代著名的作家、诗人；一位英语老师多年以后听到了他的学生熟练标准的同声传译的声音。我们说，这样老师一定是幸福的，因为他的教学已经在学生中建立了影响，已经为学生的发展提供了建议。一位老师，要在日常教学中通过自己的一言一行，潜移默化地给学生以正向引领。一名有影响力的教师，懂得在各方面思考“人存在的价值与意义”，一直在做好“有意义的事情”，一直在思考“有价值的人生”。

教师是“人类灵魂的工程师”，我们要无愧于这一光荣的称号。在今后的教学中，我们将进一步深入学习贯彻总书记重要讲话精神，把全部精力和满腔真情献给教育事业，努力教书育人。教书是手段，育人是目的，在对学生、对国家高度负责的同时，要坚决履行教师的职业道德规范，处处为人师表，做一名新时代的“四有”好老师。

上下同欲者胜，同舟共济者赢。好的学校是靠大家共同打造的。百人百姓百脾气，与人相处，要多一些宽容与理解。每个人的经验不同，禀性各异，但要相信人性，每个人都是向善的，多一些耐心与理解，每一个人都会绽放光芒。教育管理其实就是用心培育，就是把学校当成自己的家对待，把同事当成自己的兄弟姐妹对待，把学生当成自己的孩子对待。当尝试着把环境变得越来越和谐的时候，我们会发现一切居然是这么美好。

“与君初相识，犹如故人归。”缘分让我们聚在一起，学校就像大家庭一样其乐融融。

“投我以木瓜，报之以琼琚。”情分让我们相互理解和尊重，走过一个个难忘的日子。

“行善之人如春草，不见其长日有增。”福分让我们一起践行教者仁心，大爱无疆。

感动 2019，憧憬 2020！2019 年这一年，让我感动的人和事还有很多……新的一年，我们将一起携手，在教育之路上不断探索，无限接近教育的至真至美境界，给予学生切实的帮助，向社会交出一份问心无愧的答卷，这就是我们最大的功劳和成就！

31 评选“书香家庭”

有这么一部动画短片，叫作《贫富差距》。

两个小男孩，坐在山坡顶上，他们俩都沉浸在各自的知识世界中。但是两人所处的环境差异是那样大，就连天空都那么不同。

当两人站起身想要交流的时候，彼此脚下的人生轨道，将他们彻底分开。

沿着轨道，贫穷的孩子被带回了杂乱斑驳的贫困之地，富人的孩子被带去了清爽明亮的富有社区。分开的时候，他们两两相望。

贫困社区的孩子，长大后按部就班去上班，但是他和习惯和在穷困之地生活的人们不一样。他没有被贫困驯服，没有陷入习得性悲观，外部美好的世界让他向往。与此同时，那个富有社区的孩子，在餐厅玻璃上看到工厂的影子时，想起了山顶上和他相遇的那个男孩。

他想起了那个男孩和他一样喜欢读书，一样喜欢思考。

《贫富差距》这部动画片最后出现了一句话：如果我们想要改变这个社会，就需要改变它的运作方式。

教育就是社会不同阶层之间流通的一道口子。理想的教育状态是每个孩子都能受到良好的教育，实现教育公平。而要想实现这种公平，我想，大量读书是最好的途径。

曾经听到这样一句话：“让每间教室透出阅读之光。”作为学校的校长，我愿意带领孩子们去做这件美好的事，让书香伴随生命成长，让阅读打好人生底色，让我们的教室透出阅读的光，让我们的整个东关校园透出阅读的光。

读书不觉已春深，一寸光阴一寸金。孩子们，你们知道吗？读书，是人生的一段修行。因为有了书本的陪伴，人生旅途中的视野，变得更加开阔和明亮清晰……

那是一个周五的下午，学校每月一次的“我的读书故事”分享活动在阶梯教室拉开了序幕，来自不同年级的30余名学生分享了他们的读书故事，我认真聆听了每一个孩子的读书故事，深切感受到亲子关系是我们每个人生命中最厚重的缘分，亲子阅读则是在所有亲子关系呈现中最浪漫的教养方式，没有之一。如果说阅读带给大人的是情感的交流和亲密的亲子陪伴时光，那么阅读带给孩子的将是终其一生受益无穷的学习能力以及良好的性格和习惯。

孩子们开心地讲述着，陶醉于和父母在一起的阅读时光，每个孩子的脸上都洋溢着幸福的笑容。每一个读书故事，都代表一个书香家庭的读书历程。从他们的读书故事里，我们感受到，爱读书的父母，才能培养出志趣高雅的孩子；爱读书的家庭，才能拥有浓厚的阅读氛围。

美国的研究者曾经做过这样一个实验：两组5岁的孩子，他们父母的受教育程度和社会地位都非常相似，唯一的区别是一组孩子的父母在过去两年内每周5次与孩子一起阅读，而另一组则没有。

实验者让孩子讲一个与自己有关的生活故事，并假装给洋娃娃讲故事。结果发现：有亲子阅读的那一组孩子，不但文法理解程度比较深，用的句子比较长，而且他们会更多地用到书面语。

神经学家发现，大脑并不会直接演化阅读。说话是本能，把一个孩子置于正常的语言环境，即便没有人特意教，潜移默化之下他也会说。但阅读是习惯，需要从小培养。如果没人教孩子阅读，他并不能自己学会。随着孩子读的书越来越多，他们会慢慢地注意到语言中所蕴含的逻辑与语法结构。我们通过接触语言进行思维训练，接触语言越多，思维就越清晰。伟大的教育家苏霍姆林斯基曾说过这样一句话："让学生变聪明的方法不是补课，不是增加作业量，而是阅读阅读再阅读。"

但是在学校里，我也经常会听到老师或家长抱怨孩子不爱读书。很多家长都有类似的困扰：给孩子买了很多书，孩子就是不喜欢；孩子可以捧着平板电脑目不转睛，一拿起书就很厌倦；孩子读完书，总是记不住；孩子不喜欢自己看书，喜欢听别人讲；孩子看书不专心，翻两页就跑去玩了……孩子不爱读书，家长也很无奈，作为孩子人生的负责人与引领者，深知阅读的重要性，却很难让孩子爱上阅读！

每到课间，我会和孩子们聊天。在与孩子们的聊天中，我发现他们对阅读多多少少都会有这样的感受：我怎么就是讨厌读书呢，总觉得看书太无聊无趣了，心定不下来，眼睛在看书，心不知道去哪了，所以过目就忘。爸爸给我买了一大堆的书，天天只知道说这些书什么时候看完啊，怎么还没看几本？其实我对那些书一点都不感兴趣，他都不知道我想看的书是什么。

有的孩子说，我不喜欢读经典，对名著也不感兴趣，我喜欢读的是学校外面地摊上的漫画书，虽然情节比较恐怖，但是我还是喜欢，爸爸妈妈不给看，我就晚上藏在被窝里偷偷地看……

不爱读书的孩子，都有自己的小“理由”。爱读书的孩子呢，也多少会有点小“抱怨”：在家里看书，真的看不下去，家里太吵了，我更喜欢在学校看书。

由此看来，孩子不爱读书的理由有很多，但是在许多时候，家长只会买一堆书本给孩子读，而自身却以工作忙、工作累等借口，不去陪孩子阅读，甚至躺在沙发上刷微博，没有去陪孩子读书的意识。没有了父母的陪伴，孩子由于没有自制力，会被动画片、玩具等新鲜刺激的事物吸引过去。家长对孩子的阅读缺乏引领，很多孩子的阅读都停留在看惊险恐怖的漫画书或者一些搞笑的恶作剧故事上。家庭的读书氛围不浓或者读书环境不安静，对孩子的阅读也会带来一定的负面影响。

艾登·钱伯斯在《打造儿童阅读环境》中提到“一个从不阅读，或者缺乏阅读经验的大人，是难以为孩子提供协助的。”父母是亲子阅读行为的示范者，也是亲子阅读的助推者，正如之前所说，儿童喜欢模仿，而父母“言传”不如“身教”，以身作则，拿起书读起来，一对爱阅读的父母，也会培养出爱阅读的孩子。来看一段对话：

“妈妈，为什么大碗装豆浆就不烫了？”

“你觉得杯子和汤碗哪个更大些呢？”

“汤碗，汤碗那么大。”

“对啊，杯子太小啦，豆浆都挤在一块儿，热，大碗宽敞，就凉爽了。”

“妈妈，你说的这个跟我们看的《999只青蛙大搬家》好像，他们就因为挤在小池塘太热啦，才要搬家的。”

“咦，好巧，我也想到了这本书。”

“哈哈哈，我一定比你先想到，妈妈。”

这是父母和孩子之间的小确幸。因为一杯豆浆，两人想到了一样的事情。

松居直说：“念书给孩子听，就好像和孩子手牵手到故事国去旅行，共同分享一段充满温暖语言的快乐时光。通过念这些书，我已经在他们小时候，把一个做父亲的想对孩子们说的话说完了。”

亲子共读就像和孩子心灵的旅行，过程不可言说，却能在某个时间点，共同回忆旅途的美好，如共同培植一株花树，不知道哪一天，它就开花了。

那感觉很奇妙。

一个 5 岁的女孩一开始很感兴趣地看节目，可是过了一会儿，她却找妈妈，让妈妈给她讲故事。妈妈问：“电视上的阿姨不是讲得挺好、挺有意思吗?”孩子却回答说：“可是，电视上的阿姨不能抱着我。”

你看，这就是孩子的心理。他们是很喜欢坐在父母身边，闻父母身上的味道，听父母读书的声音的，他们会觉得此时的自己是被爱包围着的。

童书作家粲然在《骑鲸之旅》一书中说过：“共读，追根到底不在读，书只是通往心灵的途径。骑鲸之旅最重要的，是彼此怀着温柔的心共同寻找和经历，寻找和经历你和孩子真正需要的此生、此世界。”

陪孩子阅读，其实不在乎你读得如何、表达得如何，不过必须和孩子同频，保持在同一阅读状态。这个状态，会熏染孩子，也会陶醉自己，这是亲子共读的最佳氛围。

为构建书香校园，推动亲子阅读，树立典型，推进读书活动向更深层次发展，我校决定开展首届“最美学正东关·书香家庭”评选活动，活动一经推出，就得到了全校师生和家长的大力支持，从报名人数来看，竞争空前激烈。通过班级民主推荐、年级组初选、学校终评等程序选出 40 名候选书香家庭进行网络投票。网络投票得到了广大家庭的热情参与和大力支持，从 1 月 20 日到 2 月 10 日，有近 3 万人通过网络对候选家庭进行投票。根据各个家庭的得票数，我校决定授予王杰铭等 20 个家庭“最美学正东关·书香家庭”称号，授予文婳等 20 个家庭“优秀学正东关·书香家庭”称号。

这些家庭有着神奇的共同做法，值得学习：

每天 20 分钟，放下手机、工作、家务，和孩子一起！

以快乐、和谐为原则；每天都要进行，让彼此有规律和仪式感，直到变成习惯；充满热情，同时尽可能地把书里的情感、思想传递给孩子；不要被孩子打断，或者边读边讨论，应在一个故事或者章节结束后，才讨论或者回答孩子的问题；目的之一是培养阅读习惯，切忌为了识字而进行；营造一个可以随时阅读的环境和氛围；重视阅读前后的亲子互动；读完一本书或者一个故事后，留出和孩子讨论的时间；建立阅读档案；可适当使用电子产品给孩子读书讲故事，但只是补充，只能偶尔用之，不可取代人。

举行“最美学正东关·书香家庭”评选活动，旨在引导各位家长认同学校“正”文化理念，引领教师教人求真、求正，引领学生做真人、正人。改变孩子，从引领家庭读书开始。身教言教并重，与学生共同成长，形成学正好家风，让东关学子在浓郁的书香氛围里拔节生长。

作为校长，我期望看到每一个学生都捧起一套经典，与大师为友，静心阅读，充实自己的心灵；每一个学生的家庭都坐拥一壁藏书，上至天文地理，下至草木虫鱼，大至立身处事，小至人情物理！我更希望书香在东关校园里静静弥漫，书香在学正课堂中幽幽散发，书香在社会家庭中芬芳四溢……

32 从苏轼跨界说起

——记骨干教师教学及管理能力特训营活动

活水还须活火烹，自临钓石取深清。
大瓢贮月归春瓮，小杓分江入夜瓶。
茶雨已翻煎处脚，松风忽作泻时声。
枯肠未易禁三碗，坐听荒城长短更。

这首著名的茶诗，是苏东坡流放海南儋耳时所作。为了饮一盏好茶，诗人不惜在夜间摸着黑，踩着石头，临江取水。用大瓢舀水倾入瓮中，月影也跟着倒了进去……回到家中，一边生炉煎茶，一边坐听松涛。煎好之后，不顾空腹，忍不住海饮三碗，却又造成了失眠，只好坐听打更之声以盼天明。

苏轼对茶的热爱，是全方位的。他不仅品茶、煎茶、磨茶，甚至还栽种茶树。正是因为既好酒又好茶，才使得他突发奇想“以茶酿酒”，并独创“七齐”“八必”茶酒酿制之法，添“酒礼”“酒德”之说，同时定论：“茶酒采茗酿之，自然发酵蒸馏，其浆无色，茶香自溢。”可谓是极大地丰富了茶酒文化的精神内涵。

“一个无可救药的乐天派、伟大的人道主义者、一个百姓的朋友……造酒试验家……瑜伽修炼者……月下漫步者……”林语堂在他的《苏东坡传》的开篇一口气给苏东坡罗列了19个头衔。在“文人”光环的背后，苏东坡身上贴满了发明家、建筑师、工程师、吃货和潮人、茶人等标签。

散文名列唐宋八大家、作词与辛弃疾并为双绝、书法《寒食帖》被称为天下第三行书、绘画开辟文人画之风潮，出生于四川眉山的苏东坡无愧于一代文豪之称号……酒之张扬、豪迈，茶之清雅、闲适，在他身上得到了很好的诠释。

苏东坡生于北宋仁宗年间，作为资深跨界高手，在几个领域成为独一无二的领袖。他擅长把普通的食材做成人间美味，比如东坡肘子。然而，苏东坡擅用的食材却不是鱼和肉，而是命运。不论何种命运，苏东坡都能够将其烹制和加工，变成脍炙人口的诗句，品出世间独一无二无与伦比的味道。

我常常因苏轼而思考，跨界的本质到底是什么？是整合、是融合，是通过自身资源的某一特性与其他表面上不相干的资源进行随机的搭配应用。我们要有跨界思维，多角度、多视野地看待问题和提出解决方案。它不仅代表着一种时尚的生活态度，更代表着一种新锐的眼光、思维特质。一个成功的学校管理者如果没有“跨界思维”，那只能说他存活在过去，最多是在他以为的当下，但他绝对不能赢得未来！思维不能实现超越和跨界，是一件非常可怕的事。在教育中亦是如此，不能跨越“职业心态”的界、跨越“角色”的界，就很难有思维的跨界。

如果，我们的东关实小也是独一无二无与伦比的，该多好？苏轼因跨界圆融而独步千古，如果我们把学校的教育教学与企业管理互相融合，不也可以独一无二无与伦比吗？

我们把学校比作一棵大树，那么学校的教研组长及中层干部就是学校得以发展的根。树根理论是这样讲的：只有根深才能叶茂，一棵大树枝繁叶茂是因为大树扎根于深深的沃土。尽管一些大树具有郁郁葱葱、果实累累的美好外表，如果大树的根已经烂掉或者即将烂掉，那么眼前的这些繁荣很快就会烟消云散，深深地扎根对一棵树来说是最重要的。树根理论告诉我们，评价一个学校在本质上是否具有竞争力，不是看这个学校取得了多少称号、举办了多少活动，而是要看这个学校有多强的底蕴。

短暂的辉煌并不能说明一个学校有足以制胜的竞争力。学校的竞争首先是师生的竞争，师生的竞争其实是教育管理的竞争，教育管理的竞争其实是中层干部的竞争。学校一定要精心培植自己的根，不断提升中层干部的执行力，这样才能让自己的根越来越深厚、越来越有生命力，只有这样才能在以后可能遭遇的种种风浪中挺立不倒。作为“根”的中层干部，需要我们“培土、施肥、供养”才可稳固。所以学校将从理思路、做协调、树形象三方面引领中层干部。有句话是这样说的：即使校长浑身是铁也打不了几颗钉。抓好学校领导班子建设、抓好学校中层以上干部队伍建设首当其冲。

作为校长，对学校目前的形势，我最在意的不是生源如何，而是如何搞好教师队伍的建设，这是主要矛盾，也是迫在眉睫之事，主要矛盾解决不了，再好的事情也会因它而犹如昙花一现。俗话说："众人拾柴火焰高""人心齐，泰山移"。一个单位缺乏团队精神，搞任何工作都是空谈。打个比方，从高空洒落一把散沙，与扔下一块水泥块，其威力之差不言自明，真正有效的高绩效管理就是能将沙粒变成水泥块的团队管理，打造高绩效教师团队是学校文化建设过程中的必然选择和绝佳方式。

记得五年前，我曾经参加过联想集团举行的中小学校长高级研修班活动。无论是联想的管理者，还是关注联想发展的学者，在总结联想成功的经验时，都会不约而同地想到：联想靠什么生存下来？靠人。联想靠什么跨入世界500强行列？还是靠人。事实证明，能够经营好人才的企业才是最终的赢家。在联想集团有"三心"的说法，就是"责任心""上进心"和"事业心"。对于普通员工，我们要求他们有责任心，能够踏踏实实地把本职工作做好；对于中、高层干部，则要求他们有上进心，他们应该有更高的追求，希望有更好的物质待遇和更大的工作舞台；而对于核心层来说，比如对于联想的领军人物，则要求他们有事业心，把做企业当成自己一生的事业来做，不仅要考虑企业当前如何生存和发展，还要考虑怎么让企业长久发展下去，一代一代地把事业心传下去。不管是联想集团的"经营好人才的企业才是最终的赢家"的团队精神，还是"三心"理念，对学校的发展和管理都是大有裨益的。

因此，对学校中层干部的跨界思维培养至关重要。在学校领导班子的一致认同下，2020年8月19至21日，以"跨界、交流、分享、提升"为主题的"联想——沭阳县东关实验小学骨干教师教学及管理能力特训营"暑期培训活动在会议室隆重举行。学校与联想集团携手，进行跨界融合交流，并专门邀请来自北京联想教育集团的首席培训师朱胜文老师做专题讲座。朱胜文老师历任华南区服务总监、中南区服务总监、联想服务首席讲师、大学院高级讲师，负责大学院的教学课程研究与开发，在借鉴国外先进的教学理念和企业管理实战经验的基础上，结合我国教育特点，开发了"领导力内涵建设、创新思维、管理高尔夫、教学高尔夫"等一系列精湛、实用的实战课程，致力于中国教育教师培养的创新发展、打造幸福的教育生活。此次培训能帮助校领导创新管理思维，在定战略、带队伍、搭班子等方面给予启发。课程有流程、有方法、有工具、易于被落地实践，能让学校中层干部产生行为的改变，为我们带来培训成果的切实转化。

说实话，举办这次特训营，我们是顶着疫情防控、经费紧张、招生接待、校园改造等诸多压力来举办的，但是我一直觉得很有必要，尤其我们专门邀请到的是来自北京联想教育集团的首席培训师，大家知道，联想集团是世界 500 强企业。所以我们与联想携手，进行跨界融合，彻底消除“培训年年搞、都是老一套”的消极认识，今年安排的培训内容，可以说在全中国乃至世界范围内都是非常先进的，也是丰富多彩的，更是非常难得的。我们的首席讲师朱老师知识渊博、眼界广阔、经验丰富，他的讲座对我们进一步提高自身综合素质、工作能力和业务水平定将产生积极的促进作用。

在《将心注入》中有句话令我印象尤为深刻：“只要倾心投入自己的工作，就可以做得更好。”不管是作为学校的领导者，还是教师，只有把心投入工作中，才能做得更好、做得出色。我想，这次培训是一次聚思想、聚目标、聚精力、聚合力的心灵之旅，其最重要的意义在于开阔教师们的眼界，使教师们紧跟时代步伐不脱轨。与联想集团携手进行跨界交流，增强了各位教师潜心育人、立德树人的责任感和使命感。老师们纷纷表示要以此为契机，规范自己的职业行为，提高自己的专业素质，以饱满的热情和良好的精神状态积极投身学习中，把培训精神细化、实化到新一学期的教育教学工作中去。不忘初心，砥砺前行！

教学工作中哪位老师不觉得苦？哪位老师不感到累？开学很忙，期中很忙，期末很忙，遇到检查评比、竞赛活动、各种考试，那就忙上加忙了。原因还是我们的思维方式出了问题。很多时候我们都在重复昨天的故事，也经常做些无用功，把自己弄得太累。

培训中朱老师通过很多案例，让我们认识到形式比内容更重要。

比如说建立和巧用课堂开关，构建快乐高效课堂九环节：

（1）获取注意力；

（2）建立联结；

（3）介绍框架。

——前三个环节，在40分钟的课堂中不要超过10分钟。

（4）激活旧知；

（5）引入新知；

（6）练习与反馈。

——这个在我们的实际课堂中，是非常重要的。

（7）复习；

（8）建立行动计划；

（9）凤尾收场。

——后三个环节不要超过8分钟。

我们不但要遵循课堂教学九环节，也要把握构建快乐课堂九形式：分组合作、互动、激励、故事、视频、演练沙盘模拟体验、幽默比喻类比、音乐、情感。

这般丰富生动，再累也会欣然满足了。一位老师培训结束后如是说："做不了凤凰就做蜜蜂，做不了大梁就做砖瓦，总之要做一个大大的'正'人。如果能让学生喜欢、同事信任、领导放心，那就问心无愧！感谢讲师引导！感谢同伴信任！感谢领导给力！培训是最大的福利！"

听到这些话我很欣慰，这就是跨界学习的力量！

"吾上可陪玉皇大帝，下可以陪卑田院乞儿，眼前见天下无一个不好人。"这句名言出自苏轼的《苏东坡传》，是苏轼对弟子们说的话，展现出了苏轼胸怀似海容纳百川、博爱宽厚、淡泊洒脱的风范。他的政敌章惇屡次迫害他，直至将他贬到海南，但是当章惇受贬之时，苏轼毫无恨意、毫不报复，反而写信劝慰，帮助其在贬地生活、养生。苏轼是大文豪，不仅他的文章"大"，他的精神力量更"大"。

培训中有一项毛毛虫寻宝活动。所有人必须在自己的岗位上各司其职，整个团队才会保持发展趋势。要想顺利完成目标，团队成员之间必须有足够的信任，团结一致，才有可能实现团队目标，任何一个成员的失误，都有可能对团队绩效造成影响。摸索行走在酷热的骄阳下，炽热的阳光照得人满脸发烫，脸上汗水一直往下流，老师们听到汽车不停发出的鸣笛声和路边酒鬼的胡言乱语，心情烦躁，不少老师恨不得扯下眼罩、终止活动，更想有一缕风吹来，把湿透的衣服吹干，让自己舒服一些。没有一丝风，只有无尽的烈日炎炎，那搭在别人肩上的一双双手差点松开。但是大家等着胜利呢！这种无形的力量催人奋进，于是大家咬紧牙关，继续前行！在模糊中大家接到了一件东西，忽然明白，找到宝贝了！老师们拥抱在一起，激动人心的场面出现了。

这次活动，老师们的团队依靠精神的强大力量，战胜了风风雨雨；培训结束了，教学工作、管理工作中，还是有很多的风风雨雨。看着老师们兴奋的笑脸，我似乎听到跨界的苏轼在岁月的深处向我们声声召唤：

莫听穿林打叶声，何妨吟啸且徐行。竹杖芒鞋轻胜马，谁怕？一蓑烟雨任平生……

第五章 家校共育

——给家长的37封信

第 *1* 封信

孩子成长需要“正能量”

亲爱的家长朋友们：

在 100 多年前，英国著名作家狄更斯曾说：“这是最好的时代，这是最坏的时代；这是智慧的时代，这是愚蠢的时代：这是信仰的时期，这是怀疑的时期；这是光明的季节，这是黑暗的季节；这是希望之春，这是失望之冬；人们面前有着各样事物，人们面前一无所有；人们正在直登天堂，人们正在直下地狱。”

怎么来理解这一句话呢？其实，这句话也没什么太深刻的含义。在这个世界上，几乎所有的人都是以个人的角度来理解周围的一切的——凡是顺我心的、合我意的就是好的，就是光明的，就是有希望的，就是天堂，就是值得信仰的；反之，就是坏的，就是黑暗的，就是没希望的，就是地狱，就是值得怀疑的。

一个真正有智慧的人，懂得辩证地看待周围的一切，能热情讴歌真善美，也能谨慎对待假恶丑。不过，我们总看到我们的周围从来就不缺少一些愤世嫉俗的人。在他们眼里，周围的一切都是不合理的，都是丑恶的，他们把他们听到或者看到的负能量的东西到处传播。

在教育孩子方面，我们要坚持正面引导，多树立正面典型，多传播正面信息，让孩子们多看到真善美的一面，不要把那些假恶丑的东西过多地呈现在孩子面前。我们都知道，负面情绪的传染性远远大于正能量的影响。如果孩子总是被负面信息包围，他们的人生观、价值观、世界观就会受到很大的影响，他们会对未来失去希望和信心。

孩子的成长需要正能量，希望我们每一位家长都成为正能量的源泉，让我们的孩子能够健康快乐成长！

您的朋友：

勤交流、频沟通

人们常把孩子比作花朵，一粒种子要从播种、抽芽、发叶到最终长成健康的植株，开出芬芳的鲜花，少不了阳光和雨露、修枝和除虫。家庭和学校的教育缺一不可。

家长回信精选

收到您的这封信，身为家长的我心里很有感触。是您的提醒，让我开始关注自己的一言一行。当下的孩子们可以有更多元的追求、更丰富的精神生活，但拳拳爱国心、悠悠中华魂，必须代代承继，积极向上、向阳生长的品格永远不会过时。若想孩子三观正，家长必先慎其言，规其行，正其身，方能成为提供正能量的源泉。

——二（1）班学生姓名：徐×× 家长姓名：周××

读了您的来信，我深刻地认识到家长正面的言行将对孩子的成长产生积极的意义。无论时代怎么变迁，世界怎么改变，志存高远、无私忘我、心存大爱等优秀品质穿越千载而历久弥新，无论何时、何地、何境，都是下一代不可或缺的精神财富。

敬仰品格高尚的人，是人们追随效仿、挣脱“小我”的愿景，这在任何一个时代都与人心向善并行不悖。家长是孩子的第一任老师，我们更有责任引领孩子向上、向善。

——三（1）班学生姓名：赵×× 家长姓名：赵××

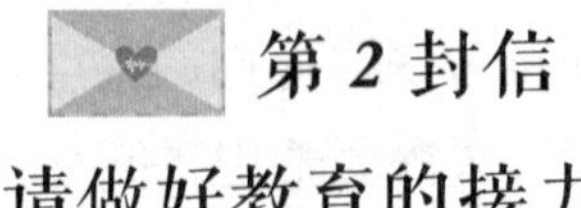

第 2 封信

请做好教育的接力

亲爱的家长们：

教育界流传着“5+2=0”的说法，就是说老师在学校里苦口婆心教育了五天，过个双休日，立刻就失去了效果。这种说法有点夸张，却也说明相当一部分家长对孩子关注不够。一到双休日，孩子们就马放南山，刀枪入库，想干什么就干什么了。许多孩子平时上课的时候，作业完成得比较好，书写也很工整，一回到家或者过双休日，就会龙飞凤舞地乱写一通，应付了事，甚至找种种借口不写作业。

因此，一个负责任的家长，在从学校接走孩子的同时，也一定会主动接下教育的“接力棒”，不至于让孩子离开学校就变成了“无政府”状态。

那么家长如何接过教育的接力棒呢？

“第一棒”：督促孩子完成家庭作业。

家庭作业是学生对一天学习的复习巩固，其意义非同小可。一个经常不做家庭作业的孩子，其学习成绩一定会慢慢下降。但偷懒是人类的劣根性，贪玩是孩子的天性，许多孩子又缺乏自制力，经常会为了玩耍，偷点小懒，就要求我们这些做家长的切实地担负起辅导家庭作业的责任，接好这第一棒。

“第二棒”：做好与孩子的交流。

交流些什么呢？茶余饭后，看似无心地询问一下今天都上了什么课，每节课上都学了些什么内容，有没有主动举手回答问题……让孩子在交流中自觉不自觉地就对一天的知识进行了复习巩固。此外，还可以询问班里或者学校里发生了什么特别的事情，不仅锻炼了孩子的口头表达能力，而且可以培养他们留心观察周围事物的良好习惯。

“第三棒”：和孩子一起读书。

“至乐莫如读书，至要莫如教子。”当孩子写完作业，当家长整理完家务，一家人靠在沙发上，人手一本书，该是多么温馨惬意的画面啊！但是，我们现在几乎都成了手机的奴隶，天天发朋友圈，晒美食、晒美景、抢红包、追热剧……当我们呵斥孩子们去读书的时候，我们会不会心虚呢？孩子们心里会不会服气呢？少玩一会儿手机，多捧一会儿书本，当你坐下来、静下来阅读的时候，你就不用担心孩子不喜欢读书了。

“第四棒”：为孩子创设良好的学习环境。

孩子们为什么在学校的学习效率都比较高呢？我想应该是环境熏陶的作用。学校具备认真读书学习、比学赶帮超的学习氛围。我们在家里也要为孩子创设一个良好的学习环境。首先，家庭要温馨和睦，不要指望一个孩子能在父母的吵闹声中安心学习。其次，要关掉电视、电脑，放下手机，当孩子学习的时候，这些都容易分散他们的注意力。第三，如果有条件的话，给孩子准备一个单独的小书房（可和卧室合用），这里面不要有电脑、平板、手机，也不要有太多的玩具，这个房间里最多的应该是书，适合孩子年龄特点的书，就放在触手可及的地方。开卷有益，就算孩子无聊时随手翻一翻，也一定会有很多好处。

亲爱的家长朋友们，家长和老师是并肩作战的“战友”，家庭和学校是互相支援的“战区”——当然，这样比喻有些不恰当。我只是想说：当我们携起手来，学校接过家庭的“接力棒”，家庭接过学校的“接力棒”，我们的孩子才不会落入无人监管的“真空地带”，才不会出现“5+2=0”的现象。

亲爱的家长，我的接力棒递过去了，您的手伸过来了吗？

您的朋友：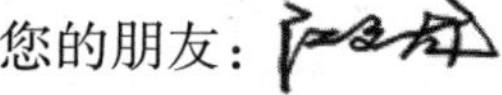

勤交流、频沟通

教育的根不在学校，也不在社会辅导机构，教育的根就是家。家是培养孩子成长的土壤，作为父母，要想把“家长”这个光荣而沉重的头衔顶起，需要像对待一种职业一样的敬畏和担当。家长不仅要做孩子的第一任老师，也要努力做孩子的终身老师！

家长回信精选

读完江校长的第 2 封信，身为家长的我真的是感慨万千。

陪伴是最有效的教育。从“时间争夺战”到“母亲争夺战”，是时候放下手机，听听孩子们的心声了。手机可以随时被拿起，孩子却不能被随意放下。父母的有效陪伴能减少孩子的孤独感，增加安全感，从而使孩子形成稳定、积极的心态，更勇敢也更从容地面对他人、学习、人生和世界。这对于孩子的健康成长至关重要。

让我们行动起来，放下手机，听孩子说说话，一起闻一闻花香、看一看蓝天，给孩子更好的教育。

——三（12）班学生姓名：徐××　家长姓名：徐××

读完此信，反思自己，我确实有许多需要改进的地方。我不禁问自己：“我是一个合格的教育接力者吗？是我陪着孩子成长，还是孩子陪着我看手机?”

陪伴，应是触碰孩子的心灵、引领孩子的脚步，是郑重的心态、尊重的姿态，是情感的交流、情绪的分担……这样的陪伴，才让我们跟孩子一起度过的时间，变得有价值，我们的孩子才不会落入无人监管的“真空地带”。

——二（6）班学生姓名：潘××　家长姓名：张××

第3封信
班级微信群，您会用吗

亲爱的家长：

腾讯公司推出的微信，使得家校沟通有了新方式。现在几乎每个班级都有自己的微信群，许多家长和老师也都成了微信好友。

由于教师角色的特殊性，家长和教师之间的交流应该以孩子为主。一些不方便在微信群谈论的话题，家长和老师可以私下进行交流。通过沟通，老师了解孩子在家的一些情况，家长也能了解孩子在校的一些表现，有利于孩子成长和学习。

对于一个家庭而言，孩子当然是百分之百。家长在向老师发出征询的时候，都想要第一时间得到老师的回复，并且期望得到立竿见影的“锦囊妙计”，可我们却常常让家长们失望。因为我们明白：教育绝不是药到病除、立竿见影的事情，老师也不是妙手回春、包治百病的再世华佗。教育是慢功夫，任何急功近利的想法和做法都是违背教育规律的。有的家长说："我的孩子我们管不了了，请老师多费心！"

您自己的一个孩子，都管不了了，我们班里有五六十个呢！我就一颗心，不会全给您的孩子。您管不了，我也管不了。自己管不了的孩子扔给学校，扔给老师，自己为人父母的责任何在？当自己的孩子出了问题，不去反观自身，"求诸己"，还要把希望寄托在别人身上，这靠谱吗？

有的家长说："老师，我家孩子调皮，不行你就使劲揍他，我们不心疼。"我想这恐怕是教育界最坑人的话了。现在从上到下禁止体罚，孩子都娇贵得很，有几个老师敢动学生一根指头？一旦出了事，家长会大度到不追究老师责任？老师弄不好就会搞得自己灰头土脸，身败名裂，甚至失去工作。

有的家长说："我家这孩子习惯不好，请老师好好管管他。"如果好习惯单靠老师管管就能形成，那教师应该是一个万能的职业。但事实正好相反，教育真的不是万能的。一个人要养成好习惯，家庭早期的影响至关重要。中国有句古话说"三岁看大，七岁看老。"孩子在进幼儿园之前，其性格、习惯已经基本形成。到了六七岁进小学的时候，孩子的心理结构已经比较稳定，一些好的或者坏的习惯已经难以改变了。有些家长根本就不关心自己的孩子。在群里从来不露面，老师晒一下孩子们学习或活动的照片，连点个赞的想法都没有，却每天在群里或朋友圈晒抢了几毛钱的红包，或晒自己代理的产品。

有一位家长，每当有新产品或优惠活动，就会发到班级群，或单独发微信给我，对于这样的信息，我一般是不回复的。终于，在她第五次给我发广告信息之后，我实在忍不住了，回了一句"请关注孩子的学习……"然后，我等待着对方的回复，到今天，十天了，依然没有一个字。

然后，就没有然后了……

家长们做什么工作我不关心，在朋友圈晒什么东西我也无权干涉。

但作为一个家长，不关注自己的孩子，我还是很在意的。

因此，亲爱的家长，请不要给我发广告，也不要给我发祝福，请和我谈谈您的孩子和对孩子的教育——这才应该是我们共同的话题。

您的朋友：

勤交流、频沟通

因为孩子，我们相聚。组建班级微信群能够促进我们的沟通和联系，给孩子们创建一个积极、健康的发展空间，传递对孩子的爱和宽容，传递正能量，同时促进老师与学生、家长共同成长，共同进步。

家长回信精选

读了江校长的这封信，我深有感触。现在是信息社会，手机成了生活的必需品，对于班级的微信群，我也是很少关注，经常错过老师发的通知，害得老师还要单独找我，这让我感到很惭愧。谢谢江校长的提醒，以后我将多跟老师联系，利用微信加深对自家孩子在校期间情况的了解。

——四（5）班学生姓名：周×× 家长姓名：朱××

首先感谢江校长对我们孩子的关心，也感谢老师对我们孩子的爱护，一个孩子的成长离不开学校，离不开家庭，离不开社会的教育。

教育孩子不是一朝一夕的事情，身为父母要以身作则，用律己正己的行为来影响孩子。俗话说：家长是孩子的镜子，孩子是家长的影子。一个家庭的教育环境对孩子有很大的影响，家长不能做甩手掌柜，把一切责任都推给老师。我们要给孩子创造一个良好的学习环境，这也正如江校长信里所说：老师不是万能的，教育也不是万能的，要养成好习惯，家庭早期的影响至关重要。作为家长，我们要帮助孩子养成好的学习习惯，让孩子知道什么是对的，什么是错的，什么时间该干什么。生活即教育，教育源于生活。家长可以利用日常生活中的小事来培养孩子的好习惯，要利用微信多与老师交流，家校携手，共同托起明天的太阳。

——二（2）班学生姓名：宋×× 家长姓名：薛××

第 4 封信

别逼老师放弃您的孩子

亲爱的家长：

北京四中刘长铭校长曾说过，“家长与学校配合得越好，教育越会成功。我负责任地说，凡是家长不与学校配合的，结果都是悲剧，这在我的教育经历中无一例外。”是的，老师对孩子的态度，并不仅仅取决于孩子，某种程度上来说，甚至受家长影响更大一些。孩子走进学校，老师对他的影响非常大。被老师重视的孩子，成绩更优秀，自信心更强，无论在智力还是性格的发展上都会更好一些。而一旦被老师忽略，孩子不仅会成绩下降，出现自卑情绪，在人际交往上也容易有障碍，有些敏感的孩子甚至还可能会自暴自弃。

很多时候，不是老师想放弃孩子，而是被家长们逼得放弃孩子。

每一个孩子都是家长的宝贝，孩子在学校受了委屈，家长一时冲动愤怒是很正常的。可是在去学校“讨说法”之前，一定要先把事情的来龙去脉搞清楚。如果是自己孩子错了，那就主动道歉；如果是别的孩子的错，可以去和老师反映一下情况，让老师来协调处理；如果是学校和老师处理不得当，可以先跟学校和老师协商下一步处理办法。

在这个过程当中，家长要表现出理解和宽容的态度，这样会给老师留下非常好的印象，日后自然会对孩子另眼相待。如果在没搞清楚状况之前就去大闹学校和老师，打 12345 投诉，只会让老师觉得家长无理取闹，给老师留下这样负面印象，自然对孩子很不利。

对于学校和老师的规定，最好的方法就是配合。比如学校规定不让学生带手机，不管家长是否赞同，最好都要教育孩子遵守学校的规定。如果家长对一些规定很有意见，默许甚至鼓励孩子违反规定，这会让学校和老师非常为难，也会给老师的工作带来很大的困难。因为对于家长来说，只需要面对自己的孩子，但学校需要面对几千名学生。很多看起来不合理的制度，往往就是为了保护大部分孩子的安全和学习环境。

这个世界最想让病人健康的是医生，最希望孩子优秀的就是老师。能

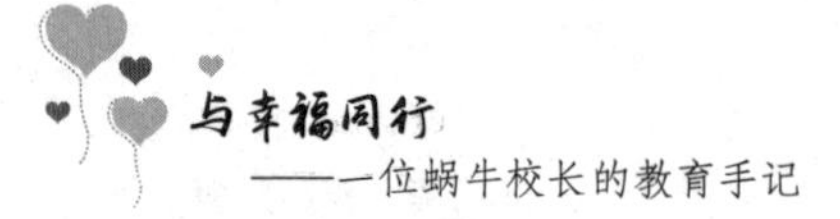

把学生教得个个优秀，是每个老师最大的梦想。有些家长对孩子的教育非常重视，一旦社会上出现一点关于教育的负面信息，都会认为整个教育行业出了问题，对自己孩子的老师也大加指责。如果家长能对老师的工作多一分理解和体谅，老师自然也会报之以对孩子的宽容和鼓励，这种良性循环，会让孩子受益终身。

对待老师最好的态度是尊重和信任，只有这样才能激活老师内心最崇高的情感，才能让老师用心去对待孩子，给孩子一份最优质的教育。如果我们社会最后的一片净土——教育，都抬不起头了，那么我们的社会还有什么希望，孩子还有什么希望，民族还有什么希望？

每一个生命都是复杂的个体，一个孩子就使一家人头疼。而一个老师要面对的是几十个孩子、上百位家长，还要面对生活工作中的其他种种，虽然他不能让每位孩子成才，不能让每位家长满意，但是他付出的已经够多了。

所以请善待每位教师，特别是那些为您孩子好、对您孩子严厉的老师。请家长多一分宽容和理解，多给老师一些尊重和信任，老师一定会加倍珍惜您的孩子。

您的朋友：

勤交流、频沟通

人们说真正美好的关系是相互理解和支持的，那在教育中最美好的三角关系应该是孩子尊重老师，家长理解老师，老师支持孩子！请善待每位老师，给予他们多一分宽容和理解，多一些尊重和信任，老师一定会加倍珍惜您的孩子。

家长回信精选

今天读了您写给家长的第4封信，我很赞同您的“这个世界最想让病人健康的是医生，最希望孩子优秀的就是老师”这句话。是啊，哪个师父不想让徒弟出类拔萃，哪位老师不想让自己的学生个个都是科学家……一样的环境，一样的老师，为什么有的同学考上清华、北大，有的变成罪犯？家长得在自己身上找找原因，不要什么坏事都往老师身上推。我们做家长的平时总是忙自己的事情，把孩子推给老师和老人，这种做法真的不利于孩子的健康成长。

谢谢江校长，您的这封信对我们来说就是及时雨，也是警钟。今后我们要努力工作，用心配合老师教育好自己的孩子。

——二（2）班学生姓名：相×× 家长姓名：相××

今天读到江校长的第 4 封信，您的每封信我们都感触良多！其实老师和家长是有共同目标的，本来就该通力合作。有个别家长不管自己的孩子，凡事都找老师，遇到问题就无理取闹。您的这封信把这个问题阐述得很清楚，我想他们看后一定会汗颜，一定会改变自己，毕竟孩子是自己的。感谢江校长，您辛苦了！

——三（2）班学生姓名：刘×× 家长姓名：刘××

第 5 封信
教育孩子是您的责任

亲爱的家长：

许多家长都有这样认识：我把孩子送到学校了，孩子学习不好就是老师的事，孩子品行不好也是老师的事。

作为教师，教育学生是义不容辞的责任，不管是传授知识，还是立德树人，老师都是学生的引路人。韩愈也说：“师者，所以传道授业解惑也。”家长对老师寄予厚望是对的，但把教育孩子的责任推给学校和老师就不对了。

我们经常听到这样的说法：

某家的孩子考上了北大清华，亲朋好友来祝贺：“你家祖坟上冒青烟了，命真好啊！”

可几乎没有人会说：“你家孩子遇到好老师了，都是老师的功劳啊！”

某家的孩子骂人了，打架了，周围人又说：“你学校老师就这样教你的？”

原来是这样——好事，没老师的份儿；坏事，老师想躲都躲不了。

诚然，很多父母从孩子生下来那一刻开始，就把希望寄托于别人，寄托于老师。这样会严重地影响孩子的发展，没有父母的呵护陪伴，没有榜样作用的童年不是完整的童年。虽然孩子们一天的大部分时间都在校园里度过，但他们的品行、好的习惯、阅读兴趣、坚强的意志力以及幸福感其实都源于简单的家庭生活。

家庭是孩子的第一所学校，父母是孩子最好的老师，父母的言传身教、一举一动都影响着孩子成长。家长是孩子的表率和榜样，孩子是家长的“镜子”，有什么样的家长就有什么样的孩子。比如，读书的兴趣是源自父母的影响的，很多家长埋怨自己的孩子不爱学习，不爱看书，却没有扪心自问，自己是否爱看书呢？孩子读书的兴趣是从小培养的，两三岁的孩子就该开始读书了，而不是等到了学校之后，让老师培养孩子读书的习惯。家里的书多，孩子读的书就多。父母起到好的表率作用，孩子就会效仿，反之，你家有麻将、扑克牌场，孩子就会模仿你，几岁就能熟练摸麻将，玩扑克很麻溜。

网上有这样一个比喻：父母是原件，家庭是复印机，孩子是复印件。当复印件出了问题，一定是原件有问题，修改复印件是没有作用的，因为原件仍然通过家庭这个复印机给复印件增添新的信息。比如孩子骂人、不讲卫生之类的坏习惯，几乎百分之百地都能在家长身上找到影子。要想孩子健康成长，家长就要好好学习，改变自己。

学校教育是有目的和系统的全方位的培养和教育。学校是孩子学习知识的主阵地，老师是教育者，学生是受教育者，孩子的文化知识的90%都是从学校获得的，对孩子的人生观和将来走向社会的基本技能以及必备的知识的获得，可以说学校教育是必不可少的。但是小学教育的主要形式是走读制，学生与家长相处的时间要比在学校和教师相处的时间长，所以其父母的教育仍然起决定作用。同时学校教育的主导功能，离不开家庭的支持和配合，因为家庭固有的血缘关系、感性和伦理道德等内在的关系，家庭教育直接影响着学校教育的效果。

一个好的老师，也许能够影响孩子三年五年，但是家长的影响力却是一辈子的。学校教育只能负责学生受教育阶段的教育任务。其实学校教育和家庭教育相辅相成，不分伯仲，其区别是侧重点不同。

一旦孩子出现问题，父母经常指责学校、社会，而不是反思自己。教育您的孩子，只是老师工作的一部分，但您不一样，孩子是您的唯一，教育好自己的孩子，永远是您最重要的事，是您的责任。

您的朋友：

勤交流、频沟通

家庭是孩子的第二课堂，家长是老师教育孩子的得力帮手。多称赞，少批评；多鼓励，少惩罚；多信任，少严管；多放权，少施压；多授渔，少授鱼；多做，少说。做好朋友，不做严长辈。

家长回信精选

读了江校长的这封信，我很受启发：孩子最初的老师是父母，父母是孩子最好的榜样。在父母那里获得的东西将会伴随孩子的一生。父母必须以身作则，为孩子做好榜样，陪伴孩子健康成长。

我想，作为家长首先要学会换位思考，自己不勤奋好学，就不要奢望孩子能超越自己。做好父母，从生活的点点滴滴做起，不是一朝一夕，不是一句话，更不是一个简单的承诺，而是一项工程，做好每个细节，才能为孩子做好表率，为孩子做一面镜子。

——二（3）班学生姓名：杨××　家长姓名：李××

有一家杂志曾对全国60岁以上的老人进行了一次问卷调查，列出了10项人们生活中容易后悔的事情，供被调查者进行选择，其中排在第三位的就是后悔对子女教育不当，有62%的人选择了这项。

江校长的这封信让我思考了许多！是的，孩子是自己生命的延续、希望的延续，我们为了孩子可以倾尽所有，并忍受一切伤痛和委屈。但望子成龙、盼女成凤可能只是父母单方面的良好愿望，对于儿女而言，也许只是想做一个简单快乐的普通人，我们唯有长情地陪伴，正确地引导，从而使他们在未来的道路上行稳致远，开启他们自己豁达的人生。

——（3）班学生姓名：赵×× 家长姓名：乔××

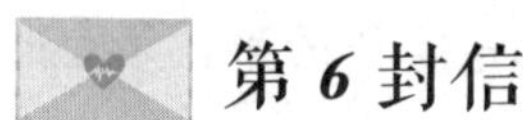

第6封信

平时不努力，孩子不会有好成绩

亲爱的家长：

网上有个很搞笑的段子……

孩子如果考到80分以下，回到家，是女子单打；如果是70分以下，是男子单打；如果是60分以下，是男女混合双打。这个段子很生动形象地表现了许多家长对孩子的成绩的态度。我们看完之后，笑完之后，会思考点什么呢？这个故事对我们又有什么启示呢？

看完这个段子，我想问的是：如果孩子的成绩好了，家长们会如何做呢？

当孩子拿着成绩优异的试卷踏着“六亲不认”的步子走进家门时，我相信大多数家长也是笑脸相迎。无论孩子提什么要求，都会无条件接受，就算是要天上的月亮，也恨不得找个梯子给孩子摘下来。

还有一个故事大意是这样的：

晚上，妈妈给孩子买了一条牛仔裤，孩子试了下，觉得裤腿有点长，拿着去找奶奶，让奶奶给剪短一下，奶奶说：“正在做饭”；拿着去找妈妈，妈妈说：“正在工作”；拿着去找姐姐，姐姐说：“正在写作业，写完再说。”孩子问了一圈，每一个人都在忙，孩子回到自己的房间，躺在床上睡着了。奶奶忙完，把裤腿剪了一截；妈妈忙完，又把裤腿剪去了一截；姐姐忙完，裤腿又被剪去了一截……

故事中的家长们，不正是我们自己的缩影吗？当孩子需要我们帮助的时候，当孩子需要我们关注的时候，我们都在“忙”，而且理由都很充分，孩子便成了无人问津的“孤儿”。当孩子出现问题了，我们一拥而上，孩子又成了众矢之的。要么把矛头指向孩子，埋怨孩子“不听话”“不争气”，要么把矛头指向彼此，推卸责任，争吵不休。

当成绩下来之后，不管好坏，家长都要用平常心来对待。孩子的成绩好，表扬自然是少不了的。但这不是最重要的，最重要的是要和孩子一起分析取得好成绩的原因，归结到“听课认真”“作业完成得好”“积极回答问题”等方面，而不是用一句“我孩子真聪明”或者“你真棒”之类没有实质性内容的夸奖应付了事。要引导孩子关注自己的学习状态，肯定他良好的表现和做法，为他指明前进的方向，让他知道接下来应该怎么做。

当孩子的成绩差了，也不要不问青红皂白就劈头盖脸地狠批一顿，甚至用“武力”解决。批评不是最终的目的，“武力”更不是最好的办法。我们应该做的，还是要保持冷静，先接受这个自己不想接受的现实。不妨冷处理一下，让自己的情绪平复一下，再和孩子一起分析成绩差的原因。和前面一样，分析的结果应该指向孩子本身，而不是外部的原因。让孩子认识到成绩下降是自己不努力、不认真的结果。确定了这一点，事情就好办多了。先跟孩子做一下沟通，讲明白平时听课、做作业、养成良好学习习惯的重要性。然后，再和孩子商量一下下一步怎么办？最后要做的才是和孩子一起纠正本次试题的错误。

在接下来的所有时间里，我们做家长的不能放任自流，要及时地关注、不断地提醒、恰当地引导，呵护好孩子的每一天，孩子的成绩一定会慢慢赶上来的。

要想秋天有个好收成，就必须在春天勤耕耘，夏天勤管理。没有平时的关注与付出，哪会有让人满意的收获？过程比结果更重要，目光只盯着孩子试卷上的那个分数，绝对是舍本逐末的错误做法。

亲爱的家长们，请和老师一起来关注孩子们学习的过程吧！

您的朋友：

勤交流、频沟通

每个孩子都希望自己的能力得到老师和家长的肯定和赞赏。与其说“你不要这样做”还不如说“你能够那样做更好”；与其让孩子在没完没了的批评中纠缠于做过的错事，还不如用适时的表扬给孩子的每次进步都鼓掌喝彩！家长朋友们，过程比结果更重要！及时地关注，恰当地引导，努力培养良好的学习习惯，这比分数更重要！

家长回信精选

我认真看完了这封信，江校长主要谈的是家长对孩子学习的关注度的问题，作为一名家长，我感受颇多。现在的家长基本都是“望子成龙，望女成凤”，所以从孩子上学开始，都对孩子要求十分严格，希望自己的孩子在校成绩优异，将来能考上好大学。因此有一部分家长就特别在意孩子的各门成绩的分数，认为分数最能说明自己孩子的学习情况。但是，俗话说得好，没有付出，哪有回报，而付出，不仅仅是孩子自己努力学习，家长的陪伴、关注也相当重要。

目前孩子正处于小学阶段，更需要家长多陪伴并加以正确引导，孩子就像小树苗一样，需要被扶正，才能长得高、长得壮。当孩子没有取得好分数时，不要一味地责备孩子，更不能打孩子，而要想想自己有没有花时间去关注孩子。拿我自己的孩子来说吧，平时学习习惯还好，每天能自己按时独立完成作业，不拖拉，遇到不会的能主动询问我，而不是弃之不管，等我去发现、纠正。但是由于我工作忙，陪伴相对少一点，所以他有些方面做得比较差，待人接物、和同学老师相处交流、自我情绪控制能力较差。以后我会尽量花时间来引导他，成绩固然重要，但是这些方面也重要，先成人再成才。

——三（3）班学生姓名：朱××　家长姓名：吴××

我也曾经因为孩子考得不好而大发雷霆，也曾因为孩子偶尔犯的一些错误而怒不可遏，但是回头想想，小时候的我们又做得怎么样呢？这个世界上唯有“父母”这个职业是无须培训、无证上岗的，我们都在一路摸索一路前行。我印象最深刻的是女儿在幼儿园的毕业册上写道：“我的心中有一棵大树，那就是我的妈妈，她一直在为我遮风挡雨，陪伴我长大。”想当初看到这句话时，我的内心是多么感动和欣慰！“陪伴”这个词包含了多少父母和孩子之间的爱的点点滴滴…….

作为家长，对待孩子要足够耐心和细心，好关系才有好教育，好关系才有好成绩！师生关系要和谐，家长和孩子的关系更要和谐。家长要以身作则，言传身教，多听听孩子的心声，多与老师沟通，对孩子少一些抱怨，少一些责骂，那么我相信，在不久的将来，孩子回报我们的才是人生最宝贵的一切……

——二（3）班学生姓名：李×× 家长姓名：李××

第7封信

您的方式，决定孩子成长的姿势

亲爱的家长：

先分享一个小故事：一位老师在听一节美术课的时候发现一个孩子并没有在画画，而是在写作业。这位老师马上问他："你怎么不画画呢？作业等到你回家再写不行吗？"这位六年级的学生说："我回家两天，我妈妈给我报了三个班。一个是奥数，一个是作文，还有一个是单簧管。"老师又问："那你不是还有半天时间吗？"大家猜猜他是怎么回答的？他说："这得由我妈妈决定。"

通过这个故事，我们知道了孩子们在周末到底做了什么事情、有没有做他自己最想做的事情。而这样的周末结束后，我们再看看周一孩子们的状态。大部分孩子是带着满脸的疲惫与倦怠开始他们新一周的校园生活的。难道这都是学校单方面给的压力吗？

我想，这值得我们所有人反思。我们到底该怎么办？

不少家长在孩子的教育投资上不惜投入全部心血。为了打造"书香门第"，把图书馆搬进家门；为了熏陶孩子的艺术气质，添置各种名贵乐器；为了让孩子不输在起跑线上，早早地为孩子报各种辅导班、提高班。然而，这种"最高配置"的环境却不是真正的好环境。

孩子到底要不要上各种班，这要根据孩子自己的情况来定。如果孩子的成绩够优秀，就没有必要再去辅导班补课了。可以在家里有计划、有侧重地自己复习、预习一下，查缺补漏。如果孩子成绩较差，可以适当补习一下，但要注意选择。不客气地说，相当多的辅导班并非以提高孩子的成绩为目的，赚钱是他们的唯一追求。如果让孩子进了这样的辅导班，钱花了不少，收效可能微乎其微，甚至适得其反。

话再说回来，许多家长让孩子去辅导班的动机也并不怎么纯洁。有的家长怕孩子在家迷电视、迷游戏，索性把孩子撵到辅导班里，“好歹能学一点，总比在家看电视、打游戏强”。有这样的想法的家长有很多，一到双休就感慨“还不如不双休呢”！孩子在家里捣乱，不听话，整天在家里大呼小叫，搞得鸡犬不宁。如果是更年期的父母遇到了青春期的孩子，那更犹如进入了“战国”时期。父母把孩子送到辅导班，图个清静。如果基于这样的认识和想法，孩子在辅导班也认真不到哪里去，所学知识也一定不入心入脑。有的辅导班会提前学习课程，学得比较快，孩子跟不上，所学知识点半生不熟。在学校课堂上，孩子似会非会，似懂非懂，对新课文、新知识没有了新鲜感，上课听讲也不会专心致志。如果形成了这样的坏习惯，还不如让孩子在家里看会儿自己喜欢的电视节目呢！

不同的家庭，对于孩子的期望不同，我们培养孩子也要因人而异。家长们最爱谈论别人家的孩子，却总是忽略自己的孩子是那么优秀而与众不同。大地接纳一粒种子，从不去挑拣它是什么样子，而是无条件地给予它安心成长的养分。好孩子不是一个样本，而是每一个人都能成为的“最好”。孩子的成长终究要靠自己完成，身为家长，我们所能做的只是提供一个支持的环境和成长的平台，让他们成就最好的自己。孩子是成长中的人，在不同成长阶段呈现不同的心理特征，家庭教育须解读孩子的心理，方能行之得当。

所以，家长要明白，并不是每个孩子都需要各种辅导。学习不是百米冲刺，而是一场马拉松。开始跑得快的孩子可能坚持不到终点，给孩子留下后劲，孩子才可能后来居上，成为最后的赢家。

听我唠叨了这么多，您心中是不是有了自己的想法呢？希望我的信，能给您一些帮助。您的教育方式，将决定孩子成长的姿势，希望您能给孩子一些快乐！

您的朋友：

勤交流、频沟通

处于成长期的孩子，身心尚在发育，对待这个社会的认知尚处于懵懂阶段，家长的心态会极大影响孩子的世界观、人生观。随波逐流、操之过急难免会透支孩子的健康与心智，为孩子的成长蒙上阴影。家长们要时刻奉行理智清醒、适可而止的态度。

家长回信精选

要不要给小学阶段的孩子报辅导班，这对于很多家长来说是个纠结的事情。有别于过去的教育思想，今天的家长过多过早地培养孩子的竞争意识。为了让孩子不输在起跑线上，家长们铆足了劲儿给孩子报各种名目的辅导班。但是作为孩子本人，有几个是真正愿意去学的？大多数是迫于无奈！这样的竞争是家长在牺牲孩子正常发展顺序基础上的一种不良竞争。读了江校长的信，我深有感悟：家长的责任是不打扰孩子的自我发展，为孩子营造一个良好的童年成长环境！

——二（5）班学生姓名：葛×× 家长姓名：葛××

读了江校长给孩子的第7封信，我感触颇深。首先感谢江校长在百忙之中，每周如约而至为我们家长送来一封育儿指导信！

您说得很对，提醒得很及时。我们做家长的不能盲目跟风，花一些不必要的钱给孩子报辅导班，只因要把孩子撵到辅导班，图家里清净。每个孩子都是独一无二的，都有他自己的优点，我们做家长的只需给孩子提供一个良好的成长环境和平台，让孩子在人生的舞台上自由舞蹈！

——三（12）班学生姓名：杨×× 家长姓名：唐××

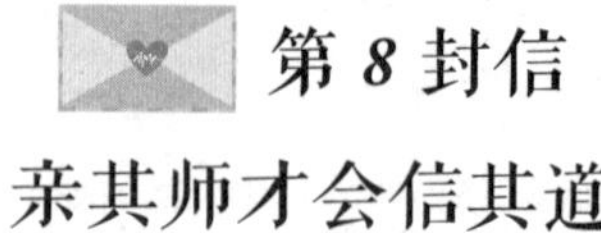

第8封信

亲其师才会信其道

亲爱的家长：

相信许多家长都听说过这句话“亲其师，信其道”。

这句话出自我国第一部系统论述学习方法和学习理论的著作《学记》。其实，这句话并不难理解，也就是说一个人只有在亲近、尊敬自己的师长时，才会相信、学习师长所传授的知识和道理。

怎样让自己的孩子尊敬老师呢？其实不难，就是作为家长要懂得如何维护老师的尊严，保护好老师在孩子心目中的良好形象。

作为家长，如何维护老师的良好形象呢？其实，这也不难，就是不要说老师的“坏话”！有人说：那老师有错就不能说了？我可不是这个意思，意思是不要当着孩子的面说老师特别是孩子的老师的坏话。老师哪里做得不对、做得不好，您可以和老师私下交流，可以向学校和教育部门反映，但千万不要当着孩子的面把老师说得一无是处。

孩子，特别是低年级的孩子，对老师是非常尊敬甚至是崇拜的。在孩子的眼里，老师就像是神一般的存在，她会讲故事，她会唱歌，她认识许多字，她会带着自己游玩……在孩子眼里，老师几乎是无所不能、无所不会！正因为有了这样的认识，孩子特别喜欢听老师的话，特别喜欢去做老师让做的事。

你看，在孩子心里，是不是老师的形象是高大上的？老师的话就是真理，家长的话要打折扣的。因此，家长一定要注意自己的言行，千万不要当着孩子的面说老师的坏话。

不过，有许多家长并不注意这些。最常见的例子就是交一些费用的时候。一般来说，上交费用有一定的时间限制，学校会提前一两天，因为还要汇总、核算、填表什么的。而班主任在布置的时候，又可能再往前提前一下。这样，留给家长的时间就很紧张了。当孩子回到家，要求家长赶紧交钱的时候，一些牢骚话就来了…… “怎么又要钱啊？”“急什么急？就你们老师事多！”“交个钱还不许微信，被你弄丢了怎么办？”“你们学校每星期都要钱，我要去举报”（这个地方说明一下，现在很多交钱名目，都是家长自愿，如有问题，可以直接向校长反映）。

还有个事例就是放学时间，家长在校门等着接孩子，自己孩子的班级出来晚了一点儿，就在那里唠叨开了：“怎么还不出来啊？放学了又充认真的了？”“小孩小，别站队了！快点跑过来！”还有一个孩子贪玩没完成作业，老师留下他补作业，家长等得心焦，次数多了，受不了了，直接跑到校长那里告状，说老师给自己的孩子小鞋穿，总是为难自己的孩子。诸如此类，不胜枚举，不绝于耳。

还有一个故事，具体情节记不清楚了，只讲个大概。一个孩子问了老师一个关于动物的问题，老师答不上来，诚实地说：“我不知道。不过，你可以回去问你的爸爸，他不是这方面的专家吗？”孩子回到家，问起此事，爸爸说自己也不知道，但给老师写了一封信，让孩子转交老师——那封信就是孩子问题的答案。

我非常佩服这位家长的智慧，明明自己知道答案，却不直接告诉孩子，而是让孩子的老师来揭晓这个谜底。这是为什么？这是在维护老师在孩子心目中的高大形象啊！

如果家长当着孩子的面，总是说老师的不是，时间长了，老师在孩子心目中的光辉形象就会慢慢褪色。当孩子不再亲近老师了，当孩子不再尊敬老师了，那老师讲的课，听不听就不重要了；老师布置的作业，做不做就不重要了；老师让做的事，干不干也不重要了。最后，受伤的一定是咱自己的孩子！

亲爱的家长朋友，我想，今后您一定知道应该怎么做了吧！

您的朋友：[签名]

勤交流、频沟通

身教胜于言传。家长给予老师充分的尊重、理解、信任和支持，无形中也会影响孩子对老师的态度。如果你的孩子不喜欢、不尊重、不信任自己的老师，任何崇高的使命和宏伟的目标都只是空中楼阁！

家长回信精选

江校长的这封信让我明白，很多时候一个学生喜欢这门课的老师，就会喜欢这门课。尊敬老师，在课堂上就会认真听讲，课堂效率就高，知识就掌握得牢。

我认为，家长和老师之间的关系从来都不是不可调和的矛盾，家长和老师是教育孩子战线上的同盟军，要把劲儿往一处使，携起手来促进孩子的健康成长。

很多时候，老师感到委屈、心寒，进而影响自己的工作热情，这都是家长不恰当的态度和行为导致的。老师的工作热情受到打击，教学质量就会受影响，最大的受害者就是孩子。家长与老师教育理念不一致，对老师有意见，最好不要在孩子面前抱怨，否则这种消极情绪会影响孩子。

——二（6）班学生姓名：毛×× 家长姓名：毛××

老师在学生心目中的地位如何，影响着学生的学习效率。融洽的师生关系，是学生学好知识的一个重要前提。

在日常生活中，作为家长，我们要把尊师重教传递给孩子，给予孩子积极的引导。特别是不经意间的言语会潜移默化地影响到孩子。比如，有的家长喜欢用老师去吓唬孩子，“你再不听话，明天我就告诉你们老师去！”这样不仅达不到教育目的，反而使孩子产生不好的印象，使孩子害怕老师，甚至厌恶上学。

所以，尊重老师要从家长做起！

——一（5）班学生姓名：庄×× 家长姓名：张××

第9封信

您是孩子成绩的第一责任人

亲爱的家长：

很多家长都说过或听到过这样的话：你怎么又没考好？这成绩还好意

思拿回家？你学校什么老师这样不负责任？我供你吃供你穿供你用，还叫我怎样？你学不好我也没办法。

好像孩子成绩不好，都是老师或孩子自身的原因，与做家长的一点关系都没有。

在此，我想提醒各位家长的是：您才是孩子成绩的第一责任人。老师也有自己的家庭要料理，也有自己的孩子要辅导，就算有三头六臂也不可能分身到几十个孩子家中去督促、去指导。我相信这一点各位家长是能够明白和理解的。

或许有的家长会觉得这是在给老师推卸责任，把老师的任务强压给家长，也有许多家长找出种种理由为自己辩护。我想说的是，在孩子的学习成长面前，你所有的借口和理由都是苍白无力的。如果为人父母，连陪伴、引导孩子读书学习的时间都没有，您赚再多的钱又有何用？孩子教育得不成功，是家长人生最大的败笔。如果孩子不成器，您辛苦一辈子赚来的钱，可能不够他一年挥霍的。

有位教育名家说过，教育从来都不是老师单枪匹马的战斗，教育必须是家长和老师的合奏。所以，老师和家长要互相配合，督促孩子读书学习。任何寻找借口、不去履行责任的家长，都是对孩子的成长不负责任。诚然，家长也有自己的工作，大家都很忙，但再忙也不能忽略了自己的孩子。一件事，您想要去做，不需要任何理由，总会找到方法；而您不想去做，可以找到成千上万个借口。

网上有一个比较流行的词语叫作“生命在场”，陪伴才是最好的教育。当孩子写作业时候，作为家长的您在哪里？是在家里和朋友打麻将、玩扑克？还是窝在沙发上玩手机、聊 QQ、刷朋友圈？还是在饭店里和朋友推杯换盏？甚至是把孩子扔进辅导班，付完钱直接了事？您看看，这些都是负责任的家长应该做的吗？所以，在乎孩了的成绩，一定要督促检查孩子读书学习，要陪伴孩子写作业，做负责任的家长，对于孩子的成绩，您是第一责任人。那么，怎样督促孩子完成作业，提高成绩呢？

第一是陪孩子学习。当孩子写作业的时候，家长要在场，坐在孩子的一边，拿起一张报纸或一本书，静静地看一会儿——就算是装装样子，作作秀，也是给孩子的一种暗示和熏陶。当您放下手机，关上电视，拿起书本来，孩子们也会自觉不自觉地开始阅读，学习也能更入心、更有效。其次是要制订计划。因为孩子小，没有时间观念，玩起来什么都不放在心上——包括老师布置的作业。许多孩子都是在最短的时间里把所有的作业写完，然后马放南山，玩得忘乎所以。写作业缺少计划性是学习的大忌。对于作业，家长应该引导孩子制订一个计划，写多少页、读多少书，要做到心中有数。

第二是要学会安静。读书学习最忌讳的就是环境嘈杂。对于孩子来说，更是如此。一有风吹草动，一点动静都能引起孩子的注意，从而让他们精力不集中。因此，孩子在家读书学习的时候，一定要注意家里的清净。那部没追完的电视剧就先不要再看了，那场要开始的足球赛也不要再看了。您在客厅里追剧追得鼻涕一把泪一把，或看足球赛看得大呼小叫，就不要指望孩子在书房里安心地读书学习。

第三是不要瞎指挥。当孩子写作业的时候，您就不要在他旁边指指戳戳了。一会儿说“这个字怎么写错了？你怎么不仔细看看？”一会儿又说“写得这么潦草，擦了重写。”您知道此时，孩子是什么心情吗？如果您正开车，坐在副驾驶上的人指挥您开车，您是什么感受，孩子就是什么心情。当我们被聒噪烦了的时候，很可能会甩一句“要不，你来开！”孩子们也会有这样的冲动——“嫌我写得不好，要不，你来写！”只是可能没有说出口罢了。将心比心，孩子写作业的时候，保持安静才是最可取的选择，等孩子全部完成了，再帮助检查，指出不足。

第四是要进行检查。有的家长又抱怨说“我又不识几个字，怎么会检查作业？”我想，只要您用心，可以想出很多有创意的检查方法。比如在检查作业的过程中，可以写上自己的名字和检查时间，可以画上一个笑脸、一个大拇指，可以写上一句鼓励的话……这些都是值得学习和借鉴的。如果是检查背诵类的作业，您可以和孩子一人背一句；如果是对话类的朗读作业，您可以和孩子分角色朗读；甚至您可以放下为人父母的架子，和孩子们一起演一演“课本剧”。总之，只要思想不滑坡，办法总比困难多。您用多少心，您的孩子就有多优秀。

总之，您是孩子成绩的第一责任人，希望您能够切实地担负起第一责任人的责任，为孩子的学习成长打下坚实的基础。

您的朋友：[签名]

勤交流、频沟通

陪伴是最好的教育！作为家长，不仅要指导孩子学习，也要陪伴孩子健康成长。家庭教育是造成孩子差异的重要原因，父母的言传身教永远大于老师40分钟的课堂教育。

家长回信精选

这是江校长写给家长的第9封信，他高屋建瓴、深入浅出地阐述了家庭教育的重要性，一针见血地指出了家庭教育中的盲区，他的文章就像一位高明的医生手中的手术刀——直抵病灶。

成功的家庭教育在于父母对孩子的深入了解、接受和尊重，而不是在孩子的成绩出了问题时就抱怨，就揭孩子的短，简单粗暴地吆喝几句，甚至把责任推给学校和老师。殊不知，绝大多数优秀孩子的背后都有优秀的家长做孩子坚强的后盾。一位教育家说："教育从来都不是老师单枪匹马的战斗，教育必须是家长和老师的合奏"。

"好雨知时节，当春乃发生。随风潜入夜，润物细无声。"江校长的这封信就像是春雨，滋润我们家长的心田！作为家长的我们，会牢记江校长的嘱托，和老师一道不急不躁、尽心尽责，为孩子的学业助力，然后，静待花开。

——二（4）班学生姓名：杨×× 家长姓名：储××

校长写给我们的信里字里行间满是关怀和叮嘱，读完以后我们倍感亲切，深刻认同。就像江校长信中所说，家长才是孩子成绩和生活的第一责任人。如果为人父母连陪伴引导孩子的时间都没有，赚再多的钱也没用。孩子成人成才，才是父母最大的财富。家庭环境是造成孩子差异的重要原因，如果孩子缺乏家长的扶助，积累的问题就会越来越多，跟别人的差距也会越来越大，家长和孩子都会苦不堪言。所以我们应该积极行动，步步紧跟，和老师相互配合，督促孩子学习，听取江校长"四步走"的建议，让孩子取得更好的成绩。

———三（4）班学生姓名：纪×× 家长姓名：宋××

第10封信
孩子的成长，取决于您的“嘴”

亲爱的家长：

我们来看这样一个场景：学校放学，门口，几位孩子妈妈在聊天，一位妈妈说，我们家孩子很不听话。每天就知道玩……真不知道怎么想的？本来拉着妈妈的孩子挺高兴的，听了妈妈的话，对妈妈狠狠地瞪了一眼，松开手，快速向前跑去。妈妈看见了，气不打一处来：现在孩子真是说不得了，每次说他都闹脾气，写作业磨磨蹭蹭……其他几位妈妈附和道，谁说不是啊，我们家的也差不多，讲得越多，越不听话，甚至对着干，真是一点办法没有。

您看看，这些妈妈们犯了一个共同的错误，那就是当着外人的面讲孩子的缺点。中国式父母大多如此，喜欢在他人面前讲孩子的缺点，无意中伤害孩子的自尊心。上述场景中的孩子就是这样，当听到妈妈在同学家长面前说自己的缺点时，显得十分生气，回家后就有意和妈妈作对，写作业磨磨蹭蹭。在他看来，反正妈妈认为我只知道玩，索性就边写边玩。

心理学上有个“皮格马利翁效应”，是由古希腊的神话故事而来。塞浦路斯的国王皮格马利翁非常喜欢雕塑。他用一块象牙精心雕塑了一个美女像，给她取名为“盖拉蒂”。这尊雕塑实在太完美了，皮格马利翁渐渐爱上了自己的作品。于是，他每天对着雕塑倾诉绵绵情话，赞美她的美貌，真诚地希望她能够幻化为人形，成为自己美丽的妻子。皮格马利翁的痴心最终感动了女神，雕像化作一位楚楚动人的美女，笑吟吟地朝他走来。皮格马利翁的期望终于成真，迎娶了自己朝思暮想的女子。人们便从这个神话故事中总结：热切的期望与赞美能够产生奇迹，通过强烈的心理暗示，被期望者的行为会达到预期要求。

现实中，父母往往把对孩子的期待用错了地方，以致离目标越来越远。父母一句句责怪的话语，使孩子得到暗示，让孩子以为自己就是一个笨孩子，一个只会贪玩的孩子，一个不听话的孩子……于是，各种问题不断冒出来，形成恶性循环。

反之，“期待效应”主张让孩子感受积极的情绪，使其充满正能量和信心。1968 年，美国的罗森塔尔教授来到一所学校，从一至六年级中各选三个班，进行了一次试验。他先列出了一张学生名单，声称名单上的学生都极具潜质，有很大的发展空间。然后他把名单交给各班老师。八个月后，他再次来到学校，惊喜地发现，名单上的学生成绩进步很快，性格更为开朗，与老师和同学的关系也比以前融洽了很多。这次实验，证明了期望对被期望者的重大影响。其实，名单上的学生全是罗森塔尔随机抽取的，只不过是通过罗森塔尔的口说出来，具有了权威性。正是这种权威性使教师得到暗示，认为这些学生有潜质。于是，老师通过眼神、微笑、言语等途径，将这种期望又传递给那些名单上的学生。学生受到老师的期待暗示后，变得更加开朗自信，充满激情，不知不觉中更加努力地学习，变得越来越优秀。由此可见，积极的期待能让孩子充满信心、热爱学习。

相反，我们总是给孩子传递负面情绪，就会使孩子处于消极状态，以致信心尽失，给自己贴上“不听话”“笨蛋”“没用”等标签。有个孩子不喜欢数学，每次考试都会答错很多题。父母不仅没有想办法弄清原因，并加以解决，反而每次考试结束后，当着老师或同学家长的面说：这孩子完了，这孩子完了，考得一塌糊涂，太笨了。孩子听了父母的话，觉得自己就是笨蛋，越来越厌恶数学。

所以，作为父母要敢于在外人面前大胆夸奖孩子，放大优点，强化积极情绪。所谓“一言兴邦，一言丧邦”，用在教育上，何尝不是呢？卡耐基很小的时候，他的母亲就去世了。缺乏母亲的管束，他像放纵的野马一般，特别喜欢调皮捣蛋。九岁那年，他有了一位继母。继母刚进家门的那天，父亲指着卡耐基告诉她，卡耐基是全镇最坏的孩子，你以后可得提防着。继母走到卡耐基面前，温柔地摸着他的头，说道，“他怎么会是坏孩子呢，我看他应该是全镇最快乐、最聪明的孩子。”这样一句质朴的话，不仅让他消除了对继母的抵触情绪，而且还成为激励他的动力。多年以后，卡耐基成了家喻户晓的成功学大师。

亲爱的家长，看了以上的案例，您明白了吗？您会用您的“嘴”说孩子了吗？希望您能用您的“嘴”，促进孩子健康快乐地成长！

您的朋友：

勤交流、频沟通

父母的自我成长，才是给孩子最好的爱！养育是一段富有诗意的修行，养的是孩子，修的却是我们自己。父母要用积极的期待激励孩子，同时也要不断地自我成长，时刻自我觉察，才能跟上孩子成长的脚步。

家长回信精选

听了江校长的一席话，我很惭愧，感觉信中的话就像在说我自己。确实作为家长的我们会三五成群，毫无避讳地当着孩子面挑孩子的毛病。文中提到的“期待效应”特别好！我也正在学习当中，我想，要想孩子改变，我们父母就要先做改变，我们要不断反思自己，总结经验，勇于面对自己的不足。感谢江校长为我们上了生动一课。教育是一门学问，我们会努力配合学校老师，家校合作，相信孩子的明天会更好！

——三（4）班学生姓名：王×× 家长姓名：赵××

江校长的这封信，引发了我的深刻思考：家长是孩子的第一任老师，家教的差异，是决定孩子未来发展差异的根源所在！

成功的父母不一定会有成功的孩子，但孩子的成长一定离不开成功的教育。父母是孩子的第一任老师，父母的言传身教将影响孩子的一生。今后我将努力学习如何做一名合格的家长、优秀的家长，我要努力给孩子做出好的榜样，同时多鼓励孩子，多给孩子一些信心！

——二（5）班学生姓名：江×× 家长姓名：张××

第11封信

做好“有效期内”的父母

亲爱的家长：

父母也是有“有效期”的，而且很短，只有十年。孩子十岁以后，任凭父母百般努力、拼命补偿，也无济于事，因为你们过期了，很残酷，但也很现实。十岁以前，孩子最依赖、最信任的就是父母。十岁以后，孩子长大了，渴望离开父母的羽翼。

所以在“父母”这个角色还在有效期里时，请一定要完成对孩子最重要的教育，帮助孩子打好人生的基石。一旦错过，任凭父母百般努力、拼命补偿，也很难真正对孩子产生影响了。

亲爱的家长，成长只有一次，教育无法重来，请对孩子的事亲力亲为。

著名教育学者李玫瑾教授说过，教育孩子，最怕该管的时候不想管，不该管的时候什么都管。教育是有时效性的，我们总说忙，但孩子的教育耽误不得，更无法重来。有些毛病和缺点一旦养成，就要花更多的时间和精力来改正，甚至无法根本矫正。父母在关键时刻缺席，哪怕给孩子留下金山银山，也无法弥补在教育孩子上的终生遗憾。从来没有自己成才的孩子，父母才是孩子永不退休的班主任。哪怕工作再忙，教育好自己的孩子也是我们一生的责任。比起任何事业的成功，教育出一个优秀的孩子才是父母一生的荣光。教育孩子要趁早，别等孩子长大了，让这个社会替我们狠狠教育他。教育孩子要趁早，孩子日后会感激父母，没有在他该受管教的时候放纵他。有人说，优秀孩子是优质教育的成果，问题孩子是问题家庭的产物。为什么呢？因为家长太多的关爱，导致孩子不知珍惜；家长太多的唠叨，导致孩子逆反对抗；家长太多的干预，导致孩子缺乏自主；家长太多的期望，导致孩子难以承受；家长太多的责备，导致孩子失去动力；家长太多的迁就，导致孩子不知约束；家长太多的在意，导致孩子要挟家长；家长太多的享受，导致孩子不知节俭；家长太多的满足，导致孩子缺乏快乐；家长太多的溺爱，导致孩子不能成长。

演员黄磊说过这样一段话：“父母应该站在孩子的角度去想，而不是做自私的父母。”父母常常因为爱过了头，把爱变成了自私的爱，这种爱比恨还要伤害孩子。有些父母替孩子扛住了一切，却让孩子没能力去面对世界。这样的孩子，注定没有出息。好的教育，一定是宽严相济，奖罚分明。好的父母，一定是管教同步，严慈同体的。父母爱孩子，必须为之计深远。不能只满足他眼前的快乐，更要为他将来的长远发展做打算。孩子需要快乐的童年，更需要独自承担未来的能力。现在不好好学习，不用功读书，不奋发向上，将来如何出人头地？

亲爱的家长，父母高质量的陪伴是给孩子最好的教育。教育是三位一体的，学校、家庭和社会缺一不可，但比重各不相同。100%的教育＝30%的学校教育+20%的社会教育+50%的家庭教育。家庭教育始终在孩子的成长中发挥着不可替代的作用，最棒的教师是父母，最好的学校是家庭。经常有这样的父母，年轻时顾不上孩子，年长了又离不开孩子，可亲子关系的裂痕已经存在，无法修补。我们总想给孩子最好的，却不知道，孩子最需要的只是父母的陪伴！父母是孩子的整个世界，缺少了父母的陪伴，孩子的整个世界都是灰暗的！高质量的陪伴，既要有时间的保证，也要有爱与情感的投入，还要一起做有意义的事情。父母用心陪伴，孩子幸福成长，是我们最大的心愿。

教育的黄金时期，也许只有十年！孩子的教育是一场无法撤回的直播，一辈子只有一次机会。亲爱的家长，我们不能图省事，更不能怕麻烦，因为最棒的老师是父母，最好的学校是家庭。教育孩子是一生的事业，孩子教育的成功，是父母最大的成功。家庭教育决定孩子的一生，投资孩子的未来，是每位父母必须重视而且做好的事业。希望您在您的“有效期”内，做负责任的父母！

您的朋友：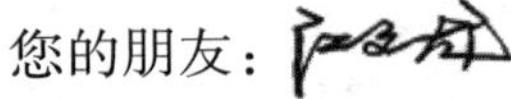

勤交流、频沟通

父母是孩子的整个世界，缺少了父母的陪伴，孩子的整个世界是灰色的。陪伴是相互的，滋养是相互的，给予是相互的。陪孩子长大的过程，也是我们作为父母成长的过程。陪伴好、教育好自己的孩子是父母一生的荣光！

家长回信精选

读了江校长的这封信，我深深感受到：任何一个优秀的孩子，都不是横空出世的奇迹，必定有一个重视教育的家庭和一对奋力托举的父母。其实，无论是家庭教育还是学校教育，在孩子成长道路上都起到十分重要的作用。教育的本质乃育人育才，父母进行精细化、持久化的育人，而校园则是大范围、阶段化地辅助成才。两者并行，一起努力才会有良好的效果！父母陪伴孩子真正从学习中找到乐趣、得到成就感，才是正确的教育。

——四（3）班学生姓名：单××　家长姓名：张××

研读了江校长的信，我不禁思考：同一个班级、相同的老师教出的学生为什么差别那么大？主要的原因就是家庭教育，家庭教育往往才是决定教育成败的决定性因素。老师不是万能的，把孩子的教育全推给老师是极不负责任的，把教育失败的原因全归结在老师更是行不通的。教育需要学校、家庭、社会共同携手。家长是孩子的第一任老师，家长的言行更是时时刻刻影响着孩子，所以家长要做好孩子的榜样，要和孩子共同成长。

——四（3）班学生姓名：汪××　家长姓名：马××

第 12 封信

您希望孩子期末有好成绩吗

亲爱的家长：

距离学期末越来越近，一个学期又将结束，孩子最担忧的期末考试马上就要到了。期末考试，是检测孩子一学期学习成果的关键，也是反映家庭学习教育是否成功的关键。所以，在期末复习迎考期间，无论是家长还是孩子都会略显紧张。但是越紧张就越容易陷入复习误区，导致孩子复习效果不佳，考试成绩不理想。

所以，在接下来的一周时间里，您要辅导孩子期末复习，时刻注意孩子出现的以下“病症”，并进行积极“治疗”，让其期末考试取得好成绩，一家子在一起过一个充实而又愉悦的寒假。

“病症”一：死记硬背，生搬硬套。具体表现为慌乱、焦虑、急躁。

对于孩子来说，期末考试就像是被逼上审判席，接受大众审判。所以孩子复习起来没有章法，面对需要牢记的知识点，一边担忧记不住，一边又在死记硬背，试图强行记住它。面对一些计算公式、道德法治名词术语，不懂得如何灵活运用，只能生搬硬套。

原因分析：出现此类情况的孩子主要有这几类——成绩不错，但对自己缺乏自信，不相信自己的实力；成绩一般，但是怕没考好挨老师、家长批评；不懂得灵活思考，局限于老师传授的方法，无法举一反三。

针对此类“病症”，您这样治疗，效果会很好：

（1）对孩子进行劝导。多鼓励孩子，告诉孩子期末考试并没有想象中那样难。

（2）多给孩子一些信心。让孩子对自己有一定的自信，能够静下心来安心复习。

（3）对孩子降低期望值。家长不要对考试表现得过于紧张，给孩子造成考不好就会挨批评的幻觉。更不要对孩子提出考试目标，增加孩子的考试压力，让孩子更加紧张害怕面对考试。

（4）教会孩子如何正确复习。孩子的复习方法不够灵活，家长可以从旁辅导，引导孩子的复习思路。好比一道题目，可以试着换一个问法，或者变换其中的数字，去引导孩子举一反三、牢记答题方式。

“病症”二：加班加点，题海战术。具体表现为抱怨“怎么办，就要考试了，我什么都不会”。这一类孩子平时主要的时间都用在玩上，没有过多关注考试问题。一旦到了复习阶段，就开始紧张，不知如何是好。所以只能采取题海战术，希望考的都是做过的题，出的都是看过的题。

原因分析：出现这种情况的学生中的一部分是平时对学习不感兴趣，专注于学习之外的事情，但是家长却看重考试成绩，孩子害怕；另一部分是孩子成绩很好，害怕漏掉每一个知识点，恨不得将所有题目过一遍并且牢记。

针对此类“病症”，家长应该这样治疗才有效：

（1）加强对孩子日常学习的管理。孩子平日不学习，一到考试关键时刻就慌张、担忧，主要是因为心里没底。因此，家长平日里就要重视孩子的学习教育，不能对孩子放任自流、任由其玩耍。

(2) 缓解孩子的情绪压力。成绩中上的孩子会出现此类症状，主要是内心压力过大所致。在紧张的复习阶段，家长不仅需要督促孩子复习，还要帮助孩子缓解紧张情绪。

(3) 带孩子出去走走，陪孩子做做游戏，让孩子多休息，劳逸结合的复习方式才会更高效。

“病症”三：只做难题，忽视基础。具体表现为：做题专挑难点，在难题上死磕，对基础知识不闻不问。并且对自己所掌握的基础知识拥有一定的自信心，相信自己不会在基础知识上出问题。

原因分析：出现此类情况的孩子多半成绩优异，对自己有着绝对的自信心，希望在期末考试大展身手。此外，这类孩子还有着强烈的好胜心或者征服欲，想要在考试中突出自我的价值。

针对此类“病症”，家长这样治疗效果更突出：

(1) 考察孩子的基础知识。孩子想要取得更高的分数，前提是基础知识要扎实牢固。家长不妨在复习期间考察一下孩子的基础知识掌握程度，如果掌握得理想，可以考虑让孩子攻克一下难题。但如果差强人意，就要让孩子认识到自身的不足，以基础复习为主。

(2) 让孩子了解考试的真正目的。考试更大程度上是为了检测孩子对知识的掌握程度，而不是攻克难题的能力。难题只是一个辅助，比如试卷中的附加题，更多时候是为了考察孩子的答题思路。

(3) 告诉孩子，基础知识的掌握才是考试的重点，是掌控考试分数的决定因素。

亲爱的家长，如您的孩子有以上“病症”，您会对症治疗了吗？

希望您在辅导孩子进行复习时格外用心，及时帮助孩子，纠正孩子的错误，实现家庭教育的成功。

最后，希望您的孩子能轻松应对考试，考出优异成绩！

您的朋友：

勤交流、频沟通

优秀不是一次两次考试就能证明的，请相信，我们的孩子就是最棒的。即使有时会失败，也不要对孩子缺乏信心，要及时帮助孩子，纠正错误，要耐心引导孩子，养成良好的学习习惯，努力实现家庭教育的成功。

家长回信精选

有幸阅读了江校长的这封信，我受益良多。临近期末，对于孩子的复习，我曾经和一位资深老师闲聊过。这位老师说："做十道新题，不如做对一道错题。"因此，在期末复习的过程中，孩子们一定要拿出一定的时间整理好错题集，温习错题集。学习无止境，错题总有限。所以荀子在《劝学》中提道："锲而不舍，金石可镂，锲而舍之，朽木不折。"说的道理就是，我们要长久地坚持下去，哪怕遇到再大的困难，也不应该放弃，因为终会迎来成功的一天。

——五（2）班学生姓名：徐××　家长姓名：顾××

读了江校长的信，我很感动。俗话说，亲其师，信其道；尊其师，奉其道；敬其师，效其行。面对期末考试中出现的类似"病症"表现，我们作为家长应该配合老师这样治疗，树立孩子的自信心，多鼓励孩子，告诉孩子期末考试并没有想象中那样难，多给孩子一些信心，让孩子对自己有一定的自信，能够静下心来安心复习，让孩子了解考试的真正目的。及时帮助孩子，纠正孩子的错误，实现家庭教育的成功。

——五（5）班学生姓名：魏××　家长姓名：马××

第13封信

孩子是用来欣赏的，不是用来比的

亲爱的家长：

一转眼，一学期过去了。今天又是周末，下周孩子就期末考试了。不用说，下周又是几家欢喜几家忧，考得好的孩子，家长和他一样，眉开眼笑，喜气洋洋。发挥有点失误乃至"不平衡"的孩子，愁眉苦脸，家长也是万般无奈，甚至拳打脚踢，觉得自己孩子时时、处处、事事不如人，对孩子的未来担忧不已。

我们不可否认，当今社会是一个竞争激烈的社会，到处都在比较，优胜劣汰的规则无处不在。我们比谁的房子更高大，我们比谁的衣服更华丽，我们比谁的待遇更优厚，我们比谁的汽车更高档……比来比去，心灰意冷，只是滋生了许多埋怨罢了。当然，也可能比出前进的动力，比出上进的勇气。

可是，有一样是绝对不能比的，那就是我们的孩子，因为孩子是用来欣赏的。可大多数的家长都在不知不觉地拿自己的孩子和人家的孩子比来比去。

中国有句老话："人比人该死，货比货该扔。"其实，真的是这样，人与人是没有可比性的。

我们承认也好，不承认也罢，人生来就是有差别的，除了家庭父母身世，还包括智商情商。有人出生嘴里就含着金钥匙，有人终其一生买不了一套房子；有人天资聪慧，无师都能自通，就像莫扎特 3 岁就能弹出自己听到的曲子，4 岁会谱曲，6 岁就能在整个欧洲旅行演出；有人却生来愚钝，反应能力、理解能力被人家连甩几条街，人家一看就明白的题目，给他讲半天他都转不过弯来；有人年少便崭露头角，意气风发；有人大器晚成，到老了才能证明自己；更有的人去世多年才被人发现价值。人就像自然界的植物一样，有的春天开花，有的夏天开花，有的秋天开花，有的冬天开花，有的可能终生不开花。知孩莫若父母，我们的孩子属于哪一种，恐怕我们家长自己心里最清楚了。可是，我们还是会不自觉地把自己的孩子和人家的孩子进行比较。

如果自己的孩子特别优秀，家长越比越高兴，自豪感瞬间爆表，孩子也越来越高兴，越来越自信。但这也有可能滋长孩子骄傲自满的情绪，慢慢地尾巴就翘上了天。骄兵必败，孩子的优势会在骄傲自满中慢慢地流失，最后与方仲永一样，"泯然众人矣"。

如果自己孩子各方面都比较差，家长会越比越生气，对自己的孩子越看越不顺眼，甚至怀疑这孩子不是自己亲生的。孩子呢，就会越来越没自信，最后可能破罐子破摔，你越不想他做什么，他就偏做给你看，你越希望他改正的缺点，他偏偏不去改。最终搞得家庭关系紧张，甚至酿成悲剧。

绝大多数的孩子是正常水平的孩子，不是特别出色，也不是特别差劲。这一类孩子的家长总是说“你看看人家小明的数学考得多好啊！”“人家小红的字多工整啊！”之类的话，往往拿自己孩子的缺点比人家孩子的优点，对自己孩子身上的优点视而不见，甚至忽略不计。家长的出发点是好的，想让孩子向人家看齐，但孩子们心里是很不服气的。你越是夸奖别人孩子的优点，他就越关注这个孩子的缺点，甚至会以此反驳家长。

有一个朋友的孩子学习成绩很好，但比较好动，上课时爱接话，朋友总是拿他和班里的小华相比：“你看看你，这么大了一点也不稳重，你看看人家小华，像个小大人，上课听讲多认真。”一次，两次，三次……终于有一天，朋友的孩子听得不耐烦了，大声地喊道：“你嫌我不好，你让小华当你儿子去呀！他再听话，是人家的儿子，我再调皮也是你生的呀！”朋友听了，一时语塞。从此以后，朋友再也不敢提这茬了。

其实，孩子再小也是有自尊心的，但我们家长往往不经意间就伤害了他们，而且自己却不自知。比如，几家带孩子聚在一起玩，总是夸奖别人的孩子这也好，那也好，最后还不忘记谦虚一下，说自己孩子这里不如人家孩子，那里不如人家孩子。虽然这是表面的恭维话、客套话，但站在边上的孩子听了，心里是不舒服的，他们小小的自尊心也会受伤的。

记得美国作家海明威说过一句饱含哲理的话：“人最高贵的不是优于别人，而是优于昨天的自己。”所以家长们不要总拿自己孩子和别的孩子做比较。有的孩子考 90 分可能因为马马虎虎不认真，以他的能力完全可以考到 100 分；有的孩子考 70 分可能已经拼尽全力，以他的智力水平已经算是超常发挥了。如果我们单凭简单的分数来批评或者表扬孩子，一定是不全面的。因此，我们要一起改变观念，引导孩子学会超越自我，每天进步一点点，每天提高一点点，时间长了，积少成多，每一个孩子都能成为最好的自己。

亲爱的家长，下周就期末考试了，无论孩子的成绩如何，请您记住：孩子是用来欣赏的，不是用来跟别人比的。我们学校也不会给孩子排名来划定座次的。

希望我们一起努力，和孩子们一起成长！

您的朋友：[签名]

勤交流、频沟通

欣赏是阳光，是雨露，是冬天里的一把烈火；欣赏是玉液，是琼浆，是夏日里的一片浓荫。学会欣赏，你便懂得享受；学会欣赏，你便拥有快乐；学会欣赏，你便走近幸福；学会欣赏，你便成为一个优秀的人，学会欣赏孩子，你便拥有幸福的家庭！

家长回信精选

看了江校长的第 13 封信，我受益良多。

首先，我们要学会尊重孩子。只有尊重孩子，把孩子当成独立的个体看待，他们才会让我们靠近，这时才能走进孩子的心灵，倾听他们的声音。取得他们的信任后，他们才会去听我们说的话。这样，彼此才能进入良性的沟通状态。然后，我们需要多鼓励孩子，而不是批评、责骂，孩子在接受父母鼓励的时候，会深深地体会到父母对自己的肯定和信任，从而增加自信心。孩子有自信了，就有了一股力量去做得更好。作为家长要多看孩子的进步，哪怕是点滴的进步。最好的教育是赏识，尤其是来自父母的赏识和鼓励，那将转化为孩子成长的无穷动力。

——三（16）班学生姓名：李×× 家长姓名：张××

看了江校长的信，我感受颇多。

我们应尊重孩子们的差异，父母应该让孩子“和自己比”，而不是“和别人比”，例如拿孩子这次成绩和上次成绩进行比较，拿孩子的优点和缺点来比较。此外，如果确实觉得别人家的孩子在某一方面值得自己的孩子学习的话，那么最好先对自己的孩子表现好的方面给予表扬和肯定，然后再客观分析别的孩子表现比较好的方面，在此基础上建议孩子如何学习别人的长处，这样孩子会更容易接受。感谢江校长的来信！

——四（16）班学生姓名：顾×× 家长姓名：顾××

第14封信
寒假用来干什么

亲爱的家长：

一个学期已经结束了，上午已分班级开完家长会。从明天开始就是正式意义上的寒假。如何和孩子一起把这个假期过得快乐而又有意义呢？今天就和大家聊一聊。

平时上课，都是比较快的节奏，每天学新课、写作业、做习题，孩子们的弦绷得太紧了！在临近春节之际，安排这样一个假期实在是很有必要的。

不过，我们也看到许多孩子在假期里过于贪玩，以至于刀枪入库，马放南山，作业不做，新课不预习，一学期学到的东西，几乎全部还给了老师。临近开学，又开始点灯熬油、加班加点地写作业。

首先，假期是用来放松休息的。

孩子们在学校里，紧张地忙碌了一个学期了，快节奏、高容量的学习生活使他们感到疲惫，放假了，就要放松一下，这对所学知识的消化吸收也是有好处的。所以，在假期里多带孩子们走亲访友、出外游玩是很有必要的。可是，许多家长在还没放假时就给孩子报了各种辅导班和特长班，当然这也无可厚非。不过，提醒您在选择辅导班或者兴趣班时，一定要慎重，不可过多，有的家长给孩子同时报了好几个班，每天赶场似的到处跑。有的孩子感叹说："还不如不放假呢！累死了！"如果孩子有了这样的想法，辅导班就不会有效果了。还有就是要注意孩子的实际情况，要真是哪个科目特别差，适当补习一下也可以。其他的，真的就没必要了。请您记住，养精蓄锐才是最重要的，别耽误了放松休息。

其次，假期是用来读书的。

许多家长都已经知道了阅读对于孩子成长的重要作用，也都在抱怨孩子平时作业多，没时间去阅读。现在时间来了，书你准备好了吗？下学期是很关键的一个学期，是孩子升级的转型期，谁能抓住这段黄金时期让孩子养成阅读的好习惯，谁的孩子语文就差不了。观念通了，接下来就是读什么书的问题了。还没放假，有的家长就在群里吆喝着给孩子买什么“小状元”“小神童”之类的教辅材料。其实，有了这些东西，并不是好事儿，特别是一些课文解析之类的教辅。一旦孩子手上有了这样的书，就懒得思考了，用照本宣科的方式来应付老师的提问。久而久之，对学习语文是很不利的。还有的家长，给孩子买一些没营养的漫画。我想问家长，你有没有看里面的内容？你觉得这样的书对孩子的成长有用处吗？

我们学校也正在开展首届“学正东关，最美书香家庭”评选活动，希望您能结合此次活动，再次营造家庭阅读氛围，积极参与，带头示范引领，引导孩子阅读。需要提醒您的是，不要让孩子贪多。有的孩子拿到书如饿虎扑羊，一口气读完，便放在一边不管不问了。这是很不好的阅读习惯。根据书的厚薄，平均到整个假期，做好计划，每天读多少页，积少成多，慢慢积累，才会更有效果。

第三，假期是用来发现兴趣的。

我为什么不用“培养”而用“发现”呢？其实，小学孩子对一切未知事物都是感兴趣的。但要注意的是，兴趣并不一定会成为孩子以后的特长。作为家长，平时孩子上学时与孩子接触得少。假期里有了时间，和孩子聊一聊，看看孩子的兴趣点在哪里，这个兴趣是一时兴起还是能够坚持下去的？最重要的是看看自己的孩子是不是真的有这方面天赋。

许多家长做事不动脑筋，不看对象，人家孩子学跳舞去了，咱家的也得去；人家孩子学画画了，咱也得学……有句古话说得好，“橘生淮南则为橘，橘生淮北则为枳。”您一定要看看您的孩子的特长点在哪，关注孩子是不是感兴趣，是不是能够长久地坚持下去，乃至成为一生受用的爱好。

最后，假期是用来弯道超越的。

我们很伤心地看到，一个学期下来，还是有一部分同学落在了后面。平时用的劲儿不少，家长也很关注，成绩就是上不去。还是那句话：别急，慢慢来。人和人是有差别的，有的人记忆力好，有的人爱忘事。对于爱忘事的孩子来说，假期是一个很好的查缺补漏的机会。在相当长的一段时间里，没有新的学习任务，大部分同学都在休整。成绩差的孩子的家长，一定不会放过这个黄金赶超期。一般来说，可以帮助孩子做两件事：

一是复习学过的字词句篇、计算公式、英语单词，防止回生；二是预习新课本，要求背的课文先背会，掌握的单词先会默写，数学习题先会做。快船迟开晚进港，笨鸟先飞早归林。只有把前置性工作做好了，下学期孩子才有可能给你一个惊喜。如果作为家长，什么都不做，只知道去唠叨孩子，那只能有“惊”没有“喜”了。

这个世界上最悲惨的事情，是人家的孩子天生比咱的孩子聪明，还那么努力，还那么认真，我们能怎么办？

我想，各位家长心里一定有些眉目了吧！

您的朋友：[签名]

勤交流、频沟通

每个孩子都是一棵幼苗，幼苗要长大，离不开阳光、空气、水、肥沃的土地、细心呵护成长的人。家校合力，方能将孩子培养成有理想、有爱心、健康快乐、博学多才的人。

家长回信精选

江校长的每一封信我都认真读过，内心充满了感动！

在防疫这一特殊时期，儿童青少年可能会出现一定的焦虑、冲突、抑郁、沉迷电子产品等情绪、行为方面的问题，具体表现为学习不认真，精力不集中，边学边玩；难以按照计划学习；担心自己不能适应网上学习形式，不能得到老师的及时指导；担心居家学习效率不高导致成绩下降，造成烦躁和焦虑；自责自己不够努力，内心矛盾等。作为家长，我们要与孩子一起发挥主观能动性和创造力，商讨解决方案，创造特殊的居家学习方式。要把这段时间看作培养孩子自我管理能力的好机会，不要只看到学习这一个方面，也要重视孩子的全面发展。

——四（16）班学生姓名：汤××　家长姓名：温××

江校长的信犹如一场及时雨，让我们这些充满焦虑、困惑的家长内心踏实了许多。

每当假期没有老师管教，我们总会非常担忧居家生活影响孩子学习，对孩子的教育也只停留在说教、打骂。通过江校长的指导，我想这个假期我会从一小步开始做起，正向鼓励孩子。首先我要和孩子一起设定目标，开始的几天任务和目标要比较容易达到，如从5分钟，到10分钟，15分钟，20分钟，逐步推进，让孩子觉得自己还是有能力做到的。其次，要帮助孩子设置学习时间和空间。另外家长也要管理好自己，不在孩子学习的时候打麻将、唱歌、开大音量看电视等。我们家长要以身作则，用自己的言行去影响孩子。

——三（9）班学生姓名：严×× 家长姓名：路××

第15封信

静候孩子归来展笑颜

亲爱的家长：

立春过后，万物复苏，本该是人间忙碌的时节，按照原定计划，今天是星期五，是开学后给您写第十五封信的时候，可是，一场突如其来的战“疫”，改变了大家的短期规划，安静的春节、沉寂的街道、每天变化的数据、一张张报表……

“宅”在家中二十几天，我知道大家关注武汉、湖北、沭阳，关注祖国，我们的老师从没有一个假期像现在这样和您及学生联系得如此密切。

此刻，望着窗外大地上隐隐的绿色，听着电视里的报道，刷着手机屏上不断增加的病例数字，钟南山院士的面容依旧肃然可敬，火神山医院的白衣天使依旧步履匆匆，昔日繁华的街道上鲜有人烟，小区里少了孩子们天真的笑脸，回想这二十几天学校疫情防控的一系列工作，我不由得心潮澎湃。

亲爱的家长，这个不能见面的春节，家人都安好吧？这个不能肆意行走的假期，让我们前所未有地体会到生命可贵，更深刻体会到大自然的可畏；我盼望看到每天汇报大家都安好的报表，我期待校园重逢时孩子们的笑颜！感谢我们可敬的老师，从防控领导小组成立到今天，无数的老师都在齐心协力，依据学校情况制定防控措施，并且一一落实，忙碌到深夜是常态，汇聚成学校疫情防控的强大合力。特别是“宅”在家中依旧坚守初心，一部手机指点江山，让防控工作有序进行，以人民教师的使命感安抚您及学生还有身边的家人，这个春节大家隔屏相望心连心！这个寒假大家都是“有使命感的中国人”！这个时段大家都是“最好的自己”！这场与疫魔奋战的斗争，需要我们每个人的努力。亲爱的家长，请相信我们的党我们的国，只要我们坚定信心、同舟共济、科学防治、精准实施，我们定能攻克病魔；只要我们不做旁观者，都做与疫魔奋战到底的当事人，春暖花开时，我们定能听到校园里琅琅的读书声！

“停课自主学、离校自觉教”是这个春天给全校师生的一个新课题，对于习惯了面对面传统授课的我们来说，如何在疫情期间迎接好新的挑战？疫情期间我们如何更好地为孩子的成长服务？对此，我有以下建议：

一是坚守教育本真，优化立德树人。疫情是现在，教育是未来，教育的根本任务是育人，希望您能告诉孩子灾难是最好的教科书，用一个个事例引发孩子的感触。希望您能超越自我，抓住契机厚植家国情怀、担当意识，引导孩子树立远大理想，树立正确的人生观、世界观。

二是关注孩子的发展，守望孩子成长。最近我一直在思考什么是好的教育，脑海中闪过苏霍姆林斯基的一句话——只有能够激发孩子去进行自我教育的教育，才是真正的教育。漫漫长假，让我们在屏幕前陪伴孩子，点燃希望。希望您能主动改变，多和孩子聊一聊，尤其是经常不在家的父母，充分利用这时候的“优势”，敞开心扉去接近孩子吧，您会发现每个孩子的世界都不同，了解这些之后，和孩子制定一个发展规划，您会感受到陪伴的快乐。关注发展，守望成长，静待花开。

三是回归育人本质，善于思考创新。特殊时期我们要研究特殊方式的教育，“停课自主学”，学什么、怎么学、学得怎么样，这是家长们应该思考的。希望大家能不断创新，凸显“引力课堂”中“引”的内涵，引导孩子们自主学习、自我管理，结合学校安排的线上课程，深入研究孩子的自我教育，既然“不该动的安静”，那么引导孩子们居家劳动、居家运动，告诉孩子这也是参加战斗，也是一种学习。

四是放松身心，正确佩戴口罩。寒假里该休息就要休息，休息得好，身体免疫力强，更加有利于我们战胜病毒。心情要愉快，不要过度焦虑，相信一切都会好起来的。实在是有要事需要出门的话，出门必须佩戴口罩。口罩怎么佩戴？首先要选择正规厂家有合格证的口罩；其次是用手接触口罩带佩戴后压紧上端紧贴鼻梁，下端紧贴下颌，不要留有空间，以免病毒乘虚而入。最后，回家取下口罩时，一定不要用手接触口罩表面，从侧面手拉口罩带取下后直接丢弃在不可回收垃圾桶里。

最后，我想说“您安好！我无恙！”非常时期，照顾好您自己和家人，安然战“疫”，待到春暖花开时，我在学校静候孩子归来展笑颜！

您的朋友：

勤交流、频沟通

了解孩子是一切好的教育方法产生的前提，只有真正地了解孩子，才能使你对他的要求合理，对他的帮助有针对性，对他的教育有实效性！疫情之下，请别放松对孩子的要求和教育！

家长回信精选

这场突如其来的疫情改变了孩子们的假期生活。在疫情持续的这么长的时间里，孩子在生活和学习上都不适应，表现出一些让人头疼的问题。江校长的这封信，给我们家长带来了许多启示和帮助，我结合自己的一些经验，给大家谈谈我的做法。首先，作为家长，要高度约束自己，制定合理的作息时间，疫情期间要做好孩子的榜样。比如：每天要早起早睡，要克制自己，不要整天玩手机，尤其不要在孩子的学习时间当孩子面玩手机，这个坏习惯会影响孩子！其次，在疫情期间要积极引导孩子树立正确的是非观。可以让孩子观看央视新闻，接触一些正面的观点和正能量。最后，多利用现成的资源，可以更多亲近孩子，可以在这段时间多和孩子进行交流沟通。

我想，只要我们能做到换位思考、以身作则，就会成为合格的家长！

——二（11）班学生姓名：李×× 家长姓名：王××

读了江校长的这封信，作为一名五年级的家长我深深体会到，在疫情期间，对孩子的陪伴和教育至关重要！

疫情期间，孩子需要持续待在家里，外出活动减少，不能和小伙伴一起玩，他们的负面情绪可能会持续累积。家长要理解孩子的负面情绪，及时进行正面疏导和缓解，帮助孩子改善情绪。家长可以和孩子一起把每天的生活、学习、娱乐、劳动等安排好，如做亲子游戏、室内运动、制作美食、打扫卫生等，全家共同来完成，共度美好的亲子时光。其次要指导孩子做好居家隔离和基本的防护措施，勤洗手，多通风，尽量不外出，外出一定要佩戴口罩等。另外，还要积极配合学校开展居家学习，指导和督促孩子完成网上的学习任务。在这个特殊时期，我们家长会与学校一起，共同做好疫情防控。

——五（15）班学生姓名：左××　家长姓名：左××

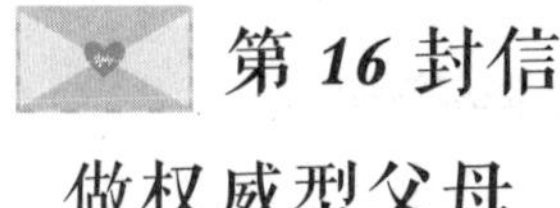

第 16 封信

做权威型父母

亲爱的家长：

疫情还未解除，学校仍未开学。更有官方权威宣布，3 月 9 日前不开学，可能您也心急如焚，家中的“神兽”更要出笼，实在招架不住了。为了帮助您更好地教育孩子，为了让孩子们持续学习，我们开始上网课。然而有很大一部分孩子却不想上网课，就想趁着假期延长好好睡懒觉、玩手机、玩游戏。有老师反映，正式上网课后，甚至有学生中午 12 点还没起床，躲在被窝里假装打卡。更有甚者，有家长打电话给我说，校长啊，还没开学，上什么课啊？您听听，好像孩子学不学习，都是学校的事，与家长无关。有句话是这样说的，“一切终将过去，但过去之后，有人依然停留在原地，有人已经迭代升级。”时间是这个世界上最公平的东西。漫长的假期结束后，松懈放纵的孩子成绩只会越来越差，坚持自律的孩子则会越来越优秀。

亲爱的家长，我想告诉您的是，最好的教育不在学校，而在家庭。毁掉一个孩子，就让他放纵地度过假期。一个放纵的假期，就是一生的差距。有句广为流传的话是这样说的：“不怕同学是学霸，就怕学霸过长假。”的确如此。学霸靠的不是智商，而是在其他人放纵的时候，默默努力和持续自律。

双双考上清华的“学霸双胞胎”焦宇晨和焦宇晓就是如此。被询问学习秘籍时，她们说：“我们成功的关键，就在于寒暑假。”每个假期，她们认真制定学习计划，严格按照计划执行。每天早起晚睡，同龄人在睡懒觉、打游戏、吃喝玩乐、挥霍光阴的时候，她们却在查缺补漏、复习巩固、自学预习、读课外书、锻炼身体。她们不只做题，还会安排单元测试，并根据测试成绩进行针对性学习。没有平白无故的好成绩，学霸之所以成为学霸，就是因为那份严格而无止境的自律。那些在假期里怠惰的孩子，如果没意识到这一点，和学霸的差距只会越来越大。

绝大多数孩子，都做不到自主管理、严格自律，所以，作为家长的您，要帮助他们克服习惯养成阶段的痛苦及困难。

《爱、金钱和孩子》一书，把父母分成专断型、放任型、权威型。权威型父母，是介于专断型与放任型之间的一种模式。这类父母通过说理和塑造权威跟孩子保持沟通，一方面向孩子输出价值观，另一方面，运用父母的权威对孩子立规矩，进行必要的管束和推进。作为您的朋友，我希望您能尽心，做权威型父母。通过言传身教或召开家庭会议，向孩子传递能量和价值，跟孩子一起制定计划，并进行监督管理及适当的奖惩。

首先，做权威型父母，要让孩子自律。美国总统罗斯福说过，“有一种品质，可以使一个人从碌碌无为的平庸之辈中脱颖而出。这个品质不是天资，不是教育，也不是智商，而是自律。”养成自律习惯的孩子，赢得的不仅是一时的好成绩，还有以后更幸福更成功的人生。

电影《风雨哈佛路》中有句台词，“我知道外面有更好更丰富的生活，而我想在那样的世界里生活。”片中的女主人公原型，是一个叫莉丝·默里的女孩，她凭着顽强的自律精神，仅用两年就学完了原本四年的课程，并以门门全优的成绩进入哈佛，以心理学博士学位毕业。她逃离了贫民窟，彻底改变了一生的命运，被评为“美国当代杰出年轻女性”，受到过总统克林顿接见。陀思妥耶夫斯基说："如果你想征服世界，就得先征服自己。"自律，是优秀人生的标配。养成自律的习惯，收获的不仅仅是一个好成绩，还有受用终身的强大助力。自律，是所有优秀的人的共性，是一个孩子最应该拥有的品格。养成自律的习惯，很重要，也很难。所以权威型父母要制定计划表，培养孩子的自律，利用计划表，可以帮助孩子形成规律的作息，清晰合理地管理时间、管理行为，提升效率。

其次，做权威型父母，要让孩子成长。您要让孩子知道，危机也是契机，更可以转化为成长的机遇。让被动的"宅家"，变成自我主动成长的契机。英国大文豪莎士比亚说："抛弃时间的人，时间也抛弃他。"利用好这一段时间，落到具体的目标上，每件事我们都可以想办法去做，这样就可以慢慢获得掌控感。通过关注疫情、关注社会，让孩子看见什么、记住什么，引导他们去规划未来、思考人生，实现从学习防疫知识、卫生习惯、生活习惯到学习生存的技能、学习生命的意义和价值的不断升级。线上学习有利有弊，也有不少争议，但在特殊时期，应遵循"线上线下结合、家庭为主"原则，尤其是小学和小学低年级，更多的是线下学习形式，如阅读、写作、家庭活动等。线上学习，可以精心制作微视频，设计课堂互动，加强任务单的推送，确保教学效果。自主学习，更多地在线下家庭实施，根据不同学段特点，采取"纸质任务，拍照上交"的方式，进行落实。合作学习，成立学习互助小组，开展互相交流、互相帮助、互相监督，共同提高。

第三，做权威型父母，要让孩子担当。这次疫情还给我们每个人上了一堂生命教育课，出了一道思考题——如何深刻理解自我与他人、小我与大我的关系？这场疫情让我们明白了"地球村"时代，我们每个人的命运与他人、与国家、与民族、与世界的命运紧紧相依。随地吐下的一口痰，可能成为传播致命病菌的一粒种子；一次任性的聚会欢歌，可能导致几十个家庭的生离死别……没有人是一座孤岛，没有人可以独善其身，所以，做权威型父母，要让孩子担当。担当就是关爱他人，就是在构建未来，就是在为国家奉献。家长要教育孩子，充分抓住剩余假期和今后的学习时光，向逆行的英雄们学习，向身边的楷模学习，从现在做起，从点滴做起，树立高远的人生理想，厚植爱国主义情怀，洁身自好，爱人如己，心怀天下，学会担当，帮助孩子完成从“小我”到“大我”的人生升华，为实现中华民族伟大复兴贡献自己应有的力量。

生活尚未归正，未来却已可期。亲爱的家长，作为教育者，您与孩子同行，希望您相信所有的努力都不会完全白费，您付出多少时间和精力，孩子就会回报您多少惊喜。

您的朋友：

勤交流、频沟通

生活处处皆教育。特殊时期，要遵循“线上线下相结合，家庭为主”原则，家长朋友们要努力做权威型父母，培养孩子的自觉自律，引导孩子勇于担当！家校携手，助力学生健康成长！

家长回信精选

由于疫情的因素，大多数父母都和孩子待在家里，一起在家的日子里，陪伴就是最好的教育。借这次超长的居家假期，我们可以陪伴孩子度过一段有意义的亲子时光。

首先，我们可以试着跟孩子一起制定一张学习生活的计划表并对照执行。只要家长起到良好的示范作用，孩子就会在计划的执行中，自我纠正和完善。其次，我们可以指导孩子学会自学。

疫情的危机，也是教育孩子的契机。我们会努力像江校长在信中说的那样，尽心做权威型的家长，让孩子学会自律，学会成长，学会担当。

——五（15）班学生姓名：乔×× 家长姓名：仲××

江校长在信中提到孩子上网课出现的一些问题，确实如此。孩子居家学习想要收到良好的效果，线下的家庭教育不能“缺位”，家长不能偷懒。一要多陪，让在家学习成为美好的亲子时光。二要多做，言传身教促进孩子更加自律。疫情期间很多家长难得在家休养，生活规律被打乱，沉迷手机和电视等。孩子没有学习榜样，自主管理能力也受到了影响。我们家长要以身作则，和孩子一起制定合理科学的学习生活计划，让孩子养成良好健康的生活习惯。

——二（11）班学生姓名：周×× 家长姓名：周××

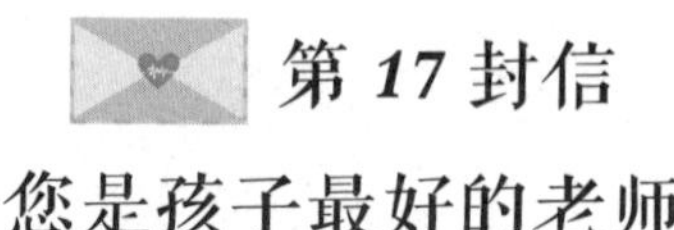

第17封信
您是孩子最好的老师

亲爱的家长：

不寻常的一年，不平静的寒假，不一样的生活。面对突如其来的疫情，全国人民正在党中央集中统一领导部署下，众志成城，攻坚克难，打响一场必胜的疫情防控阻击战。

病毒无情，教育有爱。特殊时期的人生大课仍在继续，每一次计划外的改变都是最好的学习契机。老师的角色也从前台转向后台，但教育的责任却分毫不减。学校老师已经做好充分准备，针对“在家学什么”“在家怎么学”“什么时候学”等关键问题，设立了课程表，准备了资源包，开始了网上授课，每天陪孩子们一起学习。虽然课堂被从学校搬到了家里，东关的孩子们并没有因为环境的改变而懈怠，老师们也在这样的契机中努力提升专业能力。从线下到线上，精彩生动的课程指导，灵活的课堂互动，实操性和应用性强的能力拓展，让孩子们更好地适应线上学习，体验更丰富的学习形式，收获自律自觉等好习惯，体会不同学科的魅力与学习的乐趣……

这段“宅家”的日子，可能是我们仅有的一次长时间陪伴孩子的机会。让我们停下来观察他们的行为，坐下来倾听他们的想法，静下来走进他们的心里，拥有一段甜蜜的亲子时光！可突如其来的如此持久的亲子时光，是否让您感到甜蜜而又苦恼呢？就像微信上爆笑的段子一样，“妈妈的一天就是起床、玩手机、吃饭、骂爸爸、骂我、睡觉；我的一天就是起床、用手机、写作业和挨骂！”

生活即教育，家庭即学校。让我们怀抱一颗平常心，珍惜这份难得的陪伴际遇，在非常时期与孩子一起好好生活，共同成长。病毒会传染，让一个个人经受磨难，品格会传承，让一代代人更加坚强。您应该是自己孩子的老师，要成为自己孩子的榜样！

特殊时期，长情陪伴。孩子们会变得更敏感，他们会努力捕捉每一个信号，解读每一个表情，洞察每一个表象。您外出买菜，为家人冒着风险；您闭门不出，为生活守候希望；您服务社区，为社会贡献力量。您的一举一动、一言一行、一颦一笑，都在向孩子们言传身教。每一个孩子，在家长的陪伴下耳濡目染、经历成长。打开电视，与病患共情，您默默流下的泪水，会化为孩子心中的悲悯；推开窗户，向瘟疫挑战，您紧紧握住的拳头，会化为孩子人生的力量。

家庭是一个大课堂。放下手机，关上电视，与孩子在彼此的心灵之间搭建互联网，可以给孩子讲一讲故事，故事里有未来的世界，有高科技的发展，有对瘟疫的征服，有对生态的建设，让孩子的想象力展开翅膀。故事里有最近发生的事，医生、护士、志愿者、快递员、清洁工，人人都是故事里的主角，故事里有泪水，有笑容，有呼喊，有盼望……大家在紧要的时段里，纷繁的环境中，跌宕的情节里，先后露面，纷纷登场。我们需要怎样的未来？我们要做什么样的人？如何铺展我们的人生？这些都是与孩子对话的内容。

家庭是一个大港湾。让每一个孩子体会到，窗外风起云涌，家是遮风挡雨的港湾，家是世界上最温暖的地方。教育就发生在家里，让孩子们和您一起铺床、洗衣、择菜，体会生活的琐碎，以及琐碎里的勤劳、细致；让孩子们和您一起分享、感动、悲悯。告诉孩子，有些家庭不能团聚，一些孩子的爸爸妈妈在防控一线，正因为他们的不懈付出，才有我们此刻的安全。有些家庭遭遇不幸，他们需要爱，需要我们提供更多的帮助，去温暖他们的心房。在危机四伏的日子里，一家人抱团取暖，相互体贴，相濡以沫，一起体会爱，一起约定，为社会、为更多的人付出更多的爱。这个约定，值得永远铭记；这段时光，值得永生珍藏。您纠结，孩子可能更纠结；您迷惘，孩子可能更迷惘；您的惊疑，会给孩子造成困扰；您的畏怯，会给孩子带来恐慌；您的抱怨，会成为孩子成长的魔咒；您的消极，会成为孩子面对生活的无望；您的思维，可能就是孩子未来的思维；您的胸怀，可能就是孩子未来的胸怀；您的态度，可能就是孩子未来的态度；

您的生活方式，可能就是孩子未来的生活方式。您怎样，孩子怎样，未来就会怎样。所以，您是孩子最好的老师。

您用实际行动提交答案，孩子会悄然把您的答案记在心上。这也许就成为孩子心里的标准答案，对他们的人生产生深远影响。所以，不可疏忽大意，不可视若无睹，不可投机取巧。请让孩子看到您的恪守，看到您的诚信，看到您的孜孜不倦，看到您的奋发向上。每一天，您都在为自己答题；每一天，您都在为孩子未来的人生打样。给孩子最好的教育就是，用自己的行动去体现什么是正确的人生观、价值观、世界观，用自己的人生去诠释什么是道德、良知、信仰。您播下的火种，能把孩子的心点亮。

每一所学校都是一个家庭，每一个家庭都是一所学校。亲爱的家长，您是孩子最好的老师，请做好孩子一生的榜样！

您的朋友：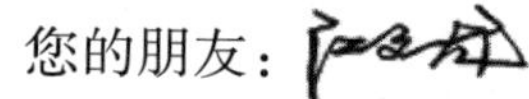

勤交流、频沟通

生活即教育，家庭即学校。亲爱的家长朋友们，身教重于言传，您是孩子最亲密的朋友、最信赖的老师，请做好孩子一生的榜样。

家长回信精选

小时候的我们，不管男孩女孩，每天上树掏鸟蛋、下河捉鱼虾，一方面父母忙于生计，无暇管教我们；另一方面，家家户户子女多，父母照管不过来。在这样游哉悠哉的环境中，我们这一群80后长大了。时光如梭，30年前的孩子如今成了父母，有了担当，有了自己的孩子。孩子的吃喝拉撒和学习一把抓，我们体会到养育孩子太难、太累了！读了校长的来信后，我想到了前段时间在朋友圈流行的一段话："孩子是父母的复印件，如果复印件出了问题，那么一定是原件的问题。"我突然意识到，我在玩手机，孩子凭什么去学习？

特别感谢疫情期间校长的来信，给了我们很多的教育指导，也让我们认识到了自身的不足和需要调整的地方。再次感谢校长以及东关小学的所有老师的精心教导，谢谢你们！

——二（12）班学生姓名：张×× 家长姓名：鲍××

江校长的信，让我们家长对教育孩子的健康成长有了新的思考。孩子们变好或变坏和我们的教育息息相关，有句话叫“先入为主”，所以家长是孩子的第一位老师，不能把一切推给学校。家庭是人生的第一所学校，父母才是孩子最亲近的老师，我们的一言一行、一举一动对子女都有着言传身教和潜移默化的作用。所以，作为父母应该经常反思自己的行为，经常通过各种途径进行学习，勇于改正自己的错误以提高自身素质，用自己的行为感化、影响孩子，言传身教，经常与孩子沟通，努力做孩子最好的老师！

——五（4）班学生姓名：刘×× 家长姓名：周××

第18封信

您努力，孩子才能学得好

亲爱的家长：

假期仍在延长，您的孩子的停课不停学仍在继续，想必在家学习对您和孩子来说都是史无前例的考验。

这是在全国疫情防控一盘棋的整体部署下，为保障学生生命安全，促进孩子主体成长而展开的“在家学习”活动。因此，无论组织教学，还是家长参与，乃至学生学习等方面，都没有现成的经验可以直接沿用，甚至会面临不同层面的问题和困难，就像微信上流传的段子一样，家长在检查作业的时候，表示“心好累”，连睡觉都梦到老师围在床边要作业，然后直接“疯掉”。虽然这是大家一笑了之的段子，但可折射出家长的压力有多大。诚然，孩子延迟开学，在家上“网课”，无形中家长和孩子多了很多相处时间，家庭变成了课堂，教育就发生在家里，“家长”“老师”两种角色一肩挑，让家长们体会到了当老师的辛苦。

因此，特殊时期，特殊的教育模式，需要您和老师携手，共同面对，才能取得最佳的培育效果。请记住：老师教得好，家长努力好，学生才能学得好。

没有您的努力，老师的线上教学努力将白费。“宅家学习”是新鲜事，“停课不停学”是新提法，线上教学更不是简单地看看视频、做做题目那样轻松，因为线上学习监控存在一定的困难，孩子的学习地点从学校回到家庭，从专门的学习环境回到家庭的生活环境，会出现烦闷、无所事事等现象，学习的时候注意力不容易集中，静不下心来，学不进去。这就意味着老师对孩子学习的控制性大大降低。孩子是否都能够按照老师的课程计划按时参与学习活动，完成学习任务，学习效果如何，是不是以学习为借口在手机、平板或电脑上玩游戏，这些都是很难被全方位监控的，仅仅依靠打卡、发图片作业这些有限的交流互动很难被掌握，所以需要您的努力，才能更好地保障学习效果。

没有您的努力，孩子的线上学习努力将白费。在学校教学的时间里，孩子有老师管，有同学帮，有整个学校为孩子保驾护航，教师具有更强的主导性，学校也有较强的约束力，而在这个特殊的时间里，开展居家学习，没有了教师的主导，没有了学校的强制约束，作用弱化了，原本属于学校教学的测评、学习小组、班干部、学科代表等暂时消失了，这些原本由学校承担的管理学生的功能，一定程度上落到了您的身上。所以您必须努力，陪伴孩子上每一节网课，检查孩子每一题作业，监督孩子每一次使用手机，否则，您每一次缺席孩子的教育，都会造成无法弥补的遗憾，不要等到开学时，孩子的距离比别人差一大截，才幡然醒悟，懊恼不已。对于上小学的孩子来说，作为父母的您是万能的，是最值得信赖的，不要说，孩子不想学就不要学，那还要您干什么？孩子可以不懂事，但您一定要清楚，不能让自己的宽容，纵容孩子的不求上进。请您记住：教育孩子的路上，最不该偷懒的是作为父母的您，最不该放养的是孩子。好孩子是管出来的，优秀的孩子是您陪伴出来的。

没有您的努力，家校合作育人的努力将白费。学校和家长的关系，绝不是“丁是丁，卯是卯”，而是通力合作，因为两者的目的是一致的，核心都是孩子。我们学校与您的家庭相遇，这是一场爱与信任的邂逅，这是一曲共赢的欢歌，这是一段美丽的传颂。我们只有一个目标，那就是让孩子变得更好。既然有同一个目标，那么我们必须各司其职，互相支持，共同努力，让孩子学得好，走得远。所以您必须努力，不能让一个多月的坚持，输给自己的一时疏忽大意。

一再推迟的开学日期，是为了您孩子的健康与安全，这是一个难关，这是一场硬仗，我们必须咬紧牙关，撑过去，熬下去，打赢它。希望您不要不满，不要抱怨，要努力与学校、老师站在同一阵线，打好这场攻坚战。

您要告诉孩子，学习是一种责任。现在不吃学习的苦，将来就要吃生活的苦。人在不同的人生阶段都有不同的使命，在学生阶段，学习知识，为以后的人生获得能力，就是这时候最重要的责任。为了这个责任，必须学会忍耐、学会坚持、学会付出。所以作为家长的您，更要加倍努力，您将决定孩子的生活态度，决定孩子的学习能力，决定孩子的意志品质，决定孩子的未来一生。

请记住：您努力，孩子才能学得好！

您的朋友：

勤交流、频沟通

染于苍则苍，染于黄则黄。再好的老师，也比不过善教的父母；再好的学校，也比不过努力的父母。非常时期，特殊教育，我们和您携手面对，共赢人生，让孩子学得更好，走得更远！

家长回信精选

这是江校长写给家长的第 18 封信了，让我觉得受益良多，感慨颇多。

读了这封信后，我才猛然想到：学习真的是孩子自己的事吗？的确，学习是孩子自己的事，但这并不意味着他们不需要我们的帮助和努力。我们常常希望孩子成长，但是成长并不是年龄和知识的增长，而是解决问题的能力的增长，比如耐心、细心、学习方法、自律、时间规划等，这些都是孩子需要的能力，但是似乎没有人教过他们。

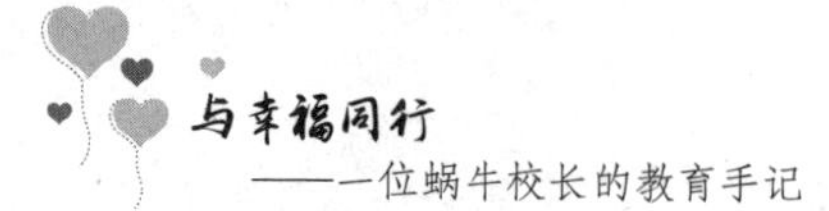

作为家长的我要首先反思自己，孩子的成长不仅仅是学校的责任，更多的是我们自己的责任。从今天起，我会尽好自己的管教责任，不为老师增加负担，我在这里也向“孤军奋战”的老师们说声：“您真的辛苦了！谢谢您！”

——五（6）班学生家长：邵×× 家长姓名：邵××

读了江校长的这封信，我深刻体会到作为新一代家长对孩子影响力的巨大。

2020 年的春节是一个特殊的春节，一场疫情打乱了我们生活、学习的节奏，“停课不停学”成了我们大多数家长的困扰，孩子的学习问题成了家长的核心问题，孩子学习拖拉，很多家长就开始抱怨、打骂，这无形中让很多孩子产生了心理问题。那么优秀的孩子是怎么教育出来的呢？首先我们作为家长就应该做好榜样，对待孩子要有耐心和责任心。要想孩子变得优秀，我们做家长的就要起到榜样作用，不断学习，不断进步！

——二（12）班学生姓名：孙×× 家长姓名：房××

第 19 封信

成长需要仪式感

亲爱的家长：

春暖花未开，居家学正浓。在这特殊的时期，本周一上午，我们学校举行了特殊的线上升旗仪式，所有的东关学生身穿校服，系上红领巾，通过视频一起唱国歌，行队礼，与领誓的同学一起面对屏幕的国旗宣誓，聆听校长、老师、同学的国旗下讲话，时间虽短，但程序紧凑，意义非凡，给各位同学留下了深刻难忘的印象，可以说是抗疫情切切，爱国心多多，正能量满满。

这个小小的升旗仪式显得很珍贵，那么有意义，那么令人难忘。不一样的升国旗仪式，却是一样的情怀，让孩子们多了一份“仪式感”，更是给孩子们上了一堂生动的“思想教育”课。全体师生更加深刻地认识到自己与祖国同呼吸，共命运，更加坚定不移听党话，跟党走，增强信心，早日打赢这场疫情防控阻击战；作为家长的您，也学会了敏锐地洞察，深刻地反思，从容地应对，智慧地学习，努力地付出，慷慨地给予，引导教育孩子在疫情这个大课堂里自律、自强、自立，为肩负起建设美丽中国的使命打下坚实的基础。这个仪式必将在每一个孩子的成长之路上留下难忘的印记。所以，您的孩子的成长需要仪式感。

什么是仪式感？我搜了一下网上的解释，发现网上关于仪式感的论述还真不少，尤其是教育界的居多，通用的解释是借用《小王子》里的一段话，我也不免俗地借用一下。在圣·埃克苏佩里写作的《小王子》里，对于仪式感的理解让人感觉很是温暖。小王子驯养了一只可爱的狐狸，小王子在驯养狐狸后的第二天又去看望它。“你每天最好在相同的时间来。”狐狸说，“比如说，你下午四点来，那么从三点起，我就开始感到幸福，时间越临近，我就感到越幸福，到了四点的时候，我就会坐立不安，我就会发现幸福的代价，但是如果你随便什么时候来，我就不知道该在什么时候准备好我的心情……应当有一定的仪式。”“仪式是什么？”小王子问道。狐狸说，“它就是使某一天与其他日子不同，使某一时刻与其他时刻不同。”是的，仪式感就是某一时刻的与众不同，通过追求仪式感，让自己和自己身边的人变得更好。

仪式感是孩子成长路上的一种源泉。仪式庄重、整齐，能集中表达特定的主题，特别是让一些抽象的品质、知识变得生动形象，容易引起情感共鸣。总有一些场景，成为孩子生命成长的一个符号，成为孩子一生难以忘怀的记忆，留在他们噌噌拔节的骨骼里，流淌在他们激越澎湃的血液里。所以，学校里的某一节课、老师所讲的某个内容，孩子可能不一定记得，但是入学仪式、开学典礼、升旗仪式、入队仪式、毕业典礼、校庆典礼、颁奖仪式等一些仪式教育活动的画面却很容易被回想起。每一个仪式，对于孩子来说，都代表着某一天与其他日子不同，某一刻与其他时刻不同，都代表着自己心灵深处经历了一种独特的成长。这就是仪式感留给孩子最深刻的影响，仪式感能为孩子的学习生活带来更多的源泉，这是比分数更重要的东西。

仪式感是孩子成长路上的一种态度。仪式感存在安慰剂效应，能改变孩子的态度和信念，进而影响孩子的参与意向和行为表现。疫情之下，教育部门发出“停课不停学”的号召后，东关的孩子纷纷在家上网课，但是上网课的环境和心态却与在学校有很大不同，所以有很多孩子听课不认真、不专注、不持续。我们东关的一位家长，专门对我讲，“校长，为了让孩子有上学仪式感，我专门用一个房间当教室，制作班级牌贴门上，还用上了投影仪，每节课都起立问好再坐下。就是让她感觉在家和学校一样有仪式，能安心学习。孩子也表示，在仪式感满满的前提下，感觉网课效果非常好。”是的，孩子带着仪式感上课，就会自发强调身临学习之中的感觉，从而有意或无意中就会约束自己的言行，当然就会格外专注和用心，上课效果肯定会更好。

仪式感是孩子成长路上的一种习惯。仪式感的培育不是一种灌输，而是一种塑造。通过日常固定的小举动，让孩子渐渐形成对生活的理解，慢慢地成长为一种习惯。比如，孩子居家学习要换掉睡衣，因为学习需要仪式感；孩子过生日要吃蛋糕，因为成长需要仪式感；孩子待人接客要有礼貌，因为成人需要仪式感。所以要对孩子成长的每一个阶段进行精心布置、精心选择，汇成一幕幕刻骨铭心的仪式，让孩子深切感受到自己又站在了新的起跑线上，既有追求新目标的激情和冲动，又有接受新考验的信心和决心。仪式感会使孩子保持虔诚心态、反思心态、学习心态、感恩心态。特别要使孩子在各种仪式中学会聆听，学习他人优秀的经验、先进的做法，时刻与自己的做法进行对照反思，找差距，弥补不足，时刻感恩家长的关爱、学校的教育、老师的教诲与同学的帮助。

仪式感是孩子成长路上的一种梦想。仪式感，是孩子成长中不可或缺的一种价值表达。真正的教育，都是一种基于教育目标与价值的唤醒、引导和建构。而教育的价值期待，需要在学校的教育活动中以各种适合的方式来表达与实现。能“使某一时刻与其他时刻不同”的仪式，正是对教育价值的一种富有张力、直入人心的隆重表达。这种表达，无论是预设表达，还是生成表达，都是对学生成长的一种有力牵引与乐观期待。“一所好学校，应该是有仪式感的学校；一个好家庭，应该是有仪式感的家庭。”孩子成长之路上的仪式感，是熏陶、濡染、觉悟和憧憬，是润物于无声，成就孩子成功之美。

亲爱的家长，多给孩子些仪式感吧，让您的孩子、我们的学生时刻记住这一刻的与众不同，这一刻的语重心长，这一刻的茁壮成长，这才是孩子丰盈的人生。我们相信，求学在有仪式感的校园、生活在有仪式感的家庭的孩子，他们的生命里，定然会有一片亮丽温暖、永不褪变的底色。

您的朋友：

勤交流、频沟通

一所好学校，应该是有仪式感的学校；一个好家庭，应该是有仪式感的家庭。仪式感，是熏陶、濡染、觉悟和憧憬，是润物于无声，成就孩子成功之美！

家长回信精选

毋庸讳言，教育是潜移默化、润物细无声的。仪式感，是教育不可或缺的一种价值表达，它在教育中发挥的力量，就像江校长在这封信中写出的“在于塑造，而不是灌输”。一场疫情，真的就是一场考验。

宅在家的日子里，对孩子来说，家庭就是孩子的全部环境。在这种状态下，我们就要改变孩子的学习方式。就我们家来说，一家三口坐下来根据孩子的意见制定学习计划表，“上课时间”按时走进书房，由她自己收集书籍、规划玩具角落，我们营造氛围，让她自己合理安排时间，这就是一种仪式感，让她在潜意识里做好自己的每一件事，这种仪式感让孩子更有态度，更专注，自觉性也更高。真正的仪式感也不是一朝一夕可以形成的。疫情还未结束，孩子的成长之路还很漫长。仪式是她们成长路上的一个个里程碑。在仪式感中，让孩子更自信，更懂得爱，内心更丰盈。

——五（15）班学生姓名：单××　家长姓名：单××

读完江校长的第19封信，我感触颇多。在繁忙琐碎的生活中，我们常常会忽视生活的仪式感，而我们的孩子在成长的过程中却是需要这种仪式感的。它会让我们的孩子认真对待身边每一个人、每一件事。哪怕是新买的钢笔，用完后对它说一句感谢在练字时给我如此顺滑的体验；哪怕是书包，谢谢它为我装载如此多的知识，让我的书本免受风吹日晒等，这些都能培养孩子们认真、积极、感恩、乐观的生活态度，会给孩子们的生活带来满足感、成就感。

如江校长信中所说，希望通过学校和我们家长的共同努力，能让我们的孩子拥有生活的仪式感，并在仪式感中茁壮成长，有一个丰盈的人生。

——四（4）班学生姓名：王×× 家长姓名：戴××

 第20封信

好孩子是您“陪”出来的

亲爱的家长：

开学仍无期，教育恒久远。因为疫情，这一阶段显得格外漫长，您、孩子和我们老师都面对同样的事情——网课。您可能上班复工了，开始抱怨孩子网课太多、作业太多；我们也怕孩子借着上网课为名玩手机、打游戏、乱聊天。所以大家可能都过得不好受。这样的状态，大家都是不愿意的。可不愿意在这时候是没有任何意义的。改变不了当下，就要顺应现在。此时我们更需拧成一股绳，心往一处想，劲往一处使，才能打赢这场硬仗。

这时候的您，承担了多样的角色，是孩子成长路上不可或缺的营养液、园丁、路灯……对他们的成长、成熟、成绩、成功，都起着引领和激励作用。所以您一定要用心去陪伴孩子，应了那句话：陪伴是最长情的告白！您的陪伴，是给孩子最棒的教育。小品《真假老师》中贾玲的一句“孩子需要的是陪伴，不是钱”道出了教育的真谛。《朗读者》“陪伴”一期中，董卿说：陪伴是生命旅途中的阳光，给人以温暖、信念和力量；陪伴是一种暖暖的情，一份深深的爱。您的陪伴，是给孩子最好的礼物。

父母是孩子一生的影响者，孩子的品行在很大程度上与家教有关。您是孩子成长的法定监护人，您必须以身作则，用心陪伴，言传身教。在陪伴中帮助孩子学会学习、学会生活、学会做人，让您的孩子在成长过程中拥有最棒的教育。陪伴，不仅仅是陪着孩子吃饭、聊天、写作业、上网课，更重要的是教给孩子知识与能力的同时，让孩子养成习惯，用您的精

神引领孩子的精神成长。

您的陪伴，是给孩子最优的示范。现在提倡创建“学习型家庭”，您要成为家庭学习的主体，让学习成为家庭的重要活动。您的一言一行、一举一动实际上都是在以身示范，您要成为孩子的表率，还要和孩子一起学习、相互学习，与孩子共同成长。您可以让孩子自己定计划，然后协助修改。在这期间您要起到良好的示范作用，孩子就会在一遍一遍的计划执行中，自我纠正、自我成长、自我完善。您可以帮助孩子借助网络课程资源或书本尝试自学。对孩子来说，自学是其一生都需要的一项重要能力。您可以给孩子充分的时间试错，让孩子自己感受一下通过自己的努力，可以学会哪些知识，又有哪些知识自己学不明白，还需要帮助？通过陪伴，肯定孩子通过自学取得的进步，培养孩子自学的信心，激发学习内驱力。您还可以引导孩子加强拓展学习，鼓励孩子通过多渠道查找资料，提高孩子分析问题和解决问题的能力，进而不断提高学习效率。

您的陪伴，是给孩子最强的依靠。您知道“隐形父母”这个词吗？您每天能抽出多长时间来陪孩子？1 小时、0.5 小时，还是 0？电视剧《小欢喜》里，季杨杨的父母把大量的时间投入工作，忽视了孩子成长中需要的陪伴。他们眼里只有孩子的叛逆、不听话，却不知孩子是因为缺少父母的关爱才表面放纵自己，其实内心脆弱无比。

也许您常常加班，回家时孩子早就睡下了，导致您陪伴孩子的时间很少。在孩子的成长过程中，多少次希望与您一起度过的美好时光都被“爸爸或妈妈工作太忙，下次吧”搪塞过去。孩子的成长需要您的陪伴而不是陪着。陪伴是与孩子时空上的同在，但是并非所有的“同在”都是陪伴。比如，回家坐在沙发上看电视、玩手机，然后和孩子各干各的，其间基本没有什么交流，这叫一起打发时间，根本不是“陪伴”。真正的陪伴是您与孩子的沟通交流，是情感的互动，是情感的共鸣，而不仅仅是时间上的付出。陪伴的最终目的是放手。陪伴不是让孩子永远离不开您，而是该放手时能放手，以便让孩子更好地走向社会，成为他自己。

您的陪伴，是给孩子最好的温暖。有这样一个故事：天黑了，有个小孩还在等爸爸回家。他终于等到爸爸回来了。“爸爸，你一个小时可以赚多少钱？”“我一个小时赚 20 元。”“哦，爸爸，你可以借给我 10 元钱吗？”

“给，这是你要的10元钱。”小孩子开心地笑起来，“谢谢你，爸爸。”接着孩子从枕头下拿出一些被弄皱的钞票。“为什么你有钱还跟我要？”“因为我之前的钱不够，但现在够了。爸爸，我现在有20元钱了，我可以向你买一个小时的时间吗？明天请你早一点回家，我想和你一起吃晚餐。”这个《20元钱的故事》感动了无数人，只是为了提醒辛苦工作的您多花一点时间，来陪着在乎我们的孩子。

“孩子是慢慢养大的，教育孩子就像牵着一只蜗牛散步，需要父母的陪伴，需要细腻的呵护和理解。”台湾作家张文亮的这篇文章，让看过的父母都止不住泪流……对孩子，您也会有被气疯和失去耐心的时候，您也会觉得孩子让您操心、烦心，然而孩子却在不知不觉中向您展示了生命中最初最美好的一面。在您的陪伴下，孩子每完成一件任务，就是他一个自主学习的过程。孩子的每一点细微的进步，都与您的陪伴密不可分。孩子的成长是一个循序渐进的过程。您陪着孩子静静体味成长的滋味，您俯下身来倾听孩子的心声，就是给孩子最好的温暖。人生不是短跑，也不是中长跑，而是一场马拉松——马拉松从来没人抢跑，因为绝不会“输在起跑线上”。所以请您告诉孩子，一定要慢慢来！而作为家长，您只需要陪着自己家如同蜗牛般慢行的孩子前行即可。

可能“忙”是我们每个人目前的常态，但绝不是您不陪伴孩子的借口。您可以面对面、手拉手，也可以用家书、纸条、微信、QQ、刷抖音等方式和孩子沟通，只要您利用所有细小零碎的时间，在孩子身上倾注耐心，用心陪伴，孩子自然就会回报给您一个明亮光辉的未来！

您的朋友：

勤交流、频沟通

陪伴是生命旅途中的阳光，给人以温暖、信念和力量；陪伴是一种暖暖的情，一份深深的爱。陪伴是给孩子最好的礼物。父母是孩子一生的影响者，您必须以身作则，用心陪伴，言传身教，让您的孩子在成长过程中拥有最棒的教育。

家长回信精选

如何陪伴孩子成长，江校长在信里给出了非常好的建议，读之让人受益匪浅。我想，做好孩子的陪伴者，呵护孩子的生命健康，除了要做好信中的几点要求，还要结合自己的实际情况，形成“一家一策”的陪伴方案。陪伴，顾名思义，既要“陪”，还要“伴”。要真正地陪伴孩子，依然要不断地努力，不断地超越自己，让自己不断地变优秀，让自己与孩子一同成长，做孩子生命成长时段的最好父母。

孩子成长的路程遥远而又漫长，漫漫成长路，牵着孩子的手，陪伴孩子慢慢成长，是一件多么幸福的事情，也许，我们真的给不了孩子最棒的教育、最优的示范。但是，我们真的可以给孩子最强的依靠、最温暖的陪伴，陪着孩子风雨同行，让孩子自信前行，去迎接自己的太阳，去眺望远方的世界。

——二（11）班学生姓名：吴×× 家长姓名：武××

读了江校长的信，信中对家长在陪伴孩子成长过程中的重要作用做了诸多论述，我表示十分赞同。如信中所言“孩子是慢慢养大的，教育孩子就像牵着一只蜗牛散步，需要父母的陪伴，需要细腻的呵护和理解。”在孩子成长的漫长过程中陪伴的目的是关注，时刻关注这颗树苗的成长方向和必要的营养。更重要的是要善于倾听孩子的声音，了解孩子的内心世界和正当需求。用心去和孩子沟通交流才会更有效率，发现问题及时纠正，没有问题防微杜渐，这是沟通的主要目的。当然还要注意方式方法，尽量不要居高临下，要多以平等的方式交流。每个孩子都是好苗子，努力给这些好苗子良好的成长环境和氛围，是每个家长应尽的责任，我始终相信付出必有回报。

——五（13）班学生姓名：徐×× 家长姓名：顾××

当我看到这封信标题的时候，就发自内心地赞同江校长的观点：“好孩子是您‘陪’出来的。”读完后，也觉得我对孩子的陪伴和付出得到了相应的回报，我的孩子虽然不是最优秀的，但也算比较省心，至少她的学习是快乐的、轻松的。疫情期间，为了给孩子营造一个良好的学习氛围，我在陪她学习的同时，自己也学了会计职称线上课程，我们在学习上相互鼓励、相互监督。我每天还坚持听“樊登读书”并写读后感。

作为家长，正如江校长所说的，我们以身作则，用心陪伴，言传身教，孩子一定会回报我们一个明亮光辉的未来！

——四（3）班学生姓名：王×× 家长姓名：王××

第21封信

您的坚持是我们的动力

亲爱的家长：

这应该是您与孩子朝夕相处时间最长的一个假期，我们都认为这是一生中特别值得回忆的一段经历。以至于大家见面问候时，第一句话问的就是“什么时候开学啊”。这个问题在上周还真不好回答，但现在终于有了官方消息，高三初三年级先期3月30日开学，指日可待。所以在春季开学倒计时的这段时间里，您一定要坚持住。

您的坚持会让孩子更加自律。疫情期间宅家是为了生命安全，而孩子宅家还多肩负着一项使命——学习，学习是学生最大的使命。时间的长河不会因为疫情而停止奔腾的浪花，人生的岁月也不会因为疫情停下脚步。家庭教育的差距，会在这突如其来的疫情中被暴露得一览无余。

许多孩子学网课的时候不让家长在一旁监督——当然，也有相当一部分家长已经复产复工，无法监督。这时候，自制力好的孩子还可以，能够较好地跟进学习。自制力较差的孩子网课没上几分钟，就不知在玩什么游戏了。从网络的一些后台数据就可以看到，有一部分孩子根本就没点开过，有相当一部分孩子的学时不够，有的只点开几分钟就不知干什么去了。

我们学校老师也多次在群里要求孩子认真学习网课，有的孩子仍然我行我素，老师打电话不接，有的甚至把老师拉黑。我们老师也是干着急，浑身是劲儿用不上啊，平时在学校里上课都难以关注到每一个学生，何况现在孩子远在家里，更是鞭长莫及啊！您以为孩子在房间里认真学习，孩子却偷偷地玩得不亦乐乎。一旦被发现，家里立马就会阴云密布，战火纷飞，不搞得鸡飞狗跳，绝不收兵。

还有一个问题就是网课的呈现形式。这种录像式的网课虽然是请本地区各年级各学科的名教师、学科带头人录制的，但因为录课现场没有学生，类似于模拟讲课，虽然课设计得很好，讲得也不错，老师也留出学生思考、书写、圈画的时间，但没办法与孩子进行双向交流。

孩子的掌握情况怎么样？无论上课的“临时老师”，还是跟进辅导的自己的“亲老师”都难以掌握孩子的学习情况。许多孩子的态度也从开始上网课时的激动、好奇，变成了现在的敷衍、应付，网课的功效正在急速下滑。所以此时的您，必须坚持，再坚持！您应该知道所谓义务教育就是“义务”，而不是“权利”。对您说白了，同样的班级，同样的老师，孩子读得好不好，能不能自觉专注地读，是您的问题。您应该明白，我们学校不会为不自律的孩子另订规则，而您的孩子如何自律，则来自您的坚持！您一定不能因为疫情而放纵自己、放飞孩子，那将会是“年与时驰，意与日去”。您一定要坚持要求孩子，陪伴孩子，让其坚持目标，克服懒惰，培养自律，努力学习，寻找差距，查缺补漏，把居家抗疫的日子，变成一个自我超越的、有意义的假期。

您的坚持会让孩子更加自信。古语云，“身行一例，胜似千言。”教育孩子亦是如此，身教重于言传。知名主持人杨澜曾说，“做父母并非易事，身教比言传更有说服力，如果自己充实、快乐，有责任感，有情绪管理能力，孩子会模仿你的。”的确，教育是双向的，如果父母一味在孩子身上发力，而忽略自身的问题，往往会治标不治本。作为家长的您，必须坚持对您孩子的学习效率进行检查，要学会辨别孩子是“真勤奋还是假勤奋”。一旦发现孩子在进行无效学习，就要及时纠正孩子的态度和行为，让孩子明白“什么样的学习才是有效的”，孩子的学习效果提升了，自信心大大增强了，对整个学习和生活都充满了热情和斗志！

您的坚持会让我们更加努力。师父领进门，修行在个人。您要坚持，多关注自己的孩子，关注孩子的习惯养成，不要一味地向外找原因，要多从自身找差距。您觉得自己的孩子上网课不专心、听课效率低，难道您不知道您的孩子平时就是这样上课的吗？现在县教育局给孩子们上网课的，可都是全县最好的学校里最好的老师啊！如果再学不好，还能有什么理由呢？一个孩子，在家多待了一两个月，您就受不了了、管不了了。您可想过，每个班里可是有五六十个孩子呀，我们老师可是每天都要面对这样那样的状况层出不穷的孩子啊！您现在是不是能够体会到当老师的难处了呢？您千万要坚持住啊！这个特殊的假期里，孩子的成绩分化可能会达到史无前例的严重程度，您能不能坚守住，可能会决定自家孩子很长一段时期的学习状态和学习成绩！

您要相信，您的坚持就是我们努力的动力，因为老师一定会站在您的背后支持您，毕竟我们有着共同的目标！

没有一蹴而就的成功，只有日积月累的坚持。亲爱的家长，特别的开学季，我们一起努力，坚持督促孩子学习，通力合作沟通，一起努力，一起成长，一起笑对阳光，静待春暖花开！

您的朋友：

勤交流、频沟通

身行一例，胜似千言。做父母并非易事，身教比言传更有说服力，如果自己充实、快乐，有责任感，有情绪管理能力，孩子会模仿你的。教育孩子亦是如此，身教重于言传。您要坚持，多关注自己的孩子，您要相信，您的坚持就是我们努力的动力！

家长回信精选

疫情期间，一直在家陪着孩子上网课，虽然孩子每天的课程和作业不多，但是作为家长辅导起来还是觉得十分困难，这个时候我深刻领悟到习惯对于一个孩子的重要性！

古语云：“积行成习，积习成性，积性成命。”在这个特殊时期，我想，家长的坚持就是孩子的坚持，江校长的这封信让我们进一步认识到家长要以身作则，时刻在行为上为孩子做出正确的表率，处处约束和自审自己的行为，帮助我们的孩子养成坚持的信念、坚持的习惯，让孩子在未来的道路上能够健康成长。

——四（12）班学生姓名：任×× 家长姓名：胡××

非常感动于江校长的坚持，感谢江校长对教育的如此用心、对我们家长的悉心帮助和指导！您说的正是我们家长的切身感受，在教育孩子方面我们有许多困惑和迷茫，尤其在这个疫情防控的特殊时期，孩子宅家上网课，就像给猴急的孩子套上了枷锁，给我们家庭教育引来了莫大的挑战！但请您放心，在春季开学倒计时的这段时间里，我们一定坚持住，尽全力关心孩子，陪伴孩子，帮助孩子，叮嘱孩子网课认真听讲、按时高质量完成作业。请您相信，我们一定按您说的更加努力坚持，因为坚持会让孩子更加自律，坚持会让孩子更加自信，坚持会让孩子更加优秀！特别的开学季，我们一起努力，为了我们家校共同的目标，坚持督促孩子学习，通力合作沟通，一起努力，一起成长，一起笑对阳光，静待春暖花开！

——三（14）班学生姓名：吴×× 家长姓名：袁××

第22封信

新学期，我们携手努力

亲爱的家长：

“迟日江山丽，春风花草香。”一转眼，在抗疫的艰辛道路上，我们已迎来了最美的人间四月天。更难能可贵的是，我们的生活马上开启了重启键，复学在望，孩子上学在即，百年东关也历经抗疫的洗礼，做好充分准备，在美丽的绿色校园迎接您孩子的到来！

新学期，新希望，新起点，愿您做孩子坚实的后盾，我们更愿和您同心协力，陪伴孩子一起成长，不负时光，不负自己！

我们携手努力，让孩子端正学习态度。学习态度是孩子学有所成的必须前提。学习态度是指引孩子学习的方向，不断提示孩子努力前进。在这个超长假期里，不少孩子已迫不及待想要重返校园，也有不少孩子习惯了宅家的舒适安逸，不想上学，更有的孩子还没从对疫情的恐慌中走出来……孩子有这些心理都很正常，所以这个阶段，您必须及时介入，主动与孩子沟通，掌握孩子的心理状态，与孩子的聊天话题逐渐由放假转为校园生活、学习等，增强孩子的开学意识；监督孩子早睡早起，教他们一些提神醒脑的好方法，如伸展运动、开窗深呼吸等；为孩子营造适宜学习的氛围，不宜边吃饭边看电视或边玩手机，避免孩子在饭后迟迟不愿去学习；为孩子提供安静、简洁的学习空间，尽量不要中途打断孩子的思路，排除使孩子分心的物品。您要通过谈心谈话等多种方式，排除孩子的顾虑，用爱和鼓励让孩子卸下心理包袱，端正学习态度，开心上学。

我们携手努力，让孩子制定学习目标。目标是方向，目标是旗帜，目标更是动机。有目标的学习一定是更高效的。所以您一定要做好引领工作，培养孩子规划学习的能力，帮助孩子设定目标和计划，孩子才不会在努力的路上迷失方向，才能更有前进的动力。先定学期目标，再定月目标，再细化到周目标，做到大目标、短安排，通过给孩子树立一个个小目标，最后实现大目标。比如每天放学后，让孩子把要完成的作业列出来，合理安排各学科作业的完成顺序和时长；孩子完成学习任务后，给他们自由支配的时间，鼓励他们养成先紧后松、先学后玩的好习惯；引导孩子学完一个单元及时回顾复习，对易混淆、模糊的内容要着重加深理解和记忆；多带孩子到图书馆、书店转转，确定这个节假日要读完哪种书、写几篇读书笔记等，通过小目标培养孩子的阅读兴趣和习惯，学会阅读时的积累和运用。

我们携手努力，让孩子养成良好习惯。漫长的寒假过后，孩子往往因作息时间不规律、生活习惯不固定，出现上课走神、精神不济、记忆减退、晚睡失眠等一些症状，所以您必须努力，培养孩子良好的生活习惯，让其在上学时利用好一天中精力最充沛的时段。“开学千万条，收心第一条。”收心的关键，是让孩子调整作息时间，回归正常生活，养成良好习惯。古语云，一年之计在于春，一日之计在于晨。首先您要带头，每天早起半小时，每天早睡半小时，和孩子一起调整好生物钟，让孩子以最饱满的精神状态去上学；按时准备一日三餐，让孩子饮食营养均衡。教育孩子养成管理时间的习惯，使用番茄时钟法、闹钟定时法等，让孩子在规定的时间内做该做的事，顺利完成学习任务；教育孩子养成专注学习的习惯，在学习时您不去打扰和干预，培养孩子的专注力；教育孩子养成动脑思考的习惯，鼓励孩子多思考，多独立，培养孩子的批判性和创新性思维。我们携手努力，让孩子掌握学习方法。“学而时习之，不亦说乎”，学习是孩子现在最重要的事情，更是学生的天职。而有效的学习方法会让学习取得事半功倍的效果。您要针对自己孩子的特点，不仅要让孩子努力学，更要让孩子找到正确且适合自身的学习方法。首先您要关注孩子的学习动态，主动向老师了解孩子的在校表现，以便及时纠正孩子的错误做法；其次您要教孩子科学且高效的学习方法，比如课堂学习以听讲为主、记笔记为辅，每门学科要有错题集，要先复习再练习，做好错题分析等。

我们携手努力，让孩子练就劳动技能。近日，党中央、国务院已下发文件，在各级各类学校中设立劳动教育必修课程。所以，在家庭生活教育中，您一定要培养孩子的劳动生活技能，要与孩子约法三章，规定在家哪些家务事是需要他自己完成的，上学后学校的哪些劳动义务是他要认真承担履行的，在节假日，您更可以带孩子体验社会上普通劳动者的工作，比如参加小区卫生打扫、公园杂草清除等志愿活动，向孩子讲述伟大的劳动者的故事，让孩子见证平凡的伟大、细小的崇高，让劳动教育融入您的家风之中。

春光一半归杨柳，学正东关属孩童。新学期，新开始，从您把孩子送进东关实验小学大门的那一刻起，我们就是同路人，我们都要重新启航，为孩子全力以赴，做好孩子的启明灯和引路人。而现在最需要的，就是您的配合与支持，让我们携起手来，同心协力，就像两支船桨，朝着同一个方向共同努力，让孩子向着我们期望的方向驶去，拥有一个美好幸福的人生！

您的朋友：[签名]

勤交流、频沟通

古人云，一年之计在于春，一日之计在于晨。春光一半归杨柳，学正东关属孩童。新学期，新希望，新起点，愿您做孩子坚实的后盾，我们更愿和您同心协力，陪伴孩子一起成长，不负时光，不负自己！

家长回信精选

新学期在即，读了江校长给家长的第22封信后，我受益良多。

这封信提醒我们家长在新学期培养孩子学习与生活方面的良好习惯，如：端正学习态度、制定学习目标、掌握学习方法、练就劳动技能等。在这诸多方面，端正学习态度这条让我感悟最深，学习态度是孩子学有所成的前提。2020年的寒假是不同寻常的，在这个超长寒假中，孩子们的学习态度及习惯发生了很大变化，习惯舒适安逸的生活，不想上学，不想学习，家长变得担心焦虑，不知道该怎么办，幸运的是，我们遇上了好校长，也遇上了好老师，感谢江校长给家长写的信，让家长在教育孩子的问题上有了方向，您是家长教育孩子的引路人！我们家长一定会积极配合学校工作，与学校、与老师携起手来，同心协力，给孩子一个良好的学习、生活环境，让孩子健康快乐成长！

——四（10）班学生姓名：司×× 家长姓名：戴××

这已经是东关的江校长给家长写的第22封信了，字字情真意切，句句饱含对孩子成长的期盼，我相信，每位家长读了江校长的信都会为之感动。

老师，是除了父母之外，对孩子最负责的人，校长更是像一把大伞，怕孩子们淋雨、怕孩子们被太阳晒。每一封信，我都会认真地研读，学习如何教育好、培养好孩子。孩子回家经常会说，“妈妈，我们这位新校长是位‘规矩’校长。”我想说：正是这样的“规矩”校长，让整个东关看起来焕然一新；正是这样的“规矩”校长，让孩子懂得“没有规矩，不成方圆”；正是这样的“规矩”校长，让家长明白了自己的责任。教育孩子，家长需要更好地与学校携手，配合并支持学校的规章制度，才能使孩子更好地实现自我管理，更好地成长成才，更好地实现人生价值！在这里代表家长们说一句：“谢谢东关人的努力，让我们看到了孩子的成长”。

——二（14）班学生姓名：赵×× 家长姓名：葛××

第 23 封信

您别把孩子“扔”给学校

亲爱的家长：

疫情防控严细紧，上学涛声催人急。从 2020 年 4 月 13 日起，小学的低学段也将全面复学，您从假期初的激情相拥、悉心相伴，刚上网课的兴奋陪学、欢欣鼓舞，到学习中途与孩子短兵相接、斗智斗勇，再到因孩子玩手机、打游戏而对孩子怒目而视、拳脚相加，余下的时间您就是天天祈祷、渴望开学。可能这个超长的假期，就是您一段焦虑烦躁的经历。现在终于云开雾散，中小学全面开学，您也终于松了一口气，可以安心上班复工了。

很多家长认为，把孩子送去学校，孩子的学习问题就应该由学校和老师处理，与家长没有什么关系。亲爱的家长，您千万别这么想，您才是孩子永不退休的班主任，您才是孩子永远的导师。老师只是陪伴孩子短短几年，而您却要陪伴孩子度过整个成长期。越是逃避眼前的现实，越会陷入痛苦的境地。我们的幻想不过是自欺欺人罢了，现在您在孩子身上欠下的努力，未来不得不加倍奉还！现在您省心安心了，将来就会操心费心！

您千万别把孩子“扔”给学校。影响孩子成绩的主要因素不是学校，而是家庭。同一个班级，孩子之间的竞争，归根到底，是家长综合素质和付出心力的竞争。平时不闻不问，考差了暴跳如雷，大发雷霆，这是典型的不负责任的表现。人们说这个孩子和那个孩子这样不同那样不同的时候，其实是指这个家长和那个家长的付出的不同。如果家庭教育出了问题，孩子在学校就可能会过得比较辛苦，孩子很可能会成为学校的问题孩子。

您千万别把孩子“扔”给学校。孩子在同一个班级，教是一样的教，学是一样的学。就像我们学校寒假上的网课一样，对所有学生都是一样的，公平的，可是期初的检测，所有孩子的成绩能一样吗？答案是不言自明的，关键取决于作为家长的您。如果您没有按照老师的要求去做，没有尽到做家长的责任，不向孩子提学习要求，就不能怪孩子成绩不理想，更没有任何资格责备孩子。当您觉得付出没有得到充分回报的时候，要这样想：如果我不给孩子助力加油，孩子的潜质将不能被发掘，孩子的学习将跟不上脚步，孩子未来的希望将更加渺茫。想通了这些，您就会心平气和地做您应该做的事。您一定要知道，要想让孩子爱学习，就必须自己先读书做人。老师如此，家长也是如此。成绩好的孩子，父母通常都是有条理、有计划、肯认真的人。您要知道，您越努力，越认真，越有条理，越有礼貌，越配合学校，您孩子的成绩就越好。

孩子的学习越困难，就越应该让孩子认真阅读。所谓智力，就是阅读能力。其实，无论是基础知识、阅读还是写作，提高能力的根本途径都是课外阅读。如果您希望孩子好，那就先成为读书型的父母，从现在做起，和孩子一道，安静地看书。如果您不能在书桌前坐半个小时，又如何要求孩子每天从早到晚坚持五六个小时的艰苦学习呢？所以您一定要自律，不能在孩子读书时，自己玩手机。

您千万别把孩子“扔”给学校。孩子取得优秀成绩所依赖的，除了天分，更多的是自控力、专注度和求知欲，这些素质与孩子的成长密不可分。作为老师，我们比谁都知道分数的重要性。可是还有比分数更重要的，我们时刻不敢忘记，那就是身心健康、正直勤勉、战胜困难。贫穷是重要的教育资源，但并非越贫穷越有利于孩子的成长。做父母的您，需要为孩子提供基本的文化资料，不让孩子陷入人穷志短的自卑深渊。教师的一视同仁总是相对的。对于教育责任感特别强、能与教师紧密配合的家长，教师对他的孩子自然要特别关注一些——这是很公平的。因为没有您的配合，老师的努力全然是无用功。

您千万别把孩子“扔”给学校。孩子学习是很艰辛的，这是一个爬坡过坎的过程，一旦上了路，对于您的家庭、对于老师，都是一件幸事。在这个过程中，老师自然要竭尽全力引导、帮助他们，如果能再得到您的帮助，那孩子将是多么幸福？这时您就要对孩子进行赞赏和鼓励，对孩子进行积极的暗示，与孩子同学习、同阅读、同活动。您一定要知道，孩子们站在同一起跑线上，看起来似乎没有差别，但坚持六年之后，他们将会有极大的不同。

您千万别把孩子“扔”给学校。孩子在家很任性，这实在是您应当深刻检讨的事情。现在的孩子，性格成型早，个性强，您一定要高度重视，及时引导，否则我们教育的效果只能被抵消，乃至没有任何作用。对老师而言，真正的志同道合者，就是您。有人说老师带的不是一个班，而是两个，一个是学生班，一个是家长班。三分之一的家长积极行动，步步紧跟；三分之一的家长虎头蛇尾，勉强应付；三分之一的家长基本不问事，什么都跟不上。而这就是您孩子与别人拉开差距的原因。

家校携手齐培育，学正东关又扬帆。亲爱的家长，资质相同的孩子，遇上不同的父母，其发展绝对不一样，所以您不要着急，不要攀比，不要烦躁，更不要想一口吃胖，而要认认真真，老老实实，兢兢业业，全力以赴做好孩子的教育工作。您要相信，只要孩子每天在学习，您在努力，一天一小步，一周一大步，一月长一截，一学期下来，孩子一定会全然不同，孩子的教育成功了，您才是人生的最大赢家！

您的朋友：

勤交流、频沟通

著名教育学家苏霍姆林斯基说过：“教育的效果取决于学校和家庭的教育影响的一致性。”如果没有一致性，那么学校的教学和教育过程就会像纸做的房子一样倒塌下来。家校携手齐培育，学正东关又扬帆。亲爱的家长，您才是孩子永不退休的班主任，您才是孩子永远的导师。

家长回信精选

看了江校长给我们家长的一封信，我深切感受到了我作为家长在教育孩子方面还有很多不足之处。孩子的培养，既是学校的事，也是家庭的事，既是老师的事，也是家长的事。

经常听到这句话：“三人行，必有我师。”孩子的成长，需要有团队合作，孩子、家长、老师组成黄金三角组合共同前进，家长和老师如同车之双轮、鸟之两翼，缺一不可。我们作为家长，要反思自己的行为，深度参与到孩子的教育中来，总之，家庭教育是一门综合性很高的艺术、一项伟大的事业。要综合家长多方面的知识，更好地和孩子进行沟通，调动孩子的积极性，让孩子在学习、生活、交友、做人、自我修养方面获得良好的教育。

——二（15）班学生姓名：沈×× 家长姓名：孙××

再一次收到江校长给我们家长的信，感受颇多，作为家长的我，想尽自己最大努力做到最好，但有的时候觉得自己做的真不够。

说到孩子的教育，每一个做父母的都有一肚子话要说，虽然家庭情况不同，教育的方式方法各有千秋，但目的都是自己的孩子能快快乐乐健康成长。孩子在学习中遇到很多困难，有时候家长苦口婆心却适得其反的现象并不少见，我也曾为此苦恼过、郁闷过，过后细细思索，做父母的不应该只怪孩子，也该反思反思自己，看看问题出在哪里，能不能换种方式让孩子更容易接受？在今后的日子里，我也要边学边教，和孩子共同成长，在实践中摸索，在学习中不断进步。

——四（12）班学生姓名：仲×× 家长姓名：靳××

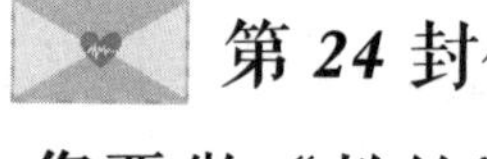

第24封信

您要做“教练”

亲爱的家长：

春风和煦，花草芬芳。一转眼又是周五，又到了和您用书信交流的时刻。这次新冠疫情，影响到了所有人，孩子自然也在其中。我们学校也因为疫情防控的需要，为全体师生设计了体温监测服务卡，可每天导护老师在校门口测温检查的时候，总会不是有孩子忘记带卡了就是家长忘记在家测温签字了，给学校增添了麻烦，也给孩子徒增烦恼。问其原因，家长们都会说太忙忘记了，或者说：我都提醒孩子了，老师你要好好管管，该惩罚惩罚。您听听，都是振振有词，都有理由。写到这里，我就想到了孩子写家庭作业的情况，每当有孩子家庭作业没写或忘带的时候，向家长询问情况，家长几乎都会说“老师你认真惩罚，让他重新写。”我想说的是，没写的作业可以重写，可占用的时间却不能重来。您难道不知道，当您的孩子在补写作业的时候或被老师惩戒的时候，其他孩子在干什么？正在学习新的内容啊！一次，两次，三次……孩子与孩子之间的差距就是这样拉大的，自己孩子的成绩也是这样慢慢下滑的。

在我们的校门口，家长帮孩子送作业和书本的情况屡见不鲜，您觉得这责任在谁？我觉得最主要的责任一定在家长。为什么这样讲？孩子还小，自制力差，如果缺少了家长的监督与指导，许多孩子不能很好地完成家庭作业。即便现在有许多家长能关注孩子的家庭作业了，但要把这个事儿办好，好像还差那么一点点。那就是做完作业之后的提醒——注意，是“提醒”！一些家长在孩子写完作业之后，就督促孩子洗漱睡觉，或者孩子扔下笔就跑去看电视、玩游戏了。学习桌上，乱糟糟的一片。有的家长一边唠叨，一边帮孩子收拾，这样的做法，时间一长就养成了孩子的依赖性——反正父母会帮忙收拾。有的家长连收拾也不收拾，第二天上学时，把学习桌上的东西胡乱往书包里一塞，抓起来就跑，甚至直接抓起书包就跑，落下作业、课本的现象就不足为怪了！经常是到了老师检查作业或者上课的时候，有的孩子才发现忘记带作业或者课本了。怎么办？因为您的孩子没带作业就不检查了？因为您的孩子没带课本就不讲新课了？想想也知道这是不可能的。打个电话让家长送来吧，有的家长还嫌烦——“没空送！罚他重写！”或者说“没空送，先让他和同桌看一本吧！”可和同桌看一本，怎么在书本上记记画画？这样的学习效果也只能大打折扣了！

一次是意外，两次是马虎，三次还可原谅……一而再，再而三犯同样的错误，板子只应该打孩子的屁股吗？有个成语叫“善始善终”，您开始关注孩子的学习和作业，这是好的开端，您能够放下手机，关掉电视陪伴孩子写作业，这是好的开端。可是您要知道，好的开端才是成功的一半啊！要想取得更好的效果，必须把这件事做好。怎么做呢？其实简单得很，孩子写完作业，您拿过来检查一下，肯定一下，提醒一下。提醒什么呢？当然是提醒孩子把学习用品装进书包了！有必要的话，还要指导孩子把相同科目的资料放在一块儿，便于查找。特别要注意的是，这里说的是“提醒”，不是挽起袖子亲自出马，越俎代庖的事儿千万不要做！

“没有什么天才，孩子的因，在家庭，孩子的根，在父母。”这确实是一个拼爹妈的时代，不拼出身，不拼财产，而是拼教育理念和对孩子的用心程度。

所以您要做教练。贪玩毕竟是孩子的天性，再优秀的孩子也不可能一直安心学习，放下课本后他们也有想出去玩的时候，所以说释放孩子的天性是教育最大的骗局。现在很多人推崇快乐教育，认为只要让孩子有一个快乐的童年就足够了，其他等长大了再慢慢教也不迟。但快乐教育的关键不在于“快乐”，而在于“教育的快乐”。所以我们应该选择孩子喜欢的教育方式，寓教于乐，或者培养孩子的学习兴趣，让孩子真正爱上学习，从而培养良好的学习习惯。

所以您要做教练。形成良好的家庭氛围，用习惯为孩子创造更大的成功。在很多家长为孩子成绩犯愁的时候，您已经成为孩子学习生涯上的良师益友；在很多家长为怎样教育孩子而苦恼的时候，您已经在悄然为孩子树立良好榜样。正如董卿所言：“你希望孩子变成什么样的人，很简单，你就去做一个什么样的人。”您羡慕别人家孩子爱学习、爱读书，那是因为别人家的父母总是书不离手；您羡慕别人家孩子成绩优秀、名列前茅，那是因为别人家的父母在孩子的学习上花费了比您多千倍万倍的时间和精力。您是孩子人生道路上的第一个榜样，想要孩子变好，您也得不停学习成长，不断变强。想让孩子看到更广阔的世界，您必须先成为巨人，让孩子站在您的肩膀上，与这个世界拥抱。

众里寻他千百度，蓦然回首，家庭才是育孩最佳处。您无法代替孩子学习、成长、养成良好的习惯，您不会是孩子一生的“陪练”，您要做孩子成长路上的“教练”，给孩子指路，给孩子方法，给孩子提醒，剩下的就是孩子自己的事儿了。

您的朋友：[签名]

勤交流、频沟通

没有什么天才。孩子的因，在家庭；孩子的根，在父母。所以您要做教练，我们应该选择孩子喜欢的教育方式，寓教于乐。想让孩子看到更广阔的世界，您必须先成为巨人，让孩子站在您的肩膀上，与这个世界相拥。众里寻他千百度，蓦然回首，家庭才是育孩最佳处！

家长回信精选

每次收到江校长的信，都迫不及待地打开阅读，从中我学到更多的是，作为家长的我有很多不足之处，这些都在江校长信中体现得淋漓尽致。孩子的成长应该是立体的，是多方位的、多潜质的成长，需要全方位式的教育，仅仅依靠学校教育，忽视家庭教育，对孩子的成长是一种缺憾。良好的学习习惯不是一朝一夕就能培养起来的，我们要有耐心有毅力，持之以恒，我们相信每一个孩子都能发出自己耀眼的光芒。孩子觉得她的一些合理要求在我们这得不到认可，久而久之，在很多事情上也不愿意和我们沟通交流。以后我会不断地反思自己做法的不当之处，多站在孩子的角度去思考问题，也许很多问题会迎刃而解。

——三（3）班学生姓名：王×× 家长姓名：程××

江校长的信为我们打开了成功育儿的大门。

教育孩子时我最深的体会就是，良好的家庭学习环境造就了孩子良好的学习习惯，而一个人拥有一个好习惯，将终身受益。家庭是孩子的第二课堂，我们作为家长要做老师的得力助手。我每天都会抽出时间来和孩子单独相处，共同做点双方都感兴趣的事情。我想慢慢走进孩子的心里，与孩子像朋友一样相处，久而久之，孩子愿意和我分享她的喜怒哀乐，我们作为倾听者、支持者、精神的陪伴者，很多时候我们说的话孩子都愿意去听。

——四（6）班学生姓名：章×× 家长姓名：徐××

第 25 封信

家校同欲者胜

亲爱的家长：

学校是育人的场所，存在的目的是立德树人。教师传授学生知识，影响学生的思想品德和未来发展，说到底就是服务，服务学生，服务家长。我们老师面对不同行业、不同学历、不同心态的家长，要使其满意，困难可想而知。因此作为家长的您，为了孩子更好地成人成才，必须转变观念，注意方式方法，少一些投诉，少一些埋怨，多一些理解，多一些赞许，在家校共育的路上携手并进。

古代武圣孙武有句名言："上下同欲者胜"。意思是说大家齐心协力，目标一致就能取得胜利。打仗是这样，我们教育孩子的工作何尝不是这样呢？除了学校的领导、老师、职工需要团结努力外，还需要团结家长的力量，争取更多的支持，正所谓家校同欲者胜。

家校同欲者胜。为了孩子，我们必须学会共情。一共期待之情。俗话说，"孩子是自己的乖。"下一句我想告诉您的是，"自己孩子的老师强。"为什么呢？作为家长您都知道，最高兴的事情是自己的孩子得到表扬。所以您要相信老师、尊重老师、表扬老师。最高级的表扬就是在孩子面前表扬老师。您要学会赞美老师，表扬老师水平高、有气质、工作累家庭忙之余还格外关心您孩子的学习和成长。更要主动联络老师，让老师多关注自己的孩子。二共担忧之情。"知我者，谓我心忧。不知我者，谓我何求？"您要主动找到老师表达一种担忧之情，或许担忧孩子的学业成绩，或许担忧孩子在学校吃不饱饭，或许担忧孩子与人相处出了问题。对于这份担忧，老师会充分共情，对您的担心表示理解，理解您的担忧，更好地为您的孩子服务。三共发展之情。您一定要树立"一切向前看"的思想，充分信任学校，信任教师，相信孩子的发展会越来越好，问题总会得到圆满解决，困难只是暂时的。

家校同欲者胜。为了孩子，我们必须学会表态。一表关心之态。您要尽可能将孩子的在家表现如实向老师反映，主动请他们提出教育的方法，认真倾听他们的意见，充分肯定和采纳他们的合理化建议，并适时提出自己的想法，让老师和您一起，同心协力，共同做好对孩子的教育工作。二表交心之态。您一定要坦诚，直接和老师交心，这种交心是一种信任。希望您今后有任何问题和建议都直接找老师或校长做沟通，做经常性的沟通交流，让教师的心和您的心走得更近。通过发帖投诉或 12345 热线等进行来往，不仅达不到效果，更疏远了家校之间的距离。您要记住：我们的目标是一致的，都是孩子成长路上的重要引路人，目的都是为了孩子更好地发展。三表放心之态。您要对老师说，我们放心老师的专业能力，放心于老师对孩子的全心关爱。简单一句话，既然把孩子送到了学校，送到了这个班，我们就对这学校、这个班一万个放心！

家校同欲者胜。为了孩子，我们必须学会说话。一是好话先说。您与老师沟通交流时，先把好听的话、顺耳的话说给老师听。老师也要面子，也喜欢被夸奖，您要肯定老师的爱岗敬业，认识到老师对孩子成长的重要作用，激发老师对孩子的爱心与期望。二是快话慢说。快话慢说就是当您负面情绪来袭的时候，要先静一静。不要一拿起电话就急于表达不满之情，互相埋怨，一方怨老师不会教，一方怨家长不会养。这样就会导致双方产生对立情绪。更不要在气头上和当孩子面给老师打电话或进行投诉，越是孩子特别不乖的时候越是要冷静处理。您一定要控制好情绪，快话慢说，重点是说问题、想办法、提建议。乱发泄一通没有任何实质性的作用。您想想，老师整天不厌其烦、磨破嘴皮教育孩子，不就是因为对孩子的未来心存希望吗？关键还是为了您的孩子。想通了这一点，您还会抱怨吗？三是直话弯说。当老师做错或教育孩子的方法欠妥的时候，不要直接批评指正或乱发帖投诉，这样更易激化矛盾，要知道，毕竟您的孩子还在老师“手里”。您不妨这样说：老师，我们家长相信您有智慧有能力教育好孩子，孩子在您班上，我们就是看中您对孩子成长的价值和意义！

亲爱的家长，有人的地方就会有矛盾。家校共育的过程中也会因为彼此的沟通欠缺，出现一点小麻烦，而消耗我们的精力、时间，影响我们的心情。但请您相信“功夫在诗外”。有一些工作提前做好，就可以避免家校危机的出现。我们不要对立激化矛盾，因为有着共同的目的。要用智慧进行转化，所谓“精诚所至、金石为开”，对老师、对孩子静待花开。学校和老师一颗为孩子的心能够被您所感知，不为别的，只为老师自己内心舒坦、问心无愧，其实这就是老师简单而质朴的幸福！人心都是肉长的，希望我们的付出您能够感知到，当面背后都在说我们的好，记我们的情，随时随地情不自禁为我们叫好！

更兴春风筑澜阔，再掀东关谁与强。亲爱的家长，仰望星空精心培育每棵苗是东关老师的不懈追求；行走大地认真上好每堂课是东关老师的庄严承诺。让我们共同守望，为孩子搭建共育成长的防线，以爱以美以和陪伴孩子慢慢长大！静待相见！

您的朋友：

勤交流、频沟通

更兴春风筑澜阔，再掀东关谁与强？仰望星空，精心培育每棵苗是东关老师的不懈追求；行走大地认真上好每堂课是东关老师的庄严承诺。让我们同心协力，以爱以美以和陪伴孩子慢慢长大！静待相见！

家长回信精选

读了江校长这封信，想想自己和老师的交流实在是太少了，没有表达过对老师的关心和感谢，也没有表达过对老师的放心。我们作为家长应该多和老师敞开心扉交流。正如校长所说的，让我们同心协力，以爱以美以和陪伴孩子慢慢长大！静待相见！

——二（17）班学生姓名：陈××　家长姓名：林××

读了江校长这封信，我感受到他特级教师的教育情怀，他说到了我们家长的心上。我们其实也想和老师多交流，总误以为老师不愿意。因为与老师沟通少，所以有时还真的会产生一些误解。看来我们要敞开心扉，充分信任学校和老师，有什么就表达。当然要讲究方式方法。

——二（17）班学生姓名：钱××　家长姓名：洪××

第*26*封信

您不妨做“懒”父母

亲爱的家长：

在全民战“疫”关键时段，“五一”小长假又如约而至。在此我们祝愿全体劳动者节日快乐！祝福所有家庭幸福快乐！根据市县教育局的文件精神，确保校园绝对安全，确保师生生命安全，要求师生员工假期期间不外出，不接触境外归来人员和中高风险地区人员。我们学校也下发了给家长的一封信，希望您和孩子不聚集、不外出旅游、不瞒报；听指挥、遵规定、多防护、勤锻炼。又是一个居家的节假日，在这个居家的日子里，您不妨“懒”一点，因为这样孩子反而会更懂事。很多事情，父母越放手，让孩子自己做，孩子就越能得到锻炼。所以，您不妨做“懒”父母。

做“懒”父母，首先您要嘴巴懒。心理学里有个“超限效应”，就是因刺激过多、过强或作用时间过久，从而引起心理极不耐烦或逆反的心理现象。孩子对您唠叨的不耐烦其实就属于超限效应的典型表现。您爱唠叨，总是提醒孩子注意这，注意那，这不能吃，那不能玩。的确，初衷是为孩子好，都是想要更好地保护孩子，想让孩子更加健康地成长。但是孩子是一个独立的个体，他需要的是家长替他导航，而不是代替他飞翔。您的唠叨只会更容易催生孩子的逆反心理。您让孩子往东，他偏偏往西；您让孩子快点，他偏偏要磨蹭。总之，您越在孩子面前反复唠叨一件事，孩子便越不想听您的，反而想和您对着干。所以不妨从现在开始停止唠叨。用身教代替言传，用尊重和欣赏取代抱怨。给孩子适当的提醒，而不是事无巨细的操心。给孩子一点空间，让他们学会自己支配时间。给孩子一点压力，让他们自己学会承担责任。

做“懒”父母，其次您要手脚懒。很多父母爱孩子，关心孩子，捧在手心怕摔了，含在嘴里怕化了，所以替孩子事无巨细操办一切。洗衣、叠被、整理书包玩具，只要能不让孩子动手，就绝不会让孩子沾边。但是勤快的父母更易教出懒惰的孩子。勤快的父母替孩子包办一切，孩子从小就习惯于父母围绕左右，饭来张口衣来伸手，这更容易导致孩子产生严重的依赖心理，甚至缺乏生活自理能力，离不开父母，事事依赖父母，终难成大器。孩子的成长过程中，总要经历各种各样的尝试，才能真正长大。所以您不妨适当“懒”一点，放手让孩子学会独立。在保证安全的前提下，让孩子自由飞翔，让孩子拥有独立的思想，具有解决问题的能力，学会担当。“五一”假期中，您尽可放手让孩子帮忙干家务活，培养孩子的动手能力。这样不仅可以让孩子理解父母的不易，更会令孩子越来越成熟懂事。

做“懒”父母，再次您要脑子懒。很多时候，孩子无论是学习还是生活上遇到难题，父母都会选择将答案或者解决方式悉数奉上，替孩子解决麻烦。父母总是不遗余力，用自己总结出来的人生经验、智慧去帮助孩子解决问题。出发点是好的，但是给孩子带来的影响却不见得是有利的。有父母帮忙解决一切问题，孩子脑子得不到锻炼，父母脑子却不停在转。长此以往，孩子就容易思维固化，失去独立思考的能力。为了避免这一点，您不妨选择懒一点，懒一点动脑，更能培养出拥有独立思考能力的孩子。在孩子问问题时，不要直接给出答案，而要有意识地引导孩子自己去探索答案。比如孩子遇到不认识的字时，可以告诉孩子如何去查阅字典，而不是直接告诉孩子这个字怎么读。唯有通过自身努力去探寻出来的结果，孩子才会更加记忆深刻。这样的方式，不仅能让孩子熟记字词，还能帮助孩子快速掌握字典的使用方法，一举两得。所以说，聪明的父母，都懒得动脑。您要给孩子创造思考的机会，引导孩子形成自己的主见，去应对问题、解决问题。教育专家尹建莉老师说过：“强烈的母爱不是对孩子恒久的占有，而是一场得体的退出。母爱的第一个任务是和孩子亲密，呵护孩子成长；第二个任务是和孩子分离，促进孩子独立。”我深以为然！所以您一定要“偷懒”，这比全情投入更管用。教育孩子，您越做减法，越见成果，越有收获。

教育家陈鹤琴先生说：“凡是孩子自己能做的事，让他自己去做。”您该放手时一定要放手，该狠心时一定要狠心，该懒的时候不妨懒，要把操心、关注默默地放在心里。您要通过您的“懒”，收获一个全新的孩子。通过您的种种“懒”，使孩子在学习上改掉粗心大意的习惯，在生活上摈弃丢三落四的毛病，在思想上纠正满不在乎的态度。让孩子能独立思考钻研，主动寻求办法，困难能解决，生活能自理，样样能独立。您一定要记住：您勤了，孩子就懒了；您“懒”了，孩子就勤了。

乔木亭亭倚盖苍，东关学子自担当。您要相信孩子，用您的“懒”，移开呵护的羽翼，让孩子自己去飞翔，唯有这样，雏燕才能练就一双坚强的翅膀，才能形成良好的学习习惯和生活的独立能力。

您的朋友：

勤交流、频沟通

作为父母，其实我们给不了孩子属于他的未来，他有自己的人生。我们能做的只是努力守护。和孩子一起慢慢体味相伴时的每一道风景，每一种心情。不要怕虚度光阴，教育就是留白的艺术。

家长回信精选

当家长是有艺术的，还真不是一味地忙碌付出就能培养好孩子。由于我工作忙，没有时间去检查作业，都是让她自己检查作业，自己整理书包，准备水杯。她不仅学习上从不让我操心，还能体谅到家长的不容易，经常做家务。读了江校长这封信，我觉得我是做对了。

——二（17）班学生姓名：贾×× 家长姓名：周××

长长的五一假期，正是家长带孩子做一些力所能及的家务的好时机。的确有不少家长，只注重孩子的学习和身体，舍不得让孩子做一点事。读了这封信，相信他们会有所改变的。我作为老师，对孩子一直是舍得的，该关心才关心，能做的事都让她自己锻炼，所以孩子现在五年级，自主能力已经比较强。对于二宝，我们也打算继续“懒”下去。

——五（14）班学生姓名：杨×× 家长姓名：朱××

第27封信

善待老师，就是善待您的孩子

亲爱的家长：

谷雨已过，新夏又至。学校坚持“疫情防控、教育教学”两手抓，整体工作平稳推进，教学秩序井然。东关学子所表现出来的坚定信心、昂扬斗志、良好风貌已成为这个春季最美的校园风景。所有的东关老师更是在践行习近平总书记要求的“四有”好老师标准，心怀对教育的使命感，上好每一节课，把知识和技能传授给学生，把爱心奉献给每位学生。所以，亲爱的家长，请您善待每位老师，特别是那些为您孩子好、对您孩子严厉的老师。老师越严厉，为孩子着想的心就越真诚。

所有的家长都希望老师把孩子教育好，对老师的期望值越来越高，这是人之常情，无可厚非。可您更应该认识到孩子的教育在社会、家庭、学校三方合力的情况下效果才是最好的，不要孩子一出问题就责备学校、老师，您是否应该反省一下自己有没有责任？教师不是站在我们家长的对立面，而是我们孩子的同行人。您要相信每个老师的心情都是和您一样的，都想尽力把孩子教好。因而我希望每个人都能理解老师、支持老师、善待老师。

您要善待老师，家校携手，构建教育合力。有人问过一位有经验的老教师，会不会因为家长的原因改变对孩子的态度？这位老师笑着说："你是想问如果家长跟我关系好，我会不会对他的孩子更上心；如果家长为难我，我会不会不喜欢他的孩子?""没错，就这个意思!"他沉默了很久才回答，"肯定会的。"老师也是人，也有感情，与其亲近那些诋毁他、羞辱他、瞧不起他的家长和孩子，他更愿意看重那些信任他、配合他、接纳他的家长和孩子。老师对待孩子的态度并不仅仅取决于孩子，甚至可以说，受家长的影响大一些。我见过很多家长，不管老师做什么、安排什么，老是在质疑、刁难，仿佛天生就跟老师敌对似的。在这种对峙下，教育一般都是失败的。所以您一定要和老师沟通好，配合好，心往一处想，劲往一处使，才能一起把孩子的教育做到最好。

您要善待老师，敬畏课堂，形成孩子的尊师导向。还记得电影《老师好》中，那个严厉苛刻的苗老师吗？他动手抹去女同学的口红，他罚抽烟的男同学站一整天，他没收了"武侠迷"的所有小说，他把"小混混"赶出了课堂……换成在今天，这个老师可能早就被投诉、被处罚了。可就是这样一位不近人情、严肃古板的老师，却让很多人红了眼眶。其实这部电影很值得您和孩子一看。老师在教授孩子知识的同时，也在教导他们做人的道理，因此，老师本应更有权利管教孩子。有一位严厉的老师站在孩子身边，那是一件幸事，因为孩子行差踏错的每一步，都尚有往回走的机会。好老师的关键不仅在于教书育人，更重要的是塑造灵魂，塑造生命，把孩子塑造成为更好的人。老师未必完美，但想让孩子上进、为孩子着想的心，一定是最真诚的。

您要善待老师，尊重知识，引导孩子成长。“老师工作轻松，一天就两三节课”“老师还有寒暑假”“就是一本书教了一辈子有啥教头”，这是很多人对老师的认识，您要知道老师的工作并不很轻松，就说一天三节课吧，您知道需要备课多长时间吗？一节课备课时间不少于40分钟，三节课后还有很多作业要批改，语文学科作业有作文、练习与测试、补充习题、循环日记、习字册等，按每班60人计算，平均每天要花费150分钟，如果教数学，每天要批改60本作业，一本按3分钟计算就要花费180分钟。老师还要上早读课，下午还有延时辅导课，这还不算批改作业、找学生谈心、带操、中午看班、教研活动、个别辅导、家访、扶贫、完成各种表格等！老师的寒暑假也并不轻松，还要参与值班、创建、培训，就说今年假期吧，老师们还足足上了两个多月的网课！老师也是人，不是神，也有自己的七情六欲，老师对学生的影响，有时候是一生的。他们的高强度劳动、高风险操劳、高负荷付出，您了解多少？所以您一定要善待老师，给老师多一分信任，多一分理解，支持老师，就是在支持您孩子的成长！

您要善待老师，言传身教，丰盈孩子的人生底色。曾经有个孩子一直考倒数，经常不做作业，老师给他“开小灶”，可孩子不愿做，甚至回家向父母告状，他妈妈来学校，说老师对孩子太严厉，天天催孩子要作业，要求调换老师。您要知道，老师最大的悲哀，就是努力想把别人的孩子教好，却被打击得心灰意冷。您最该做的不是在教育上设置拦路障，而是大力扫清障碍，让孩子走得更顺、学得更好。聪明的家长会给孩子积极正面的引导，比如在孩子面前说，“我挺佩服学校老师的，管那么多学生，老师真是不容易。”“学校管理非常到位，注重细节，上学入校非常有序。”还有很多情商高的家长，在校门口不停表扬学校的管理工作，不停表扬教师的敬业精神。家庭是孩子的第一个课堂，父母是孩子的第一任老师，父母是怎么做的，孩子就会怎么做。对老师的善待，对班级的关心，对教育的支持，这一切都是给予孩子最直观的教育。

有这样一句话：戴在老师身上的镣铐，终究会锁住孩子的前程。在学校，学生是后浪，老师是前浪。前浪引领后浪，后浪紧随前浪，生命各自精彩绽放。唯有热爱与执着，才能后浪更比前浪强。亲爱的家长，您会做了吗？

您的朋友：

勤交流、频沟通

老师是这个世界上唯一与您的孩子没有血缘关系，却愿意因您的孩子进步而高兴，退步而着急，满怀期待，助其成才，舍小家顾大家，并且无怨无悔的“外人”。请善待老师，给老师多一分信任，多一分理解，支持老师，就是在支持您孩子的成长！

家长回信精选

又到了周末，江校长给家长的一封信，也如约而至。今天的这封信让我感触颇多，也让我知道作为家长最好能为老师在孩子心目中的印象加分，即使自己对老师有什么不满，也不要在孩子面前流露，可以私下跟老师沟通。因为你的抱怨除了对孩子产生消极影响外，没有任何好处。

——三（3）班学生姓名：夏×× 家长姓名：张××

今天再一次收到江校长给我们家长的信，深切感受到了我们在处理家校关系时，有好多做法是欠妥的。家庭是孩子的港湾，孩子如果在学校受了委屈或者不公正的待遇，家长要给予包容和支持。如果觉得老师的做法特别不合理，应及时加强与老师的沟通。因为老师是这个世界上唯一与我们的孩子没有血缘关系，却愿意因我们的孩子进步而高兴，退步而着急，满怀期待，助其成才，舍小家顾大家，并且无怨无悔的“外人”，我们要善待孩子的老师。

——四（3）班学生姓名：吴×× 家长姓名：史××

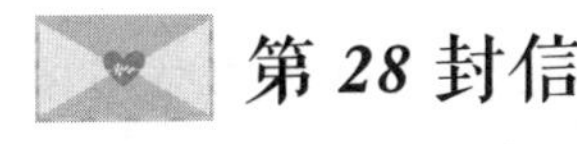

第28封信

您是孩子的“活”教材

亲爱的家长：

东关学子多壮志，五月奋进正当时。在这个火热而又充满希望的夏天，我们东关孩子在做好疫情防控的同时，积极树立正确心态，更好地学习成长。国学大师南怀瑾说过，教育从家开始，学校只不过是帮了一下忙。因此，教育出优秀的孩子，还需您在思想上行动上不断提升。所以，您是孩子的“活”教材。

您是孩子的“活”教材，要与孩子同一标准。您一定听说过这样一个故事：孩子兴高采烈地说，“妈妈，我和你说……”话还没说完，就被妈妈打断了：“食不言，寝不语，知道吗？快吃饭！”爸爸也说：“吃饭的时候别说话。”然后转头就和妈妈聊起来。孩子委屈巴巴地说：“可是爸爸妈妈也在说话啊！”妈妈说：“我们是大人，有重要的事情要谈，你一个小屁孩能有什么事，快吃饭，饭都凉了。”网络上有一句很流行的话，“用圣人的标准来要求别人，却不用同样的标准来要求自己！”这句话用在很多父母身上也很恰当。很多父母总是不经意间有这样的“双标”行为，一边要求孩子不能做，一边自己却不在意，该怎样还是怎样。孩子还小，迫于父母的权威什么都不敢说，但是却在心里默默将对父母的信服度减一分，将对父母的不满加一分。甚至到后来，孩子对父母的话不以为意，这时候父母就开始抱怨，孩子怎么这么不听话，自己已经说了无数遍，孩子就是听不进去。教育孩子，您一定要做到一视同仁，同一标准，您以什么标准要求孩子，就以什么标准要求自己，这样的教育才有力度，这样的管教才能让孩子信服。

您是孩子的“活”教材，要用示范感染孩子。不知您是否有这样的体会：看到礼貌的孩子，不禁赞一句家教真好；看到蛮横的孩子，忍不住议论家教的缺失。您希望孩子成为什么样的人，您就去做什么样的人。您希望孩子努力读书，那您自己就要不断进取，闲暇的时候少玩手机多看书；您希望孩子积极乐观，那您就要少说抱怨丧气的话，遇到任何困难都积极想办法解决；您希望孩子善良大方，那您就要乐于助人，不欺凌弱小，也不谄媚强者。再也没有比“管好自己”更有用、更有效的教育了。您是孩子的“活”教材，它饱含言行的自律，传递榜样的力量；它蕴含教育的本质，道出家教的影响；它诠释家风的熏陶，践行灵魂的光亮。正如教育家苏霍姆林斯基所说：“每一瞬间，您看到孩子，也就看到了自己；您教育孩子，也就是教育自己，并检验自己的人格。我们当父母的对了，孩子自然就对了。”

您是孩子的“活”教材，要与孩子共同成长。“长”，简单地说是长身体，长个儿。“成”，有所“成”，既包括学识上的获得，也包括心智上的长进、习惯品行上的修成。现实的情况是，孩子不进则退，不可能原地踏步。玩手机、打游戏、刷视频、聊微信、逛网店，随便一个就能让孩子深陷其中，无法自拔。而要想获得成长，孩子必须付出努力，必须舍弃这些让人沉迷的垃圾快乐。想考试好，那就先得把课听好，把作业写好。常说习惯决定命运，您要让孩子养成良好的学习习惯和生活习惯，比如上课认真听讲，课后复习预习，按时完成作业，及时归纳总结，这些都是学习之必须；自己的事情自己做，遵守约定和时间，犯错后要虚心改正等，这些都是生活之必要。要告诉孩子是非善恶，勿以善小而不为，勿以恶小而为之；告诉孩子凡事都有规则，要做到尊重并遵守，不要抱侥幸心理；当孩子犯错后，及时指出并引导孩子纠正行为，而不只是发脾气、说狠话或吼骂斥责。最重要的是，您应严格要求自己、以身作则，而不是当个光说不做的“评论家”。管教，是您先自管，而后管孩子；家教，是您先自教，而后教孩子；正能，是您先正己，而后辐射孩子。所以您必须做“活”教材，当好榜样，和孩子一起学习成长。

哪有什么岁月静好，都是有人负重前行。哪有什么出生天才，其实背后都是父母的拼力托举。宋代的苏洵，自古至今都是中国人教育孩子励志成才的典范。作为家长的苏洵，拥有足够强大的意志力严于律己，每当孩子玩闹时，他就故意躲进角落，拿出一本书津津有味地阅读。每一个孩子都有强烈的好奇心和求知欲，等他们上前探寻父亲的“秘密”，苏洵又连忙把书合上，装作若无其事的模样。久而久之，苏轼、苏辙两个孩子便对书本产生了浓厚的兴趣，即便父亲不在身边，也会如饥似渴地阅读父亲的藏书。后来，他陪着两个儿子一起去考进士，结果父子三人竟皆成为旷古烁今的大文豪。

现在的很多家长，只是三流的父母，却一心想要一流的孩子。您要知道，学校教育，决定您的孩子能飞多高；而家庭教育，则决定您的孩子能飞多远。

亲爱的家长，言传不如身教。您是孩子的“活”教材，要让孩子改变，您必须先改变！

您的朋友：

勤交流、频沟通

家长的言传身教对孩子的影响是潜移默化的，是影响孩子一生的。想让孩子变得优秀，首先我们得让自己优秀起来，用自己的行为去感染孩子，这远比说教更有力量。

家长回信精选

读了江校长的信，我深有感触。所谓的习惯是通过长期共同生活中的模仿、熏陶、感染，潜移默化地形成稳定而有惯性的言行方式，就如同遗传一样。而我们作为父母对子女的影响是潜移默化的，大到人生观和价值观、目标与追求，小到细微的生活习惯，都会慢慢渗透到骨髓里，影响一个人的一生。要求在孩子身上形成的品质和良好习惯，父母都应具备。因为父母是孩子言行的参照。我们父母就是孩子的“活”教材，孩子的身上折射的就是我们父母的影子。为了做好孩子的活教材。我们要以身作则，做合格的父母。

——二（16）班学生姓名：张×× 家长姓名：陶××

江校长的每一封信，我都认真地读了，每一封信都对我这个母亲有很大的触动，尤其今天这封，更让我受益匪浅！当我们的孩子还在懵懂之中，模仿就是他学习的主要方式，当孩子能模仿大人扫地抹桌时，他也同样会模仿大人其他的行为方式，如语言、生活习惯和待人接物处理问题的方法。由于孩子的能力有限，他们的模仿是没有选择性的，父母的一些坏习惯、不文明语言，甚至不良行为都可能被孩子效仿。因此，我们父母要做好“活”教材，为孩子树立良好的形象，以身作则。

——三（13）班学生姓名：王××　家长姓名：赵××

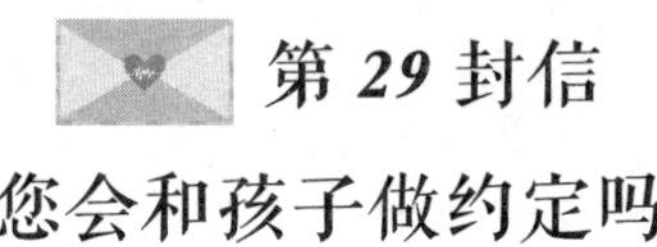

第29封信

您会和孩子做约定吗

亲爱的家长：

初夏的阳光静谧而醇香，东关的孩子们每日迎着朝阳，由测温通道迈步而行开启求学之旅，这是一种洗礼，一种诗意。每一天上学，都是一次进阶，一种跃升，一份开拓。东关学子在“正”文化的引领下前行，鲜花芬芳，绿影婆娑，一处一景，如诗如歌。这是学校与孩子的庄严约定，引导孩子学真知，做正人。

亲爱的家长，在日常的生活和学习中，为了约束孩子的行为，培养孩子的良好习惯，您也会经常和孩子做约定。比如一个小时完成作业、玩半个小时游戏等，结果往往是孩子有约定不执行，承诺了不兑现，最后不了了之，您最后也无可奈何，是不是？为什么您的约定起不到效果呢？我想原因有以下几点：一是口头约定不被重视。口头约定容易产生非正式的感觉，执行中随意性强，受双方记忆能力影响大，经常变成“随口一说，转身就忘”，效力无法与书面约定相比，孩子肯定不会重视。二是承诺经常不兑现。为了让孩子完成作业，有些家长会随口承诺；或者觉得孩子小，急于解决眼前问题就随口承诺，以为孩子不会当真。事实却是孩子对承诺记忆深刻，家长几次没有兑现，孩子也学会了不遵守约定。三是标准随着心情变。同一件事，家长因为心情不同，给孩子的标准不一样。如约定孩子每天只能看半个小时电视，有一天心情好，让孩子看两个小时都没事；心情不好了，孩子回家刚打开电视就挨一顿骂。标准随着心情变化，孩子无所适从，只能学会看家长的脸色行事。四是霸王条款心委屈。很多家长为了约束孩子的行为，强行跟孩子做约定，孩子没有话语权，无法反抗，只能勉强同意。孩子不是发自内心想要去做，执行的效果肯定是打折扣的。

所以您一定要利用日常中的一些行为，和孩子约定某种规则，并鼓励和监督孩子认真履行。这样，孩子既会做事有条理，又懂得规则的重要性，还能锻炼自律能力。那么如何与孩子做约定呢？您不妨注意以下几个方面：

一是约定要有始有终。约定的完整过程就是事前有约定、事中有提醒、事后有总结。先和孩子做好约定，例如放学回家先看一集动画片，然后开始写作业，这是事前约定。在执行过程中，还需要提醒孩子一到两次，告诉孩子时间快到了，记得看完写作业，因为新的约定需要反复熟悉才能最终固定成为习惯，这是事中提醒。最后，孩子无论是遵守约定马上写作业，还是违反约定继续看其他节目了，都要和孩子一起对这次约定的执行进行总结，有什么心得，有什么问题，遇到什么困难，怎样做会更好等，然后执行奖惩，做到有始有终，这就是事后总结。

二是约定要双方协商。要避免家长单方约定、霸王条款，须在孩子感受到家长为他好的前提下，平等讨论，条款中必须有几条他自己的意见，让他亲自参与制定规则，孩子才愿意执行。如果条款只是家长一厢情愿，约定就是一纸空文。您和孩子做约定，要让孩子感受到是为他自己好。如果孩子感受到的只是限制，您的想法再美好也无法执行，该如何让孩子感受到这份良苦用心是家长需要思考的。比如，您担心孩子长时间看电视会影响视力，如果直接对孩子说“以后看电视不能超过一个小时，眼睛都快近视了”，孩子就可能不以为意。但换种方式，抓住孩子爱打球的特点，“电视的色彩太炫了，对眼睛不好，妈妈担心你长时间看下去会近视，以后戴眼镜会影响你打球和参加比赛的，要不咱们做个小约定?”这样，孩子就能感受到您的用心，也愿意去执行。

三是约定要一视同仁。约定的内容不只针对孩子，而应该对所有家庭成员同样有效，这样，孩子有机会做监督者，行使权力，能促使他自我约束。如果只约束孩子，对家长放任，这是双重标准，孩子是不会配合的。例如要求孩子不玩手机，但是家长每天抱着手机刷淘宝、打游戏，这种双重标准是起不到效果的。家长不要指望一次约定解决所有问题，内容越多，越复杂，精力越分散，执行效果越差。集中精力解决一个问题，直到固定成为良好的习惯，再进行下一个约定。

四是约定要能够被执行。您要根据事项的特点来做合理的约定。例如看一集电视剧需要 40 分钟，您就不能约定只看半个小时，孩子正看到兴起被您关掉电视的心情可想而知，情绪低落的孩子做事时都会一直想着未完的电视情节。

五是约定要奖惩适度。没有奖励和惩罚，约定就是一纸空文。尽量减少物质奖励，最好选择孩子感兴趣的，同时又能促进亲子关系的方式。例如全家去动物园，或者去游乐场、看电影等。惩罚也不要过于严厉，如一个月不能看电视，孩子会因害怕而选择各种借口逃避受罚，这也会影响执行的意愿度，而且孩子绝不会和您做下一个约定了。惩罚可以多和做家务、锻炼身体挂钩，既实施了惩罚，又培养了孩子的责任心，还增强了体魄，一举多得。惩罚也可以和孩子的娱乐活动挂钩，例如做错一道题少看 10 分钟电视，错两道题少看 20 分钟，以此类推。只要惩罚适度，孩子认同，执行效果就会很好。

六是约定要有仪式感。举行仪式会让孩子感觉正式，会促使他严肃认真地对待这件事。最好是召开家庭会议来讨论，或者双方讨论成文字后，举行个简单的小仪式，宣告此约定的执行时间。做了约定，您一定要带头执行。惩罚这个环节是执行的难点，孩子往往会找借口，您也可以故意违反约定，然后轻松快乐地接受惩罚，示范给孩子看，让孩子对惩罚不再畏惧和抵触。

东风约定年年信，关爱守诺事事成。亲爱的家长，与孩子做约定看似简单，但要顺利执行并起到作用可是很有难度的。您要相信，与孩子做约定是一种缘分，缘分酿造出亲情的真挚浓醇！与孩子约定是一种幸福，幸福展现出生命的拔节成长！与孩子约定是一种美丽，美丽演绎出家庭生活的绚烂多彩！

您的朋友：[签名]

勤交流、频沟通

在孩子完成约定的过程中，家长也需要做到言行一致，要遵守对孩子的承诺，并且要让孩子学习承担自己行为所造成的后果，这样他们在以后的人生中，才能更好地面对挫折。

家长回信精选

今天再一次收到江校长给我们家长的信，深切感受到了为人父母者，在教育孩子方面，我们很多地方做得不够好，从现在开始，我要信守与孩子的每一次约定，因为父母是孩子最亲近的人，也是最值得信任的人。我们是孩子的全世界，是孩子的榜样。只有我们重视承诺、言出必行，才能给孩子满满的正能量。作为大人的我们应该先约束自己，给孩子一个健康的成长环境，我们首先应该做到的就是对孩子诚实守信，这样我们的孩子才能在良好的熏陶下做个诚实守信、有责任心的人。

——三（3）班学生姓名：夏×× 家长姓名：张××

又到周末，江校长给家长的一封信也如约而至。今天的这封信，让我学会了如何与孩子做约定。约定犹如游戏，也是有规则、守则的。规则应该简单易懂，让孩子容易遵守。要让孩子明白不守约定是要承担后果的，这对于帮助孩子建立行为准则至关重要，要让孩子懂得自然和逻辑后果，帮助孩子学会承担责任。现实生活中，我们不遵守规则，就会承担不愉快的后果，比如受到惩罚。因此在给孩子建立规则的过程中，必须让孩子学会承担自己的行为后果。

——四（3）班学生姓名：吴×× 家长姓名：史××

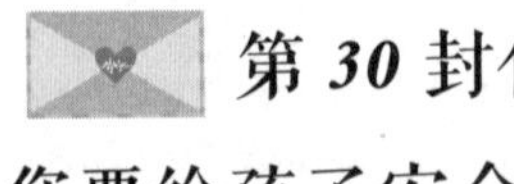

第 30 封信
您要给孩子安全感

亲爱的家长：

夏花竞芳华，东关展新姿。阳光照耀我们绿色的校园，教室里的琅琅书声、操场上的活跃身影、走廊上的互相问候，东关孩子的每一天都是这样朝气蓬勃，充满无限生机和活力。今天是 5 月 29 日，这是一个有着特别含义的日子，谐音“我爱久”，意为关注孩子、接纳孩子、发展孩子，长长久久。在这个绚烂多彩的世界里，虽然每个孩子都是小小的个体，却是家校大大的宇宙。孩子的一颦一笑、一举一动、一点一滴，在家长、老师、同学的眼里，都是最美的风景。

然而不幸的是，总有一些家长因为教育方法不当，致使我们都不愿意看到的一幕幕接连发生。据媒体报道，仅上个月，全国就有多起孩子跳楼的事件发生。究其原因，多数与孩子的负面情绪有关，要疏导孩子的负面情绪，家长就要给孩子足够的安全感。

教育家苏霍姆林斯基说过，“孩子如同花朵，如同荷叶上的露珠，虽然美丽、晶莹剔透，却十分脆弱。”所以您要给孩子安全感，让孩子有一种渴望稳定、安全的内在精神需求。

通过控制情绪，给孩子安全感。您一定听说过避雷针效应，那就是在高大建筑物顶端安装一个金属棒，用金属线与埋在地下的一块金属板连接起来，利用金属棒的尖端放电，使云层所带的电和地上的电逐渐中和，从而保护建筑物等避免雷击。这告诉我们，善疏则通，能导必安。

避雷针效应告诉我们，对待不良的负面情绪，与其堵塞不如疏导。孩子一天天长大，心里想的事情越来越多，对逐渐增大的压力常常感到无助和无奈，有些孩子内心充满困惑和矛盾，感到烦躁不安，甚至有想找人吵架的冲动。作为父母的您要有一双敏锐的眼睛，随时洞察孩子的情绪变化。当发现他情绪低落或反常时，引导他寻找一种好的发泄方式，例如，与孩子进行心与心的交流和疏导，带孩子进行深呼吸等，这些做法，不仅可以使孩子的情绪得以宣泄，恢复心理的健康状态，还可以拉近父母与孩子的心理距离。

通过适当的活动，给孩子安全感。我们都知道，大脑会知道情绪发作，如果思维脑能在第一时间察觉情绪发作，抢在情感脑之前控制生理脑，让生理脑忙着接受自己的指令而没有时间接受情感脑的指令，那么伤害就不会发生。这就好比占据了生理脑的通信频率信道，这样情感脑就无法劫持生理脑了。比如您可以让孩子扭动脚趾，感受脚趾的存在；比如让孩子眺望远方，看看天上的云彩，如果没有云彩就看看地上的绿草，如果没有绿草就看看楼，在封闭空间无法远眺时就盯着墙上的画或墙角的植物看，总之专注地看一样东西，什么东西并不重要，重要的是让生理脑忙起来。也可以让孩子把玩一样东西，比如手上的笔、手机，感受它的质地。您也可以带孩子去爬山或跑步，让运动阻断情绪。因为做这些活动，就相当于吃了“暴走丸”，喝了“忘情水”，愤怒全消，忧伤全无。

通过解离语言，给孩子安全感。语言使得人类成为万物灵长，但语言也会把文字、文字描述的对象、文字对应的意象全部融合在一起，形成它自己的生命。有时这种融合对人类生存很不利，有的更是致命的。所以要解离语言，就是把语言和语言的对象、意象解开、分离，逃脱语言的劫持绑架。

有一个关于爱迪生母亲的故事，您读了就能明白这个道理。有一天，爱迪生放学回来，郑重其事把一封信交给母亲并叮嘱“老师说只让妈妈看。”母亲困惑不解地接过信，打开看，看着看着泪流满面。“妈妈，老师说了什么?”母亲哽咽着说：“老师说，夫人，你的孩子是个天才，这个学校太小了，没人教得了他，另请高明吧。”爱迪生听后异常高兴。此后，爱迪生不再上学，由当过小学教师的母亲在家教育，果然成了天才，成为杰出的发明家、企业家，为社会做出了巨大贡献。母亲去世后，爱迪生整理遗物时发现了那封信，只见上面写道：“你的孩子有智力障碍，不能留在学校，只能退学。”当然，这个故事中的那封信是不是真的，我们无从考证，不过故事的其他部分都是真的。

所以您要通过对语言的解离，让孩子信心满满、内心坚定，让孩子怀有这样的信念：“世界是可靠的，生活是美好的，我是被爱的，父母是爱我的，我的存在是有价值的，我要努力学习，带给家庭快乐和幸福。”您

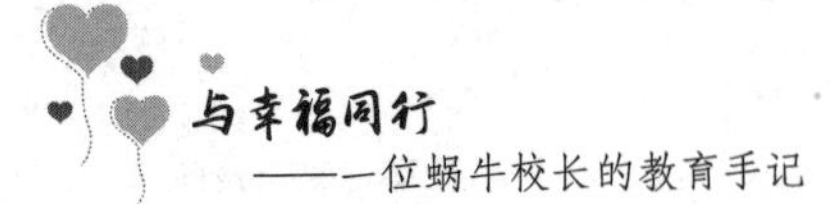

觉得孩子不优秀，您就不幸福；您觉得孩子很努力，您就会很快乐。快乐和幸福都是感知力，当您能够调节您的想法和看法的时候，您就会平和地面对一切，会给孩子满满的安全感。

知人者智，自知者明；胜人者有力，自胜者强。您对了，整个世界就对了，孩子也就安全了。

您的朋友：[签名]

勤交流、频沟通

家长为孩子做的一切，都会让孩子给自己的童年描绘一幅画面，然后深深烙印在他的心灵深处，成为他自己都意识不到的潜在信号，影响他的一生。希望您用恰当的方法给予孩子安全感，让孩子信心满满、内心坚定！

家长回信精选

每次读江校长的信都会引发我的深深思考：孩子就是一张白纸，家庭给予孩子的一切都会通过孩子行为一一表现出来。对孩子来说，无条件支持自己的人就是父母，给孩子充足的安全感比给孩子充足的物质条件要重要得多。心理学家李玫瑾教授说过“怀孩子十个月，不如养孩子十个月”。养孩子的目的是什么？就是让孩子形成对自己的依恋，当依恋一个人并且这种依恋得到满足的时候带来的是什么？是放松，一个人在放松的情况下看这个世界，世界就是美好的。所以我们应尽可能地去陪伴，让孩子有个温暖的港湾，让孩子可以健康快乐地长大。

——二（19）班学生姓名：毛×× 家长姓名：谢××

孩子的教育是当今社会绕不开的主要话题，孩子是国家的希望，更是一个家庭的寄托和期盼！然而孩子的教育之路拦路虎太多，孩子安全感的缺失就是第一大拦路虎。正如一位有名的教育家所言，安全感是个人健康发展的自然基础。没有安全感，会使他多疑、忧虑、脾气暴躁，很难交到朋友，将来更没法融入社会。他容易走两个极端，一个是孤独症，一个是违法犯罪！所以家庭教育尤其重要，第一，父母要给予孩子更多的陪伴。无论多忙都应该抽时间陪孩子，和孩子进行心灵交流。第二，要给孩子创造有爱和睦的家庭氛围。最后，要培养孩子的独立精神。

最后，感谢江校长对我们家长的教导和帮助！想要孩子的教育之路不留遗憾，父母的教育至关重要。孩子的成长之路，父母任重道远！

——六（1）班学生姓名：徐×× 家长姓名：徐××

第 31 封信

孩子一次没考好，没关系

亲爱的家长：

晴日暖风生麦气，学正东关育人时。东关的孩子在进行期中检测后，又度过了快乐的六一儿童节。在这美好的夏日我们又举行了“云上家长会，让您更放心”的家校共育活动。我也在前两天，在朋友圈看到一张图片；画的是几根粗壮的甘蔗，上面配着文字：期中家长必备，考好了内服，考差了外用。乍看之下，不觉莞尔；仔细品咂，喜忧参半。诚然，期中检测反映学习状况，但一次成绩说明不了什么，天塌不下来，孩子一次没考好，没关系，您大可不必如临大敌。人都有马虎的时候，孩子更不例外。

一次没考好没关系，和孩子一起树立信心。有一个孩子数学考了 35 分。照常理，妈妈早就一巴掌拍上去了，但这次她却对吓得缩在一旁的孩子说：“才开学这么短时间，你就掌握了 35 分的知识。”孩子看着妈妈，惊呆了。第二次孩子考了 50 分，虽然较前一次有了进步，但他仍觉得惭愧。没想到妈妈却对他说：“你一下子就提高了 15 分，潜力还在后头呢。”第三次，孩子考了 60 分，妈妈又对他说：“不要小看这 60 分，这可是从量变到质变，你终于及格了。”第四次孩子竟然考了 85 分。这次轮到妈妈惊呆了，她怎么也没想到，孩子在自己的鼓励下竟发生了这么大的变化。自信是一种动力，可以产生“1+1>2”的效果。您要告诉孩子，考试只是对前一阶段学习成果的检验。每个孩子的起点不同，能力有差异，成绩自然有高低之分。您千万不要拿自己的孩子和别人的孩子去比较，否则孩子自然会越比越没有信心，索性放弃学习。当孩子考试失利时，更不要一味地批评和指责，这样只能让孩子产生挫败感，丧失学习信心。您一定要给孩子树立一个可行的目标，但是不能急于求成，每一次不要求进步太多，只要现在的自己比以前的自己有一点进步就好。您的尊重与信任，会让孩子重新树立起学习的信心，明天的孩子会更加感谢您今天的付出。

一次没考好没关系，和孩子一起调整心态。孩子都是独立的个体，都有各自的长处和不足。考试不是衡量孩子的唯一指标，您要调整心态，以平和的心态对待孩子的每次考试。如果因孩子考试考不好经常骂孩子，肯定达不到良好的教育效果。重要的是让孩子知道要尽自己最大的努力。有些家长，既不会调整心态，也不知道收敛自己的情绪，在孩子面前总表现出一副怨天尤人的模样，那孩子会怎么想？孩子会焦虑、愤怒、抱怨，甚至会放弃，会破罐子破摔。切勿因为一时的冲动给孩子带来不可磨灭的影响。当孩子考了低分，我们要在语言上给予安慰和鼓励。告诉孩子，学习如逆水行舟，不进则退的道理，以此来激发孩子努力学习的斗志。高分不“捧”，低分不“棒”，做淡定父母，才会让孩子更好地面对学习，面对生活。

一次没考好没关系，和孩子一起寻找原因。一项调查数据显示：80%的学生都不清楚自己在考试中真正存在的问题，85%的老师和家长对问题原因也没有做到追根溯源。任何考试都有变数，孩子也会有发挥失常的时候，如果家长得知孩子的成绩不如意就批评指责孩子不好好学习，不仅会给孩子带来压力，还会让孩子对学习产生抵触情绪和挫败感。孩子一次没考好，没关系，您要和孩子一起寻找原因。

您要弄清孩子学习成绩不好的原因，切记不能拔苗助长，要遵循孩子的发展规律，循序渐进，克服自己的焦虑和不切实际的教育心态。如果孩子是因为害怕失败，内心过于紧张，压力过大，导致不能全身心投入学习，影响了学习效率，家长就应该多加疏导，从内心关注孩子的担忧和恐惧，帮孩子消除不良情绪，让孩子能全身心投入学习，提高学习效率；如果孩子是学习方法不当，您要及时引导孩子加以改进，让孩子学会课前预习，课后及时复习，善于总结，不懂就问；如果孩子是因为学习习惯不好，做事拖拉，做作业时老一心二用，就应该及时纠正，最好是从小培养孩子良好的学习习惯。

如果孩子学习成绩不好，您也不要过于紧张和生气，一味指责孩子学习不用功，您要看到孩子的优势，培养孩子的特长。学习成绩并不是唯一的，有的孩子在美术或者音乐等方面很有天赋，要给孩子提供良好的条件和舞台去发展自己的特长。您要相信，只要孩子有阳光的心态，有一技之长，将来就能为社会贡献自己的力量，成为自己人生的赢家。在整个小学阶段，老师和家长所要做的就是保护好孩子的求知欲，并让它能够长久地保持下去，能够贯穿孩子的整个求学生涯，甚至影响一生。如果在小学阶段就让孩子丧失了对学习的信心和兴趣，那对孩子的一生将造成不可估量的损失。这一点，我希望您能永远铭记于心。

亲爱的家长，世界上最宽广的是海洋，比海洋更宽广的是考试的范围，比考试范围更宽广的是看到孩子成绩时的您的胸怀。您要树立这样的成绩观：成绩只是一时的，成长才是一世的。面对孩子的考试成绩，您要以和善、坚定、尊重的态度对待孩子，要善于从家庭生活的点滴细节中发掘孩子的天赋，并适时引导，这才是成就孩子的教育之道。

芒种时节，遍地麦香。每一次勤劳的播种，都将促成来日的丰收；每一次与孩子的深度交流，都是收获未来成长的喜悦回忆。

您的朋友：

勤交流、频沟通

孩子真正的起跑线系在父母身上。因为在决定孩子成长效果的因素中，家庭教育占据 50% 以上的高比例。面对孩子的考试成绩，您要以和善、坚定、尊重的态度和孩子沟通，协助孩子释放负面情绪，身心轻松地学习与成长，这样，他一定能更好地绽放自己，成为独一无二的存在。

家长回信精选

伴随着期中考试的结束，收到了江校长的第 31 封信，这封信就像一场及时雨，我想说，这正是我此刻需要的。面对孩子拿回来的成绩单，我一直都是不满意、不满足的心态，总能提出这样那样的问题。读了江校长的信，我反思了自己，觉得的确不能仅仅看中孩子的分数。他的综合发展，他的兴趣和信心，他的点滴进步和成长也很重要！我会和孩子一起面对他存在的问题，给予恰如其分的评价和鼓励，为他指出今后的努力方向。

——五（1）班学生姓名：韦×× 家长姓名：颜××

我感动于江校长的坚持，感动于江校长对教育的用心！您的信让我们做家长的学会了许多育人方法。我想，对于成绩好的孩子，我们家长应该给予一定的肯定，但不要过分夸孩子聪明，要看重孩子的学习过程。对于没考好的孩子，家长不能一味地打击，应该帮助孩子分析得失情况，总结经验，扬长避短，为下一次的考试“更上一层楼”打下扎实的基础。

——四（17）班学生姓名：仲×× 家长姓名：姜××

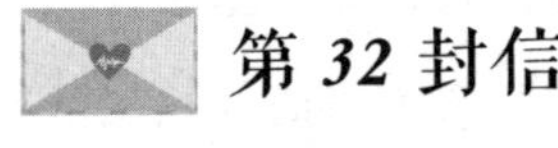

第32封信

您会管孩子吗

亲爱的家长：

夏风洋溢，草长莺飞，百花齐放。在这美好的季节，教师静心教书，俯身育人，学生文明有礼，努力学习，校园美丽整洁。东关这所百年老校，正焕发盎然生机，以最美的姿态迎接本学期的县教学视导。特别是学校的鼓号队，队员们个个朝气蓬勃，充满活力，他们以嘹亮的号声，整齐的鼓点，豪迈的步伐，展现了东关少先队员积极向上的风貌。尤其难能可贵的是，在鼓号队延时训练的时候，有家长在边上陪伴，不时管教孩子。在为他们点赞的同时，我一直在思索：作为家长，我们应该如何管教孩子？

首先，管教孩子只能有一个声音。家庭就是一个团队，团队的意思就是一个有口才的人在对一群有耳朵的人说话，核心含义就是一个声音。管教孩子也是一样，一定要一个声音。柏拉图说过：“一个人从小所受的教育把他往哪里引导，能决定他后来往哪里走。”如果夫妻之间互不配合、互相“拆台”，最受伤的就是孩子。夫妻双方有一方在管孩子时，另一方的插手，会让孩子不知所措，不知道该听谁的。当父母一个唱红脸一个唱白脸时，孩子自然会“趋利避害”，偏向对自己更温柔的一方。这样不仅让其中一方失去了权威，影响夫妻感情，还会让孩子学会了看人脸色，见风使舵。夫妻结成联盟，在大是大非面前保持立场一致，孩子才能分清对错，不断成长。即便两人之间的教育观点出现分歧，也不要在孩子面前表现出来，你不赞成另一个家庭成员的做法，当时尽量不插手，私下再沟通。家人之间要有默契，一个人在管孩子时，其他人不要随便插手，更不要互相“拆台”。您要记住：再优质的教育也比不上夫妻同心，给孩子一个和睦幸福的家庭。当您看到另一个家人正在教育孩子的时候，请您选择离开，让这个人独立行使她的教育权利。在老师教育学生的时候，作为家长的您，也请不要过来帮腔或者帮孩子解释，只需要在旁边静静待着就可以了，只需要和老师的教育保持一致就可以了。

其次，千万别在孩子面前吵架。有一次在学校，我与一个孩子交流，发现孩子眼神中透露出惶恐不安，原本澄澈明亮的眼睛像被什么东西蒙蔽了一样，那种眼神让我非常担心。细问之下，孩子说他爸妈在家吵架，而且还打架了。著名婚恋专家约翰·格雷认为：“夫妻关系的好坏，直接影响亲子关系的好坏。”父母恩爱，会给孩子十足的安全感，对他们的三观形成有潜移默化的影响。如果父母当着孩子的面赌气、吵架，对孩子的“杀伤力”有多大？在孩子面前吵架，不亚于给孩子上演一部“恐怖片”，成为他们终生的童年阴影。一些孩子的心理问题大多是因为童年时目睹了父母吵架而造成的。

心理治疗师荣伟玲说：“好父母是天赐的运气，可以让我们有一个好的心理基础。”家庭治疗大师萨提亚说：“您送给孩了最好的礼物，就是良好的婚姻关系。”所以我们要懂得克制自己的情绪，有矛盾单独沟通，不要在孩子面前展现负面的情绪。

再次，别在孩子面前说对方老人坏话。有一次，我听到学校的孩子在议论家里的爷爷奶奶、外公外婆。他们所表达的不是对老人的尊重与爱，而是嫌弃和鄙视。这让我非常震惊，每次放学孩子到校门口我都看到这样

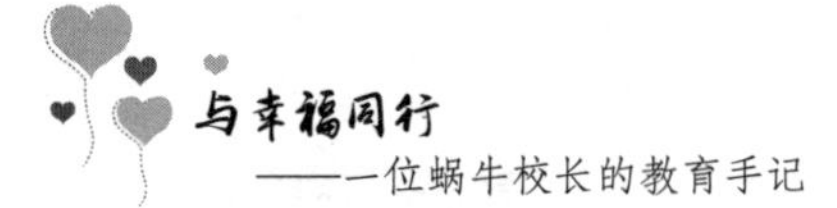

的画面：老人赶紧接过孩子沉重的书包，有的老人还带着水果零食来接孙子。有的老人那种爱的目光与关心的言语得不到孩子的回应，孩子表现出的反而是一种傲慢和不耐烦。

自由撰稿人艾小羊说：“爱情是排他的，婚姻却是两个家庭彼此包容。要容纳以不同方式爱着对方的那些人，在你看来，他们是不相干的一些人，于他而言，却是融入生命与血液的人。”曾经在网上看过一位父亲发帖说，孩子总是嫌弃爷爷奶奶，经常对他们大呼小叫，言语上也十分没礼貌。夫妻俩平时工作忙，孩子大部分时间由爷爷奶奶照顾。由于育儿观念不同，妈妈常常在孩子面前抱怨老人的不是，夫妻二人常为此吵架。孩子在耳濡目染下，对老人的态度也充满了敌意。作家珍妮·艾里姆说：“孩子的身上存在缺点，并不可怕。可怕的是，作为孩子人生领路人的父母，缺乏正确的家教观念和教子方法。”很多时候，孩子的言行举止都有父母的影子。对老人的做法不满，可以私下沟通，大人之间的矛盾不要把孩子牵扯进来，更不要在孩子面前非议对方的老人，否则孩子也会变得刻薄、不明事理、不懂得尊敬和孝顺长辈。家庭是孩子的第一所学校，父母是孩子的第一任老师。托尔斯泰说：“全部教育，或者说千分之九百九十九的教育都归结到榜样上，归结到父母自己的端正和完善上。”为人父母，都希望孩子能明辨是非、自信阳光、尊重他人，而这更需要父母在生活的点滴中耐心培养。孩子是父母的一面镜子，孩子身上的某种陋习，往往能在父母身上追根溯源。

仰望孩子，觉知未来幸福；学会管教，感受拔节成长。每个瞬间，您看到孩子，也就看见了自己。您管教孩子，也就是教育自己。作为父母的您，一定要与家人彼此尊重，不干扰家庭成员对孩子的管教，不在孩子面前吵架，不在孩子面前说老人的坏话，好吗？

您的朋友：

勤交流、频沟通

仰望孩子，觉知未来幸福；学会管教，感受拔节成长。孩子的身上存在缺点，并不可怕。可怕的是，作为孩子人生领路人的父母，缺乏正确的家教观念和教子方法。

家长回信精选

读了江校长给家长的32封信后我受益匪浅，感触也很深。我们往往过于关注孩子的学习问题和亲子关系问题，而常常忽略了夫妻关系这个因素。实际上，夫妻关系对于孩子的成长具有重大的潜移默化的影响。甚至可以说，夫妻关系是家庭中最重要的关系，自然也是孩子健康成长的最重要的保障。对孩子的教育，是父母共同的责任，孩子身心的健康成长光靠父亲或母亲一方的教育，显然是不够的。因此，父母在教育孩子时，态度要统一，口径要一致，要相互协商。

——二（14）班学生姓名：胡×× 家长姓名：张××

江校长的信，为我们家长指明了方向，使我们深深明白了家庭和睦对孩子的重要性。父母在生活的各个方面不统一，尤其是对孩子的态度和教育方式不一致，有时甚至相互对立，会使孩子不知所措、无所适从。家庭关系是否和睦其实对孩子的影响是巨大的，一个家庭就如一个小型的社会，父母之间的吵架所带来的家庭关系的紧张，其实极其容易引起孩子的情绪不安，会给孩子留下阴影。因此，我们应该给孩子一个和睦的家庭环境。

——三（2）班学生姓名：赵×× 家长姓名：黄××

第33封信

您要给孩子梦想

亲爱的家长：

每天清晨，您怀揣梦想，载着希望，送孩子上学，看到孩子跨进东关校园，刹那间身影被拉长，孩子也从稚嫩少年变成了大人的模样。而您的孩子更是迈开矫健的步伐，奔驰在青春的赛场，看着自己肆意生长，勇敢地去闯，为自己鼓掌。站在操场的中央，感受成长的力量，朝着同一个方向，用力地飞翔，迎接最美的时光。我想，这就是梦想。对于人类而言，要生存下来，有良好的发展，精神和物质上的需求都是必不可少的。在精神层面上，每个人都需要有梦想，人在有了梦想之后，才会为实现自己的梦想去努力，最后实现自己的人生价值。从某种程度上说，让您的孩子拥有梦想，就好比给孩子点亮了心灯，可以照亮孩子前行的路，为孩子的人生指明方向。

您要了解孩子的梦想和兴趣。您应该心平气和地、民主平等地与孩子交流，让孩子说出自己的梦想。无论孩子的梦想是什么，只要是积极向上的，就应该加以呵护，而不应该扼杀。也不要由于没有时间、没有耐心而不重视孩子的梦想。大家知道第一个登上月球的美国宇航员阿姆斯特朗吗？他小时候，每天放学后都在院子里玩，每天都弄得满身泥土。有一天，他从高处跳下来，高兴地大声呼喊，惊动了正在做饭的妈妈。妈妈问他在干什么，他说："我跳到月球上去了！"亲爱的家长，如果您是阿姆斯特朗的妈妈，是否会允许孩子整天跟泥猴似的疯玩呢？假如您是阿姆斯特朗的妈妈，您会怎样答复孩子？我们看他的妈妈是怎么说的，她说："哦，原来是这样。记住，别忘了回来吃饭！"您看，她非常懂得保护孩子的热情、好奇心和梦想，这就是一位充满智慧的妈妈！

作为家长，您必须认同孩子的梦想。再没有比父母能够成为自己的知音，更让孩子高兴的了。当孩子滔滔不绝地向您讲述他的梦想时，父母首先要做的是成为最好的倾听者，您的赞许和认可，是坚定孩子梦想的强大动力，一定能激发孩子的热情。

您要将孩子从梦想拉回现实。您要通过与孩子交流，看看孩子对于自己的梦想，及梦想所涉及的相关领域的了解情况。通过您的引领孩子就会知道，在任何一个行业想要成功，都有必备的条件，那么他具备了哪些条件？还不具备哪些条件？应该怎样努力去完善这些条件？要通过这样的梳理，使孩子意识到自己的不足和努力方向。作为家长，您要善于把孩子的梦想拉回到现实。梦想很丰满，现实中应该怎样做呢？要引导孩子思考，将平时的一言一行、一举一动与孩子的梦想链接起来。比如说孩子想当宇航员，那么他对宇航员了解有多少呢？知道宇航员应该具备的知识吗？知道宇航员应该具备的身体条件吗？作为孩子的"圆梦者"，您不妨带孩子多去几趟科技馆，多看几本科普书，多和孩子讨论几个科普问题，在这种创造出来的梦想氛围中，点燃孩子的激情，并让孩子明白，只有付诸行动，才能离梦想更近。您永远不要给孩子泼冷水。现实生活中，有很多父母认为孩子没有什么梦想，或者认为他们所谓的梦想无非就是跟风从众罢了，没有什么实质性的价值，所以当孩子说出自己的梦想时，许多家长不是悉心呵护，而是冷嘲热讽泼冷水。每个孩子的梦想都需要被守护，它就像一棵小小的幼苗一样，只有勤浇水、勤翻土，才能长成茁壮的大树，进而开花结果。记得周星驰电影里有一句经典台词：人如果没有梦想，那和咸鱼有什么区别？您一味给孩子的梦想泼冷水，造成的最严重后果就是：孩子对梦想毫无感觉。如果一个人没有了梦想，没有前进的动力，生活早晚会被平凡和无聊消磨掉。

再给大家分享一个故事。多年以前，一位穷苦的牧羊人带着两个年幼的儿子，靠为别人放羊来维持生活。一天，他们赶着羊来到一个小山坡，看见一群大雁鸣叫着从他们头顶飞过，并很快从视野中消失了。“大雁要往哪里飞？”牧羊人的小儿子问他父亲。牧羊人回答说：“为了度过寒冷的冬天，它们要去一个温暖的地方安家。”“要是我们也能像大雁一样飞起来就好了，那我就要比大雁飞得还高，去天堂看妈妈。”他的大儿子眨着眼睛羡慕地说。“做只会飞的大雁多好啊！可以飞到自己想去的地方，那样就不用放羊了。”小儿子也对父亲说。牧羊人沉默了一会儿，然后对儿子们说：“如果你们想，你们也会飞起来。”两个儿子试了试，并没有飞起来。他们用疑惑的眼神看着父亲。牧羊人说，“看看我是怎么飞的吧。”于是他飞了两下，但也没飞起来。牧羊人肯定地说：“可能是因为我的年纪大了才飞不起来，你们还小，只要不断努力，就一定能飞起来，去你们想去的地方。”儿子们牢记着父亲的教导，并一直不断努力，等他们长大以后终于飞起来了，他们就是美国的莱特兄弟，他们发明了飞机。

您要帮孩子制定人生规划。许多孩子有梦想却没有行动，究其原因，其实是缺少规划。因为没有规划，所以不会成功。因此，您要帮助孩子制定一个规划，这个规划，其实也是对孩子的提示与警醒。通过制定规划，让孩子明白必须对自己的梦想负责。孩子知道要为自己的梦想负责之后，就会真正地成长了。梦想是水源，想要水到渠成，需要您帮助孩子去分析达成梦想的途径——“我该如何去实现自己的梦想?”孩子认清了前方的路，才能朝着正确的方向一步一步地前行。这个过程，也会让孩子真正深刻地去思考人生，思考未来，不断地去认清梦想，坚定梦想。孩子的梦想是他的“总目标”，您应该引导孩子将其分解成无数个“小目标”，这样做规划，随着一个个小目标的实现，距离孩子实现梦想的时间也会越来越近。千里之行，始于足下。把现在的事情做好，先实现一个一个的小目标，最终才会实现人生的大目标。

让夏风化雨成诗，携梦想迎风展翅。鼓励孩子拥有梦想、追求梦想，会使其产生强劲的内驱力，即便面对困难、遭遇坎坷，孩子也会主动想办法去攻坚克难。亲爱的家长，如果您真心爱孩子，就精心呵护孩子的梦想吧！用梦想为孩子点亮心灯！

您的朋友：

勤交流、频沟通

每个孩子的梦想都需要被守护，它就像一棵小小的幼苗一样，只有勤浇水、勤翻土，才能长成茁壮的大树，进而开花结果。

家长回信精选

读了江校长的信，我内心深受启发。大人有梦想，孩子也会有，不要看孩子小，就觉得他的梦想太不现实！当我们知道孩子有梦想时，不要嘲笑孩子的天马行空、不切实际，而是要为他鼓励加油！同时告诉他，读书很重要，只有不断学习知识充实自己，做各种充分的准备，梦想才能实现！父母就是孩子追逐光亮路上的向导，帮助孩子避免操之过急、打碎了这份珍贵之物。

——二（4）班学生姓名：范×× 家长姓名：李××

江校长的每一封信都令我豁然开朗。梦想是远方那一束美丽的光亮，让孩子忍不住想要到那里去看一看不同的风景。作为父母，要用正确的方法呵护梦想的种子，让它与孩子之间互相成全。孩子让梦想开花，梦想让孩子实现自身价值。父母对于孩子的用心，孩子是能深刻感受到的。家庭教育，是不可逆的教育。孩子的未来表面上属于他自己，实质在于家庭，而根源在于父母。父母要成为实现孩子梦想的护航者。每个孩子都是天才，只需要被唤醒。

——三（4）班学生姓名：顾×× 家长姓名：谷××

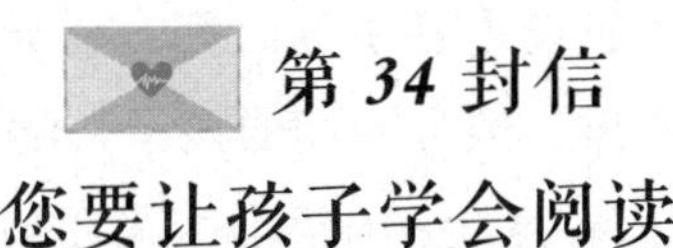

第34封信
您要让孩子学会阅读

亲爱的家长：

“粽子里来健康伴，端午假日幸福长。”在这个常态化疫情防控的特殊时段，您和孩子相伴，感悟生活幸福美满的味道，寻觅亲情的味道，体味孩子拔节成长的味道。但您知道吗？一个家庭可以什么都没有，但一定要有为孩子的精神成长而提供的图书，为孩子提供阅读需求。孩子的成长是从阅读开始，当孩子的学习成长渴求“发现的泉水”时，阅读成为一种最低成本的捷径——通过别人的思想延伸自己。

著名作家毕淑敏说：“让孩子爱上阅读，必将成为父母这一生最划算的教育。”良好的阅读习惯能让孩子终身受益，得阅读者得天下，人们阅读不仅仅是为了考出好成绩，更是为了体会人生。育儿专家尹建莉曾说过：“一个孩子，从阅读中获得的，不仅是心灵的滋养，也是心理上的力量。”培养阅读的习惯，您要同孩子一起努力！只有重视阅读的家庭，才能培养出爱阅读的孩子，所以您要让孩子学会阅读。

您要知道学会阅读是提升孩子成绩的必经之路。教育家苏霍姆林斯基在《给教师的建议》中说：“阅读是对‘学习困难的’学生进行智育的重要手段。学生学习越感到困难、在脑力劳动中遇到的困难越多，他就越需要多阅读。”可见阅读对于提高成绩的重要性。也有家长与我交流说：“孩子成绩在三、四年级时特别好，可到六年级成绩就掉下来了。”这种现象其实并不罕见，究其原因，我想就是阅读不够。因为低学段需要学习的知识内容简单、结构单一，仅靠大量写作业或者是头脑聪明，就可以取得高分，所以成绩具有很大的欺骗性，而这样培养出来的孩子，阅读能力薄弱、知识结构单一，到了六年级，需要面对大量的、相对复杂的学习任务时，就会感到力不从心，出现“成绩突然暴跌”现象。相反，从小就大量阅读的孩子，他们可能一开始成绩平平，但博览群书时培养的阅读能力、快速接受复杂知识的能力等，往往能让他们在高年级时，成绩一鸣惊人、后发制人、潜力无穷。所以您要切记：小学时期，千万不要过分看重孩子的成绩。用作业和习题大量挤占孩子的时间，无异于舍本逐末，丢了西瓜捡芝麻。要让孩子学会阅读，酷爱阅读的孩子，学习更有爆发力。

您要给孩子创造阅读环境。法国哲学家爱尔维修有句名言：“人是环境的产物。”我想这句话您一定会赞同。《少年派》中闫妮削尖了脑袋，也要将女儿林妙妙送进重点高中。谈到为啥要这样做时，她说了一句非常经典的话：跟着好人学好人，跟着巫婆学下神。俗话说：“久居兰室不闻其香，久居鲍市不闻其臭。”说的也是这个道理。您要让孩子学会阅读。在家为孩子创造阅读环境很重要，您可以为孩子置办一个小书柜，选择他所在的年龄段必须阅读的和他感兴趣的书籍。如果有条件的话，给孩子单独布置一间书房，或者退而求其次，在孩子的卧室中布置一个读书角。收起家中的平板、手机等电子产品，放在孩子看不到的地方。将电视机从客厅转移到父母的卧室，将图书放在孩子随手可及的地方。合理利用家里的其他地方，比如在书桌上，沙发上甚至洗手间都可以放置书本或杂志，让阅读无处不在，让孩子能随时随地阅读。永远不要让孩子等有时间才阅读，要见缝插针，想读就读。

您要学会与孩子一起阅读。孩子是没有分辨能力的。通常是家长看电视，他就跟着看电视，家长玩手机，他就跟着玩手机。您的行为，对孩子的习惯、行为养成，起着至关重要的作用。想要培养出一个热爱阅读的孩子，您自己首先就要热爱阅读。所以您每天要规划出一些时间，陪着孩子阅读，做好表率作用，这个时间可以不长，但一定要有。另外您在玩手机、看电视时，要尽量避开孩子，否则孩子心里也会不平衡：凭什么要我看书，您自己却能玩手机呀？进而催发出孩子对阅读的抵触情绪，得不偿失。

您要陪孩子一起阅读，这样不仅能增进亲子关系，还能让孩子对阅读产生更大的兴趣。既要鼓励孩子读，还要鼓励孩子讲，让孩子讲读到的故事，讲给家人听，讲给小伙伴听，而且您要表现得特别有兴趣，并且适时表扬，向孩子催问接下来的内容等，从而激发孩子的阅读兴趣。共享孩子的阅读成果，有利于让孩子继续读下去，进而形成正向循环。让孩子讲故事不仅锻炼了他们的思维，还是对阅读成果的一种肯定。就像我们习惯了一日三餐，到点吃饭。做这个就像是印在脑子里一样，不会觉得费力气。这就是养成习惯的好处。让孩子学会阅读也是一样，贵在有恒，每天读一点，养成习惯，而不是某一天突然读很多，剩下的日子就不读了。您要切记：苟有恒，何必三更眠五更起；最无益，莫过一日曝十日寒。

亲爱的家长，年有四季，天有四时。阅读有益，阅读有异。将阅读与陪伴孩子浸润在家校共育的道路上，定会有最美的成长。与孩子一起阅读是一种诗意的生存状态，与孩子一起阅读是一种幸福的生活方式，与孩子一起阅读是一种温暖的生命体验。您与孩子最浪漫的事，莫过于与阅读长相厮守！

您的朋友：

勤交流、频沟通

年有四季，天有四时。阅读有益，阅读有异。与孩子一起阅读是一种诗意的生存状态，与孩子一起阅读是一种幸福的生活方式，与孩子一起阅读是一种温暖的生命体验。您与孩子最浪漫的事，莫过于与阅读长相厮守！

家长回信精选

今天我拜读了江校长给我们家长的第 34 封信，读过这封信以后，我收获很多，感慨万分。阅读是一种能给孩子带来无限乐趣的娱乐活动，同时也是他们获取知识开阔视野的一种学习方法。俗话说得好，“一种好的习惯，决定好的命运”。因此，培养孩子养成良好的阅读习惯，让孩子感到读书的乐趣，就显得非常有必要。从现在开始，我将尽可能让孩子多接触书籍，营造爱读书的家庭氛围，让孩子的阅读兴趣变得更加浓厚。另外，好的读物能丰富孩子的精神世界，扩展孩子的知识，我希望通过我的努力，让我的孩子有一个良好的阅读习惯，从而塑造良好的人格。

——二（6）班学生姓名：张×× 家长姓名：张××

俗话说，“知识决定命运”，而传承知识最重要的途径是读书。通过拜读江校长的第三十四封信，我们做家长的明白了，要培养孩子的阅读习惯，我们做家长的还要更加努力，重视阅读的家庭，才能培养出爱阅读的孩子，所以我们做家长的一定要让孩子学会阅读！让孩子在玩耍和读书中快乐成长，从感受读书的乐趣到慢慢学会做人的道理，养成良好的阅读习惯，为未来的人生汲取无尽的营养，充实自己的身心。书是人类进步的阶梯，让我们陪伴孩子共同攀登成长的阶梯，和孩子一起在书的海洋中享受成长的快乐！

——三（13）班学生姓名：杨×× 家长姓名：杨××

第35封信

孩子在复习，您应该干什么

亲爱的家长：

东关少年正当时，蓬勃进取潮头立。在孩子通向暑假的光明之前，往往需要有一点点的“黑暗”经历，比如期末检测。目前，学校各年级新课都已结束，迎来了期末复习。期末复习十分重要，复习效果的好坏将直接影响孩子期末考试的成绩。而期末考试成绩又是您和孩子最看重的。从实际效果来看，您的重视程度与孩子的期末考试成绩有直接关系。简单地说，您足够重视，孩子的期末考试成绩就相对优秀一些；不重视，成绩就可能良好、及格甚至不及格。期末复习相对于平时来说，各科作业量会有所增加，这时您的重视、参与就显得尤为重要，必须确保孩子的各科作业能按时按量完成，不然，孩子到学校后，这个老师找，那个老师找，孩子就会疲于应付，很难有效地进行复习。那么，期末复习阶段，孩子在复习，您应该干什么？

一要相信孩子。美国电影《师生情》中有这样一个片段：“孩子，老师相信你是天下最好的孩子，是顶天立地的男子汉！你不要紧张，仔细数数老师这只手究竟有几根手指。”孩子缓缓地抬起头，涨红着脸，盯着老师的五根手指，数了好久，终于鼓起勇气，开口说：“三个。”“太好了，你简直太了不起了！一共就少数两个。”孩子听了老师的话，眼睛里透着光亮，十分兴奋。这就是信任的力量。当孩子在学习中只是暂时遇到了困难，或是没有找到学习的乐趣，不愿学习……父母要做的就是想办法帮助孩子扬起自信的帆。信任无疑是一剂强心针，能激发孩子的潜能，让孩子考出好成绩。

二要鼓励孩子。小孩那细小的身躯里，藏着伟大的灵魂，有着无穷的机智。作为父母，您要鼓励孩子。孩子需要被鼓励，需要您每天的鼓励。鼓励是孩子成长的养分，鼓励是在保护孩子内心深处“做一个好孩子”的天性。鼓励是给孩子信心、勇气，帮助孩子找到方向和目标。有了您的重视和赞赏鼓励，孩子会更加积极地努力。一个我以前教过的学生曾对我说：“老师，记得读小学时，我的成绩一直不好，觉得自己就是白痴。我的母亲却没有放弃我，还经常鼓励我，跟我讲勤奋好学的故事。特别是给我讲爱迪生小时候被老师称作白痴，还被退了学，后来却成了发明家的故事。我听了特别感动。也许是受到了影响，渐渐地，我的学习成绩提高了。到了中学，我的成绩逐渐进步，考上了大学，现在我在读研。没有母亲的鼓励，我一定没有今天！”因为一句话、一件事改变人生的事例很多。作为父母的您要善于使用表扬鼓励这一“武器”，相信好孩子是夸出来的，好成绩同样可以被夸出来。

三要关注态度。态度决定一切。您要注意避免眼睛里只有分数，以免伤害孩子学习的积极性，更多地关注孩子的学习态度和学习习惯。您一定要明白，孩子之间的差距，不是智力，而是态度和习惯所致。复习阶段，若孩子的学习态度出现问题，您要予以纠正，绝不能放过，而且要讲究方法，针对孩子的实际，想点办法，不要轻易打骂。孩子学习成绩差，多是态度问题，调整好孩子的学习态度，成绩不是问题。对低年级的孩子，您要注重解题方法的渗透，指导孩子做试卷，即“授之以渔”，为后续学习奠定基础。孩子写作业时，您不要坐在一旁玩手机，更不要催促、指责，面对孩子的错误，要多一些耐心。把孩子“扶上路”后，您就轻松了。高年级的孩子，已经掌握了学习方法，重在调动积极性。因此，您要在这方面下点功夫。期末复习阶段，您绝不能闲着，更不能做甩手掌柜，要动起来、忙起来。您的一动一忙，造就孩子的优秀成绩。

孩子间的竞争，说到底是家长之间的竞争。为什么这样说？原因很简单。因为老师只有一个，而家长却各不相同。因此，就出现了同一个班级的孩子成绩有好有坏的情况。这是无可怀疑的，也是事实存在的，只是有的家长不愿承认、推卸责任。凡是优秀孩子的背后，一定有优秀的父母，他们为了孩子费尽心思，想尽一切办法，对待孩子的教育从不马虎，更不会借口各种理由不管孩子。好成绩都是帮出来的。帮助孩子最好的办法就是父母主动增加负担，时刻不忘孩子的教育学习。教育孩子是先苦后甜的事业，您首先要不怕苦，多付出。只有您真正提高了认识，孩子才会认真对待学习。作为父母的您千万不要对孩子失去信心，要相信自己的孩子。其实每个孩子内心都有向上的欲望，只是有的没有被激发，又或者被埋没了。

每一个孩子，都是在您的掌心上跳舞。孩子的未来，都在您的一言一行里。您怎样，孩子就怎样，从此刻起，您要用您的行动去影响孩子，就像一滴清澈的露珠落在心灵上，即便随即蒸发了，但它的清凉却一直留在心头。正是这滴露珠，是心灵永远的需要……而您就应是那滴露珠，发现孩子前行中每一天的独立存在，注视孩子成长中每一次的生命律动，赞美孩子学习中每一点的进步提升，让孩子成长为更好的自己！

您的朋友：

勤交流、频沟通

文明的家庭教育才能培养出文明的孩子。家庭教育不是管理，在一定的基础上沟通交流才能起到好的作用，这个基础就是信任。被信任的孩子才能学会对自己的行为负责，负责任是成长的标志，信任在家庭教育中的重要程度也就显而易见。

家长回信精选

读了江校长的这封信，我觉得期末复习十分重要，复习的好坏将直接影响孩子期末考试成绩的优劣。家长的重视程度与孩子的期末考试成绩有直接关系，帮助孩子最好的办法就是时刻不忘孩子的教育学习。教育孩子是先苦后甜的事业，父母要做的就是想办法帮助孩子扬起自信的帆。信任无疑是一剂强心针，能激发孩子的潜能，让孩子考出好成绩！

——二（9）班学生姓名：范×× 家长姓名：范××

江校长的信，让我想到了荀子在《劝学》中提到的："锲而不舍，金石可镂，锲而舍之，朽木不折。"说的道理就是，我们要长久地坚持下去，哪怕遇到再大的困难，也不应该放弃。要多给孩子一些信任，让孩子能够静下心来安心复习，让孩子了解考试的真正目的。要及时帮助孩子，纠正孩子的错误，实现家庭教育的成功。

——二（6）班学生姓名：许×× 家长姓名：张××

第 *36* 封信

让孩子成长得更健康

亲爱的家长：

盛夏时节，草木繁茂。东关少年放光芒，笔尖生辉多力量。东关学子正在等待明后两天进入考场试锋芒，用行动为自己一个阶段的学习和生活画上圆满的句号，并为未来的学习和生活开启新的篇章。

每个孩子都是一个鲜活、独特的生命个体，每一天都是这个独特个体奋斗的起点。让孩子每一天都快乐、幸福、健康地成长，既是每一位家长的神圣使命，也是每一位家长执着追求的理想。让孩子健康成长，不在于传授本领，而在于管教与唤醒。

您要管住孩子的“伪勤奋”，让孩子成长得更健康。现在很多家长都对孩子的学习要求高，督促孩子认真学习，期待孩子取得优异成绩。于是，很多孩子迫于家长的压力，装出一副很勤奋的样子。早出晚归上学，放学后甚至参加补课，周末也不休息，奔波向各个辅导班。晚上也不看电视，不玩手机，一直在学习，直到深夜。久而久之，感动了自己，也感动了家长，但一到考试就傻眼了，明明这么努力了，为什么成绩还是提升不了，甚至越来越差？在学习中，最怕的不是懒惰，而是这种“伪勤奋”：表面上很刻苦，实际上却刻意回避了真正需要解决的问题和学习中最有价值的部分。对于这种情况，您应及时了解孩子的学习情况，根据孩子的学习任务和孩子的学习效率来分配孩子每天的学习时间，还要检查孩子的练习册、笔记本等，看是否简洁明了、思路清晰。我们学校也将为您孩子的暑期学习提供指南，您可以参照执行。

您要管住孩子的拖延症，让孩子成长得更健康。现在的孩子或多或少都有一定的拖延症，比如做作业太慢，经常磨磨蹭蹭，每晚都要奋战到很晚，吃饭、穿衣服、系鞋带……做什么都慢吞吞地。明明很容易就可以完成的事情，偏偏总是拖着不办。如果您不管不问，孩子的拖延症会成为影响一生的坏习惯。改变拖延症最好的办法，就是给孩子一个稳定的节奏，让他知道什么时候该做什么，并且自主完成。您要帮助孩子树立正确的时间观念，比如规定孩子几分钟之内要做完什么事。其次您要锻炼孩子的注意力，给孩子营造安静的学习氛围，帮孩子制定一个放学后的时间安排表。您还要给孩子自主空间，鼓励孩子独立做事，遵从自己的选择，做出自己的决定。您要正视孩子的拖延症，管住孩子的拖延，让孩子未来的学习和生活更加顺畅。

您要重视孩子的教养，让孩子成长得更健康。您一定听说过“熊孩子”的故事，在上海迪士尼乐园中，有位小男孩在一项娱乐项目中插队，被工作人员劝阻后，非但没有道歉，还辱骂对方，小小年纪，就满口粗话，做错事情还理直气壮。更令人气愤的是，站在一旁的家长没有训斥小男孩这种没教养的行为，只因现场游客在拍摄视频，怕事的她勒令对方删掉视频，称“侵犯了肖像权”。“熊孩子”的背后，必然有“熊父母”。这些父母往往都不认为自己家的孩子是没教养，认为孩子顶多只是调皮而已。但您要明白，盲目纵容孩子并不是爱，而是害。家长无言的纵容，就是在助长孩子心中的邪风，最终只会让其长成“歪脖子树”。您一定要明白，穷养富养，都不如孩子有教养。对孩子来说，教养是可以受益一生的财富。

您要管住孩子的懒惰，让孩子成长得更健康。哈佛大学研究表明，爱做家务的孩子与不爱做家务的孩子，就业比为 15：1，前者收入比后者高 20%，而且未来婚姻生活更幸福。在孩子的成长过程中，家务劳动与孩子的动作技能、认知能力的发展以及责任感的培养都有着密不可分的关系。想要孩子成为优秀的人，让他做家务是必不可少的。而且今年党中央、国务院已把劳动教育纳入人才培养全过程，提出在各级各类学校中形成具有综合性、实践性、开放性、针对性的劳动教育课程体系。所以，您一定要有清醒的认识，培养孩子爱做家务的好习惯。要懂得放手，舍得用孩子，先从扫地、餐前准备碗筷这种简单的家务开始培养孩子。要提醒您的是，当孩子不小心出现失误时，您千万不要训斥，而要耐心指导，及时夸奖，比如说“你刷的碗真干净”等。总之，一定要正确引导孩子做家务，让孩子爱上做家务。

据说，天鹅原本是能飞高飞远的，可现在的天鹅却飞不高、飞不远，因为天鹅在早些时候变成了富人的宠物，为让天鹅不离左右，富人想了三种办法：一是剪掉天鹅双翼一边的羽毛让其失去平衡不能飞；二是绑住天鹅的翅膀，使其不可能飞；三是缩小池塘，让天鹅因没有很大的湖泊助跑，飞不起来。原本极有灵性的动物的天性就这样被扼杀了。教育孩子也是如此，您要按照孩子的成长规律和个性特长去创造环境，对孩子进行管教，让孩子严格自律，努力做自己想做能做的事。

阳光总在风雨后，育孩永远在路上。您要用自己的行动给孩子做好引导。您管教，孩子就知道了敬畏；您勤奋，孩子就明白了努力；您艰辛，孩子就学会了珍惜；您尽责，孩子就明白了做人要有担当；您冷静，孩子就学会了观察；您宽容，孩子眼里计较的事就少了；您开怀，孩子眼里快乐的事就多了；您仁爱，孩子的心一定是宽广、善良、充满阳光的！

您的朋友：[signature]

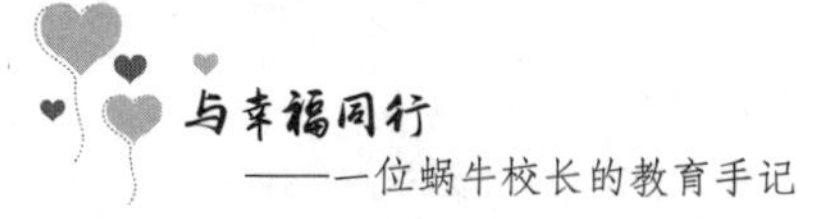

勤交流、频沟通

“家”不仅仅是为孩子遮风挡雨的地方，“家”还是让孩子了解自己和学会做人的地方。作为父母，在教育孩子的过程中要有耐心、爱心和宽容心。成长是一篇等待被谱写的乐章。让我们和孩子一起谱写出动人心弦的乐章！

家长回信精选

正如江校长写给家长的这封信中所说：“让孩子每一天都快乐、幸福、健康地成长，既是每一位家长的神圣使命，也是每一位家长执着追求的理想。”大家都知道父母是孩子的第一任老师，父母的教育是孩子成长的关键。家长如何教育孩子，才能让孩子快乐、健康地成长呢？作为家长，我觉得教育孩子要做到以下几点：一、遵循孩子的成长规律。二、尊重孩子的人格和意识。三、给孩子一定的自由空间。教育没有绝对的好与坏，每个家庭都有各自的特色。只有一点不变——父母是孩子成长的明灯。

——二（11）班学生姓名：胡×× 家长姓名：陈××

作为家长，看到孩子每天都在进步成长，我心里非常高兴，但如何使孩子健康快乐成长，又是一个令人苦恼的问题。今天读了江校长的这封信，我感受颇多。首先，对待孩子要有爱心，让她在一个和谐的环境中健康成长。其次，对待孩子要有耐心，让她能正确对待生活和学习中的困难和挫折。每当我的孩子由于年幼无知和不经意犯了错误时，我们都细心地督导她加以改正。特别是当她在学习和生活中遇到困难和挫折时，我们都是努力帮助她加以克服，同时也不能让她稚嫩的心灵承受太大的压力。只要我们多付出一些，就一定会得到回报。

——二（11）班学生姓名：吴×× 家长姓名：汪××

第 37 封信
家校共育永远在路上

亲爱的家长：

仲夏初芒，七月未央。时光流转期末至，又是一年暑假时。一学期以来，东关实验小学的老师辛勤耕耘，默默奉献，由线上教学衔接线下教学，和东关学子朝夕相伴，共历春夏，共同奋进，共享快乐。今天上午，学校分班级举行了学期总结会。我们的传统书信交流也随着假期的来临而暂告一个段落。

孩子是家庭的希望和未来，是学校的灵魂和生命线。家庭和学校的培养目标是一致的，那就是让孩子健康成长，有一个美好的未来。近一年来，我们通过家校互信，相互了解，勤于交流，共同分享和探讨培养孩子的心得体会，共同促进孩子的健康成长。双方都能换位思考，学校和家长都从对方角度思考，多替对方着想，让所有问题都不再是问题。

人生最大的烦恼莫过于儿女的不成器，人生最大的欣慰莫过于孩子有才有德有出息。在教育孩子的事情上，我们现在多付出一点，尽到自己的努力和职责，将来孩子发展好了、成功了，既是家长的幸福，也是我们老师的荣耀。为了孩子们的健康成长、早日成才，也为了百年东关的持续发展，让我们携起手来，奋勇向前！

家校共育，孩子成长需要您的“规矩”。“规矩”对您而言可能是一个纠结的词，对于给孩子立规矩这事，大家各有各的看法。有的父母认为，孩子要面临的压力已经很大了，要给孩子一个轻松快乐的童年，放纵孩子一下也不会对他造成什么影响。有的父母则认为，如果现在不严格管教孩子，以后怎么让孩子在社会上立足？孩子没有规矩，就不懂得礼貌；但过度严格又会导致孩子循规蹈矩，做事谨小慎微。其实，爱和规矩从来不是互相割裂的，将爱与规矩当作单选题来做，势必会对孩子造成不利的影响。您必须认识到，爱和规矩本来就是一体的，都是孩子成长中的必需品。爱孩子，是父母的本能；给孩子立规矩，让他成长为一个能够独当一面的人，是父母的责任。爱与规矩统一，才能造就孩子的未来，让孩子拥抱璀璨人生。

现在有很多家长都崇尚“快乐教育”，认为要释放孩子的天性，认为孩子应该在快乐中学习，一旦孩子对学习感到痛苦了，就不要逼孩子学习。殊不知，这看上去是对孩子的尊重，实际上却是对孩子的放任。教育的目的是什么？就是成就人的事业。说白了就是让孩子成为一个优秀的人。而优秀的人都有一个共同点，那就是懂得坚持，懂得对自己狠一些。因为这个社会竞争非常激烈，如果不好好努力，就会被社会淘汰。优秀的人知道，读书永远是普通人逆袭的最佳机会，是通往成功最近的路。亲爱的家长，您要知道，一个接受快乐教育的孩子，最终还是要跟别人一起面对中考高考，如果不好好学习，他会考上一所好的大学吗？会有更多的选择吗？学习从来都不是一件轻松的事，它甚至是痛苦的，在全世界都一样。任何成功背后，都是不断的努力和付出。为人父母，都希望孩子拥有一个美好的未来，能够主宰自己的人生，那么就不要放纵孩子了，而是要逼孩子一把，让孩子努力学习，认真读书。

家校共育，孩子的成长需要老师批评。在学校里，孩子犯错了，老师总会批评教育他。但有些家长一听到孩子被老师批评了，被老师惩罚了，心里就急了起来，认为孩子受欺负了。其实，没有哪位老师会无缘无故地批评孩子。老师批评孩子，也许是因为他上课不专心，也许是因为他没有交作业……身为老师，都是把学生当成自己的孩子一样看待，孩子犯错误了，老师才会批评。孩子犯了错，被老师批评教育，是件好事。因为这些批评教育，能让孩子清醒地认识到自身的不足，并且改正错误，这样才能更好地成长。有时候孩子犯的错误并不比其他同学严重，但遭受的责罚却比其他同学苛刻，那是因为在老师的心目中，他是一匹值得鞭打的马。亲爱的家长，您要知道，孩子的成长需要赞赏的眼光，也需要批评的雨露。老师的批评，是孩子成长过程中必需的养分，它可以让孩子始终保持清醒的头脑，在成长的道路上走得更稳、更远！

家校共育，孩子的成长需要共同惩戒。复旦大学钱文忠教授说过这样一段话：如今的教育对孩子不断让步，给他们更多快乐，更多游戏时间。可天底下哪有这样的教育？孩子不如成年人明事理，必须受到管教和惩戒。一定要让孩子知道，犯错是要付出代价的。如果全社会都在让步，将来的孩子是很可怕的，将来的社会也是很可怕的。家长不舍得管，老师不敢管，那么孩子就学不好。有句话说得好：“有了管教，方知敬畏；有了敬畏，方知底线；有了底线，方知对错。”好的父母，必然是管教同步、严慈同体的。好的教育，必然是宽严相济、奖惩分明的。这个世界上，最不应该被苛责的是老师，最不应该被娇惯的是孩子。

家校共育，孩子的成长需要共同配合。“教育”二字，包含教和育。学校老师传授知识，家长养育孩子。不管何时，学校老师和家长的目标始终一致，其责任和使命始终一致。那就是：共同教育好孩子。因为孩子，老师和家长才联结在一起。孩子的成长路上，需要老师和家长并肩努力。家长和老师站在同一条战线上，把劲儿往一处使，才能给孩子最优的教育。因为家长与老师是分开站在孩子人生舞台两边的托台人，家长是左手，老师是右手，都是为孩子托起舞台的力量，都希望每个孩子成为最优秀的人！当然在工作中学校老师可能有些方式方法或教育理念不能让您满意与认同，但请您努力去平衡去沟通，用老师能够接受的方式去沟通！这个很重要，如果您不了解老师的性格，请带着尊敬的心去沟通，即使老师犯了错误，只要不是无法挽回的错，请带着宽容与理解给予温柔的提醒！您的行为就是孩子的榜样，老师在孩子心目中都是纯洁高尚的，请不要轻易与老师闹矛盾，打破孩子的心灵幻想！在任何情况下，我们都要让孩子记住：我们可以不理解不认同，但我们不能冲动与鲁莽。家校共育需要静待花开，您一定要多一分宽容和理解，多给学校老师一些尊重和信任。家长支持老师，老师支持孩子，孩子才能健康成长。

孩子就像行驶的火车，虽然学校和您一直小心翼翼，精心研究和设计，但是脱轨现象还是时有发生。如何从容应对各种突如其来的变化，是我们家校要一起研习的必修课，家校共育永远在路上。教育一个孩子，带动一个家庭，影响整个社会。孩子是家校互信的桥梁，学校是努力奋斗的远方，家庭是幸福回归的港湾。佛教《法华经》中有个词叫“功不唐捐”，意思是说您付出的努力，从来不会白白付出，终有一天会回到您的身上来。

东关风劲帆满前景阔，家校携手奋进正当时。让我们家校互通，携手共育！

您的朋友：

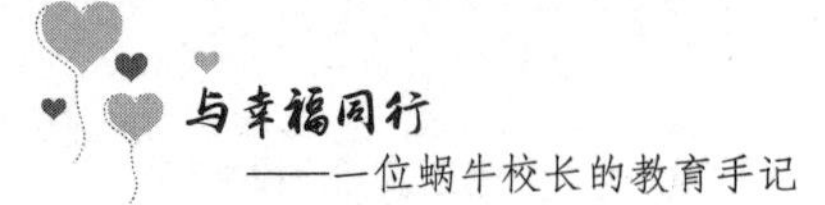

勤交流、频沟通

搞好家校共育就犹如建设一个好的生态系统，学生是种子，家庭是土壤，教师是园丁，社会是环境。种子饱满，土壤肥沃，园丁辛勤，环境适宜，才能为学生的健康成长提供有力的保障。

家长回信精选

读了江校长这封信，我心中有很多的感触。我一直在寻找最适合自己孩子的教育方法，一直在不断摸索。在教育孩子的过程中自己无法时刻保持冷静态度，有时候也会为孩子的不懂事生气，或为孩子考试成绩不理想而担忧，每当遇到这些方面的问题我都不知道怎么办才好，没有更好的引导方法。江校长的这封信给了我很多的启示，使我改变了对孩子的教育思路，调整教育方法，对教育孩子有了更深的认识。我衷心地感谢老师对孩子的付出，让我们家校紧密合育，共同为孩子的成长努力！

——四（4）班学生姓名：蔡××　家长姓名：蔡××

江校长用深入浅出的语言、理论与实践结合的方法使我们家长了解到当前家校共育的必要性、面临的挑战与对策以及在教育孩子的过程中应该注意的事项。通过阅读这封信，我对家庭教育有了新的认识，进一步认识到家庭教育与学校教育一样重要。家庭是习惯的学校，父母是习惯的老师。我们要通过家校共育，缔造学生的良好习惯和健康人格。

——三（2）班学生姓名：戴××　家长姓名：黄××

后　记

诗人汪国真在诗歌《我喜欢出发》中写道："凡是到达了的地方，都属于昨天，哪怕那山再青，那水再秀，那风再温柔。太深的流连便成了一种羁绊，绊住的不仅有双脚，还有未来。"读到这首诗时，我就被先生字里行间所流露出的炽热、坚定与从容所打动，这里有一种挑战自己的精神，更有一种无论是在繁华还是落寞中都难能可贵的清醒。

38 岁，我由从事面向人人的职业教育，转道 6 年影响一生的小学教育，开始了新的教育生活。也许这是一条坎坷不平的羊肠小路，也许这是一条宽阔平坦的阳关大道，也许迎接我的是挑战与疲惫，也许收获的是掌声与鲜花——可是，无论我面对的是什么，我都将用心灵去书写这一段崭新的日子……走进"东关"的日子。

一年来，携着梦想与祝福，我和我的团队精诚合作，在这有梦想的一亩三分地上如履薄冰、精耕细作、挥洒汗水，我们追寻教育的光芒，感受着温暖与希望，我们思考教育的内涵，一起讲述每位师生的故事。

时间的钟摆均匀地摆动，总是那样不紧不慢，好像无视世间发生的一切。我和我的同事一起，守着"东关"的孩子，守着我们的校园，守着我们平凡的岗位。自觉太过平常，就和一片叶一株草没什么区别，哪里还想把平凡的自己和自己所做的细小之事当作写作的题材呢？可突如其来的新冠疫情，使得超长的寒假中我们每天在校坚守，变得"由事不由人"。凡事"机缘巧合"，伟人和明星们确实星光熠熠，但平凡的小人物也有他存在的价值，有谁说萤火虫的光不是光呢？回顾自己一学年的校长生涯，突然心中涌起了一种冲动。朱砂启智、七种导护、学正文化……一件件、一幕幕浮现在脑海：不大的校园、勤勉的同事、奋进的孩子，点点滴滴，酸甜苦辣，往事仿佛就在昨天，平凡而真实地跳跃在笔尖、纸面上。

从职教进入普教行列，我的脚步始终未曾离开教育的门槛，对教育的执守挚爱依然如故。当我踏进东关实验小学的校园时，当我见到那一张张鲜活生动的脸庞时，我由衷地升腾起一份责任与自豪。家长们将孩子托付于我们的瞬间，我懂得，我的肩头从此负有多少生命的重托。当孩子们在我身边欢呼跳跃的时候，我品尝到了爱的味道。我不是最好的，但是，能和孩子们一起成长，能在他们的心田里播撒一些小小的种子，能尽己所能陪伴他们发芽生长、开花结果，是我心中最美好的事情。

“教育”二字，包含教和育。学校老师传授知识，家长养育孩子。不管何时，学校老师和家长的目标始终一致，其责任和使命始终一致，那就是共同教育好孩子。因为孩子，老师和家长才联结在一起。孩子的成长路上，需要老师和家长并肩努力。家长和老师站在同一条战线上，把劲儿往一处使，才能给孩子最优的教育。因为家长与老师是分别站在孩子人生舞台两边的托台人，家长是左手，老师是右手，共同为孩子托起人生的舞台，都希望每个孩子成为最优秀的人！于是，在家校共育的路上，我下定决心与家长一路同行，每周给家长的一封信便诞生了。

孩子们的步伐未止，我必当笔耕不辍。我始终相信，在小学的奠基阶段，孩子们需要拥有的是能够伴其终身成长的能力与品质，如认识自我的能力、与人交往的能力、对自我成长规划的能力、拥有归属感与幸福感的能力、面对挫折的能力以及懂得尊重、友善、明纪、守礼的品质。和孩子们在一起的时间，是他们生命成长的时间。也许正是因为这一份期待，也许正是因为这一份守望，我才越发懂得教育的意义。教育，是为了引领，是为了寻觅，是为了营造，是为了润泽，是为了和孩子们在思辨笃行中遇见那个更好的世界。

本书在成册过程中，得到了许多领导和同仁的支持与帮助，特别是朱卫国先生在百忙之中抽出时间，阅读全书内容并欣然作序；沭阳中等专业学校乙安媛、林婷婷老师倾心支持，从标点到文字进行了逐一审核，对全书进行审阅修订，她们这种对事业高度负责、对学问孜孜不倦的精神令我非常感动；怀文中学周立宇主任对书稿进行审阅，并提了很好的意见；还有我的同事周丽民、王彬彬、郁胜柏、邵平平、宋鑫鑫、徐涛、鲍恩梅、姜萍、张云、唐亮等人在工作之余，对书稿进行了全面修改、核对……她们的支持与帮助，我将永生铭记，并作为我人生道路前行的动力，在此对各位再次道一声谢谢！让我们一路同行，继续守望教育事业的春天。

此书印刷成册时，我即将步入人生的不惑之年。参加工作近20年，这本书也算是对我这20年的总结，20年的献礼，更是对20年后的展望。此生不为成名成家，却为不负今生为师、投身教育。

“人能走多远？不是问双脚而是问志向；人能攀多高？不要问双手而要问意志。”

“不为留下，只为来过。”是以此为记。

2020年9月